Teresa Frei

Frauen lieben

Eine *lesbische*
Suche nach Gott

W0172738

INHALT

Ich bin eine
sexuelle Dissidentin

Ich bin eine sexuelle Dissidentin. Dissidenten sind unbeque-me Andersdenkende, die öffentlich gegen eine allgemeine Meinung auftreten und Nachteile dafür in Kauf nehmen. Beim Begriff »Dissident« denkt man in der Regel an bekannte politische Dissidenten wie Andrei Sacharow, Alexander Sol-schenizyn oder Václav Havel. Man vergisst dabei, dass auch Sigmund Freud ein Dissident war, der sich mit großer Stand-festigkeit gegen die Ächtung seiner Erkenntnisse und seiner Person wehren musste. In allen genannten Fällen zeigte sich, dass die Wahrheit am Ende nicht mit der Mehrheit, sondern mit den Außenseitern war, deren emanzipatorische Arbeit an der Aufklärung zunächst verfolgt und verfemt wurde, bis die totalitär organisierte Parteilinie nicht mehr länger haltbar war und sich das 2000 Jahre alte Wort »*Die Wahrheit wird euch befreien.*« (*Joh 8,32*) ein anderes Mal durchsetzte.

Nun kann ich mich nicht mit den großen politischen Dissi-denten vergleichen, schon alleine deshalb nicht, weil ich aus bestimmten handfesten Gründen meinen richtigen Namen nicht nennen kann, ohne sofort konzertiertem Mobbing und einem Shitstorm von Angriffen auf allen Ebenen ausgesetzt zu sein. Ich kann mir nicht leisten, meine Art von Feminismus total öffentlich zu vertreten; ich bin zu schwach dazu.

Mein Vergehen besteht darin, dass ich eine **L**esbian**G**ay**B**isexual**T**ransgender-Heldin hätte werden können, aber meinen Heldenstatus vorzeitig verlassen habe. In einer wilden persönlichen Befreiungsgeschichte entwarf ich mir ein Leben, wie es mir gefiel, rebellierte gegen die bürgerlichen Verhaltensmuster meines Elternhauses, probierte mich sexuell in jeder Weise aus, um nach wenig berauschenden heterosexuellen Erfahrungen schließlich über zwanzig Jahre hinweg eine durchaus erregende lesbische Musterbiographie hinzulegen.

Dabei fühlte ich mich nicht mehr, aber auch nicht weniger glücklich als andere Zweibeiner auf diesem Planeten. Zunächst lief es ganz passabel. Das Wechselspiel meiner Beziehungen in der Regenbogenwelt schien mir zum Standard-Programm von Partnerschaften zu gehören, ähnlich wie Scheidungen zur Realität von Ehen. Natürlich verließ ich mit Aplomb die katholische Kirche, die mir samt ihren Moralaposteln gestohlen bleiben konnte. Ich hatte mich ja entschieden, autonom zu sein und nur noch selbst den Ton in meinem Leben anzugeben. Gott gab's noch irgendwie. Jedenfalls, wenn gerade wieder etwas schieflief. Dann war ER natürlich schuld. Mit Selbstverständlichkeit zog ich ihn für alles zur Verantwortung, was mir misslang oder der Logik meiner Selbstverwirklichung in die Quere kam. Die Erfolge und die Momente der Zufriedenheit verbuchte ich dagegen unter Eigenleistung. Ich machte beruflich Karriere. Erfüllung und Glück suchte ich vornehmlich auf der Hautebene.

Der Haken bei der Sache war, dass ich dabei nicht glücklich wurde – besser gesagt: Je länger und je wilder ich das Ganze vorantrieb, desto weniger fand ich Frieden, Gelassenheit, innere Freude. Irgendwann machte ich Bilanz, um mir einzugestehen, dass mein Leben vollkommen sinnlos war, da es weniger aus echter Liebe als aus Begehren und einer Kette tangentialer Berührungen bestand. Ich hatte auf Sand gebaut, und alles schien wie ein Kartenhaus zusammenzufallen. Ich wollte nicht mehr weiterleben.

Und nun kommt mein Vergehen Nummer zwei, das mich gleich zu einer Dissidentin im doppelten Sinn machte: Ich entdeckte nicht nur, dass meine scheinbar wasserdichte sexuelle Emanzipationsgeschichte ein subjektives Konstrukt war, ein Ding, geboren aus Schmerzvermeidung, ein »Fake«, ein Luftschloss, das ich mir gebaut hatte, um nicht an die Wurzeln meiner biographischen Verwundungen gehen zu müssen. Ich entdeckte auch, dass ich die Sache religiös aufarbeiten musste, um zu mir zu finden und endlich eine Antwort zu erhalten, was Liebe und Wahrheit eigentlich ist. Damit nicht genug an Ungeheuerlichkeiten: Ich fand, was ich suchte, in der mir verhassten katholischen Kirche. Kroch ich – nach dem Diktum von Heinrich Heine »zu Kreuze«? Nein, ich sprang nicht in den gleichen Fluss zurück. Ich war nie drin gewesen. Ich fand einen heilsamen Ort, an dem ich nie zuvor war.

Diese Geschichte – so scheint es – darf man gegenwärtig nicht erzählen. Sie verstößt gegen die Political Correctness. Ich kann aber das mir auferlegte Meinungsäußerungsverbot nicht akzeptieren; es ist nämlich der öffentliche Ausweis ei-

ner totalitären Gesinnung. Menschen, die sich mit Gerechtigkeit identifizieren, sollten wachsam sein. Es gibt keine
vernünftigen Gründe für ein Mundverbot, schon gar nicht
in einer Gesellschaft, die keinen Wert höher schätzt als die
Toleranz. Betonen nicht alle Linken den »herrschaftsfreien
Diskurs«, den der Philosoph und Soziologe Jürgen Habermas
als gesellschaftlichen Standard formuliert hat und zu dem
ich mich vorbehaltlos bekenne? Vier Momente gehören dazu:
1. Die Gleichberechtigung der Kommunikationspartner. Auf
mich angewandt: Ich bin vielleicht anders als andere. Aber
ich möchte auf Augenhöhe sein mit anderen Bürgern; ich
möchte nicht gemobbt werden wegen meinem Anderssein.
2. Die gleiche Möglichkeit, sich zu äußern. Auf mich angewandt: Ich möchte meine missliebige Erfahrung im öffentlichen Raum darstellen können, ohne Gefahr zu laufen, nie-
dergeschrien, mit Tomaten beworfen, verprügelt, verleumdet
oder vor den Europäischen Gerichtshof für Menschenrechte
gezerrt zu werden. Ich möchte, dass mir zur Darstellung meiner Geschichte Zeit und Raum gegeben wird, wie andere Zeit
und Raum haben, ihre Ansichten auszubreiten. 3. Die sym-
metrische Situation. Gemeint ist: Die Gesprächspartner in einem Diskurs müssen sich in der strittigen Sache auskennen,
sonst entstehen Monologe und kein weiterführender Dialog.
Auf mich angewandt: Ich habe eine gewaltige Wegstrecke
sexueller Selbstverwirklichung »er-fahren« und kann meine Erfahrungen und Einsichten kompetent mit Erfahrungen
und Erkenntnissen anderer ins Gespräch bringen. 4. Die Entscheidung durch den Zwang des besseren Arguments. Auf
mich angewandt: Ich lasse mich gerne überzeugen, wenn ich

das bessere Argument wahrnehme. Die Gewaltandrohungen und Hasspostings, die ich erlebt habe, deute ich als Schwäche, genauer gesagt, Diskursschwäche: Wer keine guten Argumente hat, holt den Prügel heraus.

Ich will niemanden belehren! Aber ich will die Freiheit haben, meine Ansichten mit anderen teilen zu dürfen, ohne deswegen meinen Namen am Klingelschild entfernen und mit einer Pfefferspraypistole bewaffnet durchs Land ziehen zu müssen.

Ich will niemanden bekämpfen! Aber ich will in Print- sowie digitalen Medien eine faire und professionelle Plattform vorfinden, um mit Andersdenkenden um die Erkenntnis der Wahrheit ringen zu dürfen, ohne dafür gleich eine Legion von Rechtsanwälten zu Rate ziehen zu müssen.

Ich will niemandem Vorschriften für die Wahl seines Lebensstils machen! Aber ich möchte mich nicht dafür entschuldigen oder gar schämen müssen, dass ich mein lesbisches Unterwegssein als Irrweg erkannt habe.

Ich will niemanden bekehren! Aber ich will den Frauen, die meine Erzählung hören möchten, weil sie in ihnen etwas zum Klingen bringt, meine Geschichte erzählen dürfen. Ob sie damit zu Entscheidungen kommen, ist ihre Sache, nicht meine.

Es gibt eine Voltaire Biographie von Evelyn Beatrice Hall, in der sie eine geniale Formulierung für das zivilisatorische Level gefunden hat, das Meinungsfreiheit als eines der höchsten Güter schützt. Ich liebe diese Formulierung und würde mir wünschen, dass sie möglichst viele in ihre geistige Welt übernehmen; sie lautet: »Ich missbillige, was du sagst, aber würde bis auf den Tod dein Recht verteidigen, es zu sagen.«

Sollte Sie dieser theoretische Vorspann gelangweilt haben – so kommt jetzt die Butter zu den Fischen …

TEIL 1

Mit dem Kopf durch die Wand

Eines Sonntagmorgens erfasste mich eine innere Leere, die Körner-Semmel rutschte nicht hinunter, und das weichgekochte Ei wurde kalt. Tränen rannen über mein Gesicht. Ich setzte mich auf den leeren Stuhl mir gegenüber: Perspektivenwechsel. Für kurze Zeit reichte das, doch dann kam sie wieder, diese mich terrorisierende Angst vor dem Alleinsein und dem Verlassen-Werden. Ich hörte nichts und niemanden. Nicht einmal die Vermieter schienen, wie sonst fast immer, zu Hause zu sein. Ich ging in meiner schönen, einhundertzwanzig Quadratmeter großen Wohnung auf und ab und betrachtete die Spuren, die ich in dem edlen, leicht mint-grünen Teppich hinterließ. Es war kalt in mir. Ich sang und summte leise. Kein Echo. Logisch. Keiner sang mit, und diesmal maßregelte mich auch niemand, dass ich still sein sollte. Ein positiver Aspekt, den ich mit einem sanften Lächeln quittierte. Schließlich meldete sich die Kämpferin in mir lautstark zu Wort und stauchte mich zusammen. Ihre Stimme war klar, deutlich und unerbittlich. Zaghafte oder gar devote Antworten mochte diese taffe Figur nicht. Stark sein war angesagt, kein ängstliches oder gar weinerliches Kind-Sein mit einem Hang zur Depressivität. Ich klappte meine Handyschale auf und scrollte durch meine Kontaktliste. Voller Hoffnung rief ich nacheinander meine Freunde und Bekannten an. Doch an diesem Tag hatte niemand Zeit oder Lust, sich mit mir zu treffen.

Sofort klopfte wieder die Leere an und trat ungebeten in mein Dasein. Enttäuschung mischte sich unter die Traurigkeit. Ich erkannte, dass ich nicht nur allein, sondern auch einsam war. Ich fragte mich, ob ich das verdient hätte, und zählte im Geiste all die freundschaftlichen Akte auf, die ich schon für meine Freunde geopfert hatte, auch wenn mir nicht immer danach gewesen war. »Was sind das denn für Freunde? Hört mal, mir geht's sauschlecht, und ihr habt keine Zeit?« Ich war so einsam, dass ich mich zitternd an der Küchenwand entlang zum Tisch vortastete, um dort wieder Platz zu nehmen, wo das Frühstücksei noch unberührt im Becher stand. Tränen, Wut, Verzweiflung, Trauer, Zorn, Enttäuschung und Gedanken der Verabschiedung von meinen bis dahin sehr geliebten Freunden ergriffen mich. »Man kann also auch mit Leere gefüllt werden. Wieso tut Leere eigentlich so weh?«, sinnierte ich. »Und wie kann Leere einen Menschen komplett erfassen? Was für Abgründe tun sich da auf? Dachte ich denn nicht bei einem der letzten Frühstücke mit Rita: ›Besser allein als gemeinsam einsam‹? Aber jetzt bin ich ja allein und alleine einsam. Brutal!«

Ich stand wieder auf, ging ins Wohnzimmer und flegelte mich auf die Couch, die Füße auf den Tisch. »Schließlich bin jetzt ich hier die Chefin, und da ich alleine lebe, kann ich ja tun und lassen, was mir gefällt!« Ich hielt zwanzig Sekunden lang durch, entlarvte die pubertäre Haltung und sprang schnell auf, so als ob ich diesen kindischen Akt ungeschehen machen wollte. »Was ist nur los mit mir? Was, um alles in der Welt, fehlt mir nur? Ich bin Mitte Dreißig, habe einen Superjob, komme in der ganzen Weltgeschichte herum, bin angesehen in der Firma und kann nach Lust und Laune meine Hobbys leben. Ich kann mir auch mal was gönnen, wenn mir danach ist. Ich habe eine liebe Familie und wirklich gute Freunde. Was ist da los? Ist es nur das Alleinsein zu Hause? Da könnte ich doch einfach in eine Wohngemeinschaft ziehen … « Zeitgleich mit diesem Gedanken legte sich meine Stirn in Falten, und ich verwarf ihn noch schneller, als er in mir aufgekommen war. Eine Wohngemeinschaft war ein Unding. »Oder ich könnte mir einen Untermieter nehmen? Doch was, wenn der im Stehen pinkelt? Undenkbar! Im Grunde brauche ich eigentlich niemanden um mich herum!«

Ich holte tief Luft und schleppte mich zurück in die Küche. Als ich wieder den leeren Stuhl erblickte, ließ mich ein starker Weinkrampf zu Boden sinken. Ich weiß nicht, wie lange ich so zusammengekauert gekniet habe, und erst als mein ganzer Körper schmerzte, kam ich langsam wieder zu mir. »Ach ja, das Frühstücksei … « Gedankenverloren erhob ich mich von den kalten Bodenfliesen. »Wo war ich stehen geblieben? Ach so, da ist sie wieder, diese blöde Frage nach dem ›Sinn des Lebens‹, schlimmer noch, nach dem Sinn meines Lebens. Wieso stelle ich mir die so oft? Das nervt doch total. Und obendrein die quälende Frage, ob es überhaupt wahre Liebe gibt? Und wenn ja, was ist das genau? Gibt es die auch für mich? Hat mich von den bisherigen Partnerinnen eigentlich überhaupt jemand geliebt? Oder war ich vielleicht einfach nur eine gute Partie? Ich hatte ja nicht so wahnsinnig hohe Ansprüche an meine Partnerinnen, auch wenn die das oft anders sahen.«

Fragen über Fragen, aber keine Antworten, und was noch schlimmer war, es war einfach niemand da, der mir eine Antwort hätte geben können. Die mich umgebenden Menschen, meine mir sehr lieben Freunde und Bekannten, schwammen ja in der gleichen dunklen Brühe, und meiner Familie konnte und wollte ich mein Scheitern nicht kundtun. »Eine neue Beziehung muss her, dann ist alles wieder gut. Das wird schon wieder. Andere Mütter haben auch schöne Töchter. Ich werde aufstehen, meine Krone richten und wieder auf die Pirsch gehen und sehen, wen ich erlegen kann. Es kann doch nicht so schwer sein, eine neue Partnerin zu finden. Und jetzt drehe ich erst mal eine Runde mit dem Rad. Morgen ist Montag. Dann ist heute schnell vergessen. Was soll's. Solche Tage gehören halt dazu. Es ist wirklich besser so. Jetzt mach ich mal, was mir gefällt, schöne Grüße an den Rest der Welt ... «

So oder ähnlich waren meine selbst formulierten Frohbotschaften, die allesamt nur dazu dienten, mich bzw. mein Gewissen zu beruhigen. Mein beleidigtes Ego wollte nicht einmal anerkennen, dass ich nicht alleine leben konnte, selbst wenn ich es gewollt hätte. Ich erlebte eine Phase tiefster Depressivität und Traurigkeit. Alles schien davon abzuhängen, ob ich mit jemandem zusammen wäre oder nicht. Aber jetzt erst mal der Reihe nach ...

I. »Das ist unser Bub«

Ich war so eine Art vorweihnachtliche Bescherung. Wir schreiben das Jahr 1965: Im Krankenhaus einer westdeutschen Großstadt schlüpfte ich aus Mamas Schoß. Später erzählte sie, dass ich schon frühmorgens vor lauter Hunger die ganze Säuglingsstation zusammengeschrien hätte, woraufhin mich die bedauernswerten Krankenschwestern in ihrer Not schnell aus meinem Kinderbettchen befreiten und an Mamas Brust andockten. Jedoch waren ihre »Milchballons« nur mäßig gefüllt, und die kleine Teresa wurde nie so richtig satt. Zwei Wochen nach meiner Geburt kamen wir nach Hause. Es war Heiligabend und Mama erwartete voller Freude die Bescherung. Doch dann kam die Ernüchterung: Papa schenkte ihr eine »Philicorda«, eine Art Erstentwicklung eines elektronischen Pianos. Mama konnte damit aber nichts anfangen, da sie sich nicht dafür interessierte und ihre Klavierspielkenntnisse mangelhaft waren. Eine schöne Bescherung! Noch Jahre später erzählte sie von dieser Begebenheit, die gut zum Ausdruck bringt, dass sich meine Eltern nicht wirklich kannten, oder sagen wir, nicht fähig waren, ihre Bedürfnisse zu benennen und dem anderen zu kommunizieren.

Möglicherweise war dies dem Umstand geschuldet, dass beide – in den Zwanzigerjahren des vergangenen Jahrhunderts geboren – in einem gesellschaftlichen Umfeld aufgewachsen waren, in dem man seine Bedürfnisse wenig oder nur unzureichend kundtun konnte. Die politischen Wirren und soziokulturellen Gegebenheiten der damaligen Zeit trugen leider oft dazu bei, alles positiv Menschliche aufzufressen oder zumindest zu unterdrücken. Viele Themen, wie z. B. Partnerschaft, Beziehungen, Sexualität, waren deshalb nicht nur in unserer Familie tabu. Darüber hinaus lernten meine Eltern nicht, mit Konflikten umzugehen. Wenn es Papa zu viel wurde, wurde er entweder jähzornig oder zog sich zurück und war dann emotional nicht erreichbar für uns. Mama reagierte mal so, mal so. Anstatt klare Grenzen zu ziehen, rieben sich die beiden aneinander auf, oft zum Leidwesen von uns Kindern. Zumindest empfand ich es beim Aufwachsen so.

Papa war ein Künstlertyp und eher von der Marke »Eigenbrötler«, Mama eine liebevolle »Glucke der Nation«, sehr kommunikativ und um eine gute Erziehung bemüht. Papa war in einer armen Bauernfamilie aufgewachsen. Er war das älteste von fünf Kindern, wollte studieren, musste aber eine Lehre an der Drehbank machen. Er stammte aus einem kleinen mitteldeutschen Ort, der an der ehemaligen Grenze zwischen Ost- und Westdeutschland liegt. Sein Vater wurde nicht einmal sechzig. Nie habe ich ein Foto von ihm gesehen. Von seiner Mutter weiß ich nur, dass sie während der ersten Ehejahre meiner Eltern ab und zu auf Besuch kam. Papa äußerte nie den Wunsch, sein Herkunftsgebiet einmal wiederzusehen. Bei Nacht und Nebel hatte man ihn kurz nach dem Krieg an der »Ostzonengrenze« festgehalten und ihm die Einreise in seine eigene Heimat verweigert. Dieses und viele andere traumatische Kriegserlebnisse steckten, wohl zumeist unverarbeitet, in ihm. Erst als Erwachsene erkannte ich darin einen möglichen Grund für seinen Jähzorn.

Ich sah Papa nur einmal weinen. Er rieb sich die blauen Augen und seine Tränen glänzten, als er mir erzählte, wie er als Soldat über dem Mittelmeer abgeschossen worden war. Er war Co-Pilot gewesen und hatte sich einigermaßen gut befreien können, aber es war ihm nicht gelungen, seinen in den Gurten des Pilotensitzes verfangenen Kameraden zu retten. Papa nahm tief Luft und erzählte mit leiser Stimme weiter. Er hatte zusehen müssen, wie sein Kamerad und zugleich guter Freund mit dem Flugzeug in den Fluten des Meeres versunken war. In aufblasbaren Einmann-Schlauchbooten waren er und zwei andere Gefährten über zwei Tage auf dem Meer getrieben, bis sie von französischen Soldaten mit gezogenen Waffen am Strand empfangen und in ein Kriegsgefangenenlager gesteckt worden waren. Mit schon gefassterer Stimme fuhr Papa fort, dass er das alles nur deshalb überlebt hatte, weil er nicht geraucht hatte und seine Tabakration gegen Lebensmittel hatte tauschen können. Da er künstlerisch begabt war, hatte er die Holzkreuze seiner in der Gefangenschaft verstorbenen Kameraden schnitzen müssen. Aus dieser Zeit blieb ihm ein treuer Freund bis zu seinem Lebensende, der in der ehemaligen DDR lebte und ihn daher nur selten besuchen durfte. Überhaupt hatte Papa, soweit ich es mitbekommen konnte, außer diesem nur einen weiteren Freund und lebte eher zurückgezogen, auch wenn er sich viel in die ehrenamtliche Mitarbeit in der Kirchengemeinde und später im Schuldienst einbrachte.

Mama war drei Jahre jünger als Papa und lebte mit ihren Eltern in einem durch die Stahl- und Eisenhüttenverarbeitung geprägten Vorort meiner Heimatstadt. Als jüngstes von vier Kindern fühlte sie sich verpflichtet, meine Oma zu unterstützen, da ihre Söhne in den Krieg ziehen mussten und die ältere Tochter in ein Kloster eingetreten war.

Papa und Mama lernten sich in Südfrankreich kennen. Nach der Gefangenschaft war Papa zunächst dortgeblieben und verdiente sich mit Malen und einem Hotelküchenjob sein Brot. Mama war Kindergärtnerin und begleitete eine große Gruppe von armen Arbeiterkindern zu einer Ferienfreizeit an die französische Mittelmeerküste. Bei diesem Aufenthalt hatte sie sich einen Sonnenstich eingefangen und konnte nicht wie geplant mit den Kindern zurückreisen, sondern musste länger bleiben. Endlich genesen, trat sie die Heimreise an und wartete an einer Haltestelle auf den Bus. Auf den schattigen Parkbänken war nur noch ein Platz frei, und so nahm sie neben einem braun gebrannten, circa dreißigjährigen, mittelblonden Mann Platz. Es war Papa. Er schleckte ein Eis und sprach sie auf Französisch an, merkte aber rasch, dass Mama alles, nur kein Sprachentalent, war. Sie unterhielten sich weiter auf Deutsch und klopften sich kurz auf ihre Zukunftspläne und Lebensansichten ab. Dann kam der Bus. Papa verstaute Mamas Gepäck und sie tauschten noch schnell die Adressen aus.

Schon bald darauf entschloss sich Papa zu einem ersten Besuch. Voller Freude wartete Mama zusammen mit ihren Eltern am Bahnhof. Leider vergebens. Auf der langen Reise hatte sich Papa auf einem Zwischenstopp für die bevorstehende Begegnung ein wenig frisch gemacht und dadurch den Anschlusszug verpasst. Diese »typisch-Papa«-Aktion hielten wir Kinder unserer Mutter immer dann vor Augen, wenn sie sich zuweilen über Papa wunderte, hätte sie wohl schon an jenem Tag erkennen können, dass Papa stets ein bisschen in seiner eigenen Welt lebte …

So verschieden die Herkunft und die Lebensumstände meiner Eltern gewesen waren, so verschieden waren auch ihre Bedürfnisse. Sie heirateten schon bald nach einem eher flüchtigen Kennenlernen, da der Krieg und die Gefangenschaft vielen jungen Männern die besten Jahre bereits geraubt hatten. Nach der Hochzeit, Anfang der Fünfzigerjahre, lebten meine Eltern zunächst in einer mitteldeutschen Kleinstadt. Kurz nach der Geburt meiner ältesten Schwester Monika kehrten sie in die Heimat meiner Mutter zurück. Gemeinsam mit meinen Großeltern zogen sie in ein neu erbautes Haus. Mein Onkel Horst, der Bruder meiner Mutter, hatte leider eine glücklose Ehe zur Scheidung bringen müssen und bezog im selben Haus ein Zimmer. Bald darauf kam meine zweitälteste Schwester Vera zur Welt. Mama hatte einige Jahre danach eine Fehlgeburt, bevor Anfang der Sechzigerjahre meine dritte Schwester Annika geboren wurde.

Meine Mutter hatte eine sehr starke Bindung zu ihrer Mutter, ich würde fast sagen, eine emotionale Abhängigkeit. Oma starb zwei Jahre vor meiner Geburt, während Mama mit Annika schwanger war. Bis ins hohe Alter erzählte Mama von Oma, als ob diese gestern erst verstorben wäre. Ich war acht, als mein Opa starb. An ihn habe ich nur noch wenige, aber gute Erinnerungen. Er war geduldig, ging mit mir auf den Spielplatz und kaufte mir meine Lieblingsbonbons. Mama sagte, er wäre etwas phlegmatisch gewesen, zum Leidwesen der Oma. Er war Schreiner, und vor dem Krieg war die vä-

terliche Schreinerei sehr gut gegangen. Danach war aber alles
zerstört.

So lebten, als ich geboren wurde, in meinem Elternhaus
mein Vater, meine Mutter, mein Opa, Onkel Horst und meine
drei älteren Schwestern. Das Haus hatte zwar zwei Stockwer-
ke, aber es gab zu wenig Platz für uns alle. Onkel Horst war
kinderlieb. Oft frühstückte ich, auf seinem Schoß herumtur-
nend, eine Haferflockensuppe. Die räumliche Situation war für
ihn nicht leicht: War ursprünglich ein Stockwerk für ihn allein
geplant gewesen, so okkupierten wir dieses nun mit der ganzen Familie, sodass für ihn nur ein Zimmer übrig blieb. Bis zur
Pubertät teilte ich mit Annika ein Zimmer. Da wir vom Naturell her grundverschieden waren, stellte dies stets eine gewisse
Herausforderung für uns beide dar. An Monika und Vera habe
ich für den Zeitraum meiner ersten Lebensjahre nur wenig Erinnerung. Von Erzählungen her weiß ich, dass sie sich sehr
liebevoll um Annika und mich gekümmert haben. Sie gingen
mit uns spazieren, spielten mit uns und passten auf uns auf.

Mama sagte, dass sie gerne als Kindergärtnerin gearbeitet
hatte. Dennoch war es für sie ganz selbstverständlich gewesen, wegen der Gründung einer eigenen Familie ihren Job an
den Nagel hängen zu müssen. Das damals gängige Familien-
modell ging davon aus, dass der Mann für den Unterhalt der
Familie sorgte und die Frau den Haushalt führte und Kinder
zur Welt brachte. Das hat sich unter den damaligen Umständen zumeist auch bewährt. Unter diesen Voraussetzungen
hatten Frauen jedoch selten die gleichen Möglichkeiten wie
Männer, was die Schul- und Berufsausbildung sowie Karri-
erechancen anbelangte. Nur wenige Frauen konnten studie-

ren. Für die meisten Frauen war es schlichtweg unmöglich, Familie und berufliche Karriere unter einen Hut zu bringen. Mama wollte immer vier eigene Kinder haben. Bis heute habe ich nicht herausfinden können, ob Papa auch so viele Kinder gewollt hatte und vor allem, ob es ihm egal gewesen war, ob es ein Junge oder ein Mädchen werden würde.

Die Sechzigerjahre waren keine Zeit des Überflusses. So mussten beispielsweise auch größere Kinder die abgelegten Kleider von älteren Geschwistern, Verwandten oder Bekannten auftragen. Hausfrauen und Müttern standen kaum Hilfsmittel zur Verfügung: Pampers gab es noch nicht, sondern nur Stoffwindeln, die mit viel Kraftaufwand erst grob gesäubert und dann in einem großen Topf auf dem Herd ausgekocht werden mussten. Wir hatten keine Heizung, nur Öl- und Brikettöfen, sodass meine Mutter mehrmals am Tag in den Keller gehen und die schweren Brennstoffe nach oben schleppen musste. Ich erinnere mich noch gut an den beißenden Geruch der übel stinkenden Ölkannen und den verrußten, metallenen Tragekorb für die Holz- und Kohlebrikettblöcke. Waschmaschinen, Kühlschränke, Staubsauger und Küchenmaschinen waren sehr teuer und hielten nur langsam Einzug in die Haushalte, an Spülmaschinen war noch nicht einmal zu denken. Auch das Einkaufen der alltäglichen Dinge war mühsam, da mein Vater tagsüber mit dem Auto unterwegs war und darüber hinaus meine Mutter, wie viele Frauen damals, keinen Führerschein hatte. Fahrradfahren hatte sie nie richtig gelernt. Und so etwas wie Online-Shopping war vermutlich noch nicht einmal in den Köpfen der damaligen

Science-Fiction-Autoren zu finden. Zumindest hatten wir als eine der ersten Familien im Dorf ein Festnetztelefon, das lange Zeit auch rege von unseren Nachbarn genutzt wurde.

Durch den Mehrpersonenhaushalt hatte meine Mutter demnach sehr viel Arbeit, und wir Kinder sind einfach so mitgelaufen. Diese Lebensumstände hatten verständlicherweise zur Folge, dass für mich als jüngstes Kind leider kaum Zeit und Muße für körperliche und zärtliche Zuwendung blieben. Schon sechs Wochen nach meiner Geburt musste meine Mutter mich abstillen, da sie zu wenig Milch hatte. Den Ersatz, das Fläschchen, gab mir dann Vera zu trinken. Als sie aufgrund einer Scharlach-Erkrankung diesen Dienst nicht mehr verrichten durfte, übernahm das mein Vater. Er machte damals eine Umschulungsmaßnahme zum Grundschullehrer und war deshalb morgens zu Hause. So führten die zu geringe mütterliche Nähe und emotionale Erreichbarkeit sowie der Wechsel meiner Bezugspersonen dazu, mich stark zu verunsichern, weil ich dadurch nicht wusste, auf wen ich mich verlassen konnte. Vermutlich brauchte auch meine nur zwei Jahre ältere Schwester Annika noch einiges an mütterlicher Zuwendung, und so blieb für mich nicht mehr genug übrig. Ich spürte schon früh, dass ich so nicht würde fortbestehen können. Bei vier Mädchen, einem Vater, einem Opa, einem Onkel und einer Mutter, die ihre häuslichen Pflichten sehr ernst nahm, musste ich mir meinen Platz erkämpfen.

Um zu überleben, brauchte ich demnach so etwas wie eine Besonderheit, eben anders zu sein als alle, die es in unserem Haus schon gab. Und das war der Versuch, Papas Liebling zu sein, denn er war mir zugleich Beschützer und Vorbild.

Nach und nach wurde ich ein Papa-Kind und brachte dadurch auch meine besondere Zuneigung zu ihm zum Ausdruck. Mama blieb dabei zwar unangefochten die »höchste Instanz«, wenn es um Erziehung oder Anschaffungen für uns Kinder ging, aber ihr Frau- und Mutter-Sein waren für mich nicht nachahmenswert. Damit konnte ich mich nicht identifizieren, denn ich wollte nicht wie Mama werden!

Spiel- und Freizeit-Angelegenheiten klärte ich mit Papa. Er war alles für mich und erklärte mir die Zusammenhänge. Mama hatte wegen der umfangreichen Hausarbeit oft zu wenig Zeit und Geduld, da ich sie ständig mit meinen Fragen löcherte. Mit Papa war ich in der Werkstatt, schraubte Telefone auseinander, nahm Tonbandaufzeichnungen auf, entwickelte in der selbstgebauten Dunkelkammer Schwarz-Weiß-Fotos und lernte Flötespielen. Mit Papa fuhren wir zum Camping-Urlaub und ins Schwimmbad, Mama blieb meistens lieber zu Hause.

Auf diese Weise entwickelte ich mich langsam aber stetig zu einem »Jungen«. Es war für mich der sicherste und leichteste Weg, Aufmerksamkeit und Anerkennung zu erhalten. Mir blieb nichts anderes übrig, und so entfaltete ich früh eine Kämpfernatur. Nicht selten stellte mich Mama in den Jahren meiner Kindheit ihren Bekannten mit »Das ist unser Bub« vor, worauf ich immer sehr stolz war, da ich diese Rolle de facto komplett verinnerlichte. Natürlich war mir das alles nicht bewusst.

Ich war keineswegs schüchtern. Mit drei Jahren begleitete ich Annika zu ihrer Nikolausfeier in den Kindergarten.

Als nach einer Weile endlich der geliebte Nikolaus mit einem Riesensack voller Geschenke kam, bat er die Kinder, ein Weihnachtslied vorzusingen. Ohne zu zögern, sprang ich vom Schoß meiner Mutter, stapfte nach vorne, quetschte mich auf den durch den dicken Bauch nur knappen Schoßplatz des Nikolaus und gab lauthals alle Strophen von »Kling Glöckchen« zum Besten. Nach getaner Arbeit stellte ich mich erwartungsvoll vor ihn und nahm eine große Geschenktüte entgegen, die ich wie eine Trophäe an den staunenden Kindergartenkindern vorbei trug, um sie dann stolz meiner Mutter zu präsentieren.

Mit vier Jahren bekam ich zu Weihnachten ein Kettcar geschenkt. Das ist ein vierrädriges »Rennauto« mit Sitz und Lenkrad. Als ich dieses heiß ersehnte Geschenk durch Herabziehen eines Bettlakens enthüllte, strahlte ich vor Glück. Doch was war das denn? Auf dem Sitz saß eine Puppe. Sofort ergriff ich sie wenig zimperlich an ihrem Haarschopf und warf sie mit einem Schwung hinter den Weihnachtsbaum. Für Puppen hatte ich in meiner Jungenwelt keine Verwendung.

Schon zu diesem Zeitpunkt hatte ich einen besten Freund. Es war Franzl, der Nachbarsjunge von gegenüber. Wir spielten täglich miteinander, gingen zusammen zum Kindergarten und später in die Grundschule. Er war treu. Wenn ich wegen Bauchweh zu Hause bleiben musste, dann versuchte er, seiner Mutter zu erklären, dass er sich bei mir angesteckt hätte und auch nicht gehen könnte. Wir waren eine Einheit, und nichts und niemand konnte uns trennen.

Wer bin ich wirklich?

Meinen Körper entdeckte ich im Alter von vier Jahren. Ich erinnere mich an ein wohliges Gefühl im Unterleib, welches ich, im Kinderbettchen liegend und mich an der Bettdecke reibend, verstärken konnte. Wenn meine Mutter Notiz davon nahm, maßregelte sie mich sofort und sagte mir, dass »man das nicht macht«. Dies hatte zur Folge, dass ich die spielerische Entdeckung meines Körpers zunächst als etwas Verbotenes erlebte und alles, was mit Leiblichkeit zu tun hatte, verpönt zu sein schien. Sicherlich war meine Mutter von den Moralvorstellungen ihrer Generation geprägt, und danach gehörte so ziemlich alles, was mit Intimität und Leib zu tun hat, ausschließlich ins Ehebett. Meine Mutter konnte mir nicht erklären, warum das, was mir auf gewisse Weise Freude und Entspannung brachte, untersagt war. Oder sie hielt eine Begründung für verfrüht und beließ es deshalb bei einem schlichten Verbot. Aber meine Neugier ließ sich davon nicht beeinflussen. Auch interessierte es mich sehr, wie eigentlich ein Junge aussieht und was bzw. ob da überhaupt etwas anders ist als bei mir. Da Papa immer eine Badehose trug, wenn wir badeten, sah ich zum ersten Mal ein männliches Glied, als ich im Schwimmbad war. Wie gebannt schaute ich einem fremden, nackten und stark behaarten Mann beim Föhnen zu. Papa war das äußerst peinlich. Streng zerrte er mich weg und schalt mich für meine Erkundungstour. Das blieb mir in lebhafter Erinnerung. Auf irgendeine Weise schien mir der Umgang mit allem Leiblichen, egal welchen Geschlechts, verboten zu sein. Ich verstand das nicht und bevorzugte deshalb, mich hinkünftig eher heimlich auf weitere Recherchen zu begeben. So dauerte es nicht lange, bis Franzl und ich uns gegenseitig zeigten, was wir »da unten« hatten. Verschmitzt lächelnd saßen wir auf dem Sofa, passten peinlichst genau auf, dass niemand hereinkam, und lüfteten unser kleines Geheimnis.

Durch die von meinen Eltern bewusst oder unbewusst ausgesendeten Signale eines eher prüden Umgangs mit der Leiblichkeit entstand in mir eine große Verunsicherung. Ich wusste nicht, was sein darf, was nicht und vor allem, warum nicht. So musste ich meine körperlichen Bedürfnisse abtöten oder zumindest unterdrücken. Mir fehlte einerseits die zärtliche Zuwendung der Mutter in meinen Babyjahren, andererseits erfuhr ich beim Spielen mit Papa dessen Nähe. Den eigenen Körper durfte ich gar nicht erkunden und erst recht nicht einen andersgeschlechtlichen Körper betrachten. Und zu alledem hatte ich als Mädchen nur Nachteile und wurde nicht wahrgenommen. Dieses für mich viel zu komplizierte Konstrukt verunsicherte mich zusehends, und so bahnte sich im Alter von vier bis sechs Jahren langsam eine innere Verwirrung an: »Was bedeutet es eigentlich, ein Mädchen zu sein? Und bin ich wirklich ein Mädchen? Warum bin ich ein Mädchen und kein Junge, obwohl ich doch lieber ein Junge wäre? Warum haben Mädchen nicht so viel Kraft wie Jungen, und warum dürfen sie nicht Fußball spielen? Muss ich heiraten, nur weil ich ein Mädchen bin? Warum darf ich keine Jungenschuhe tragen, wenn sie mir besser gefallen als Mädchenschuhe? Warum haben Jungenfahrräder eine Stange und mein Fahrrad hat keine? Warum kann ich nicht so eine große Armbanduhr wie Franzl tragen und muss die kleinen Mädchendinger benutzen, mit denen man nicht einmal die Zeit stoppen geschweige denn schwimmen gehen kann? Warum bin ich bloß nur ein Mädchen geworden, obwohl es doch besser ist, ein Junge zu sein? Warum, warum, warum … ?«

Diese und ähnliche Fragen quälten mich, und ich nahm sie mal stärker, mal schwächer wahr. Aber sie waren da. Doch fehlten mir die Antworten. Was konnte ich tun in meiner Not? Ich entschloss mich, ein Junge zu sein, egal, in welchem Körper ich auch stecken mochte. Ich verbannte folglich alles typisch Mädchenhafte aus meinem Umfeld, aber aus meinem Inneren konnte ich es naturgegeben nicht »herausbekommen«. Es war der Anfang meiner »Geschlechtsidentitätsstörung«.

Mein kleines Geheimnis

Meine Familie war katholisch. Die Eltern praktizierten ihren Glauben und lebten auch eine gewisse Marienverehrung, die sie aber nicht bewusst an uns Kinder weitergaben. Mein Vater gestaltete viele künstlerische Darstellungen von Jesus und Maria, Kreuze, Bilder, kleine Statuen und Medaillen aus Emaille. Meine Mutter nahm jährlich mit einer Pfarrgruppe an einer Wallfahrt teil. Zu Hause lagen ihre Gebetsheftchen und Andachtsbilder herum, jedoch teilte sie ihr persönliches Gebetsleben nicht mit uns. Daher betrachtete ich das als ihre Privatangelegenheit, fragte weder nach, noch hatte ich eine Idee, ob das für mich als Kind auch interessant sein könnte. Dennoch wuchs ich damit auf und empfand es als ganz normal, Jesus und seine Mutter Maria zu verehren und ihnen respektvoll gegenüberzutreten.

Mein Glaubensleben als Kind bestand zunächst in den gemeinsamen Tischgebeten, einem Abendgebet mit meiner Mutter und mit Annika, sowie den Besuchen der sonntäglichen Gottesdienste. Obwohl ich in der Kirchenbank gelangweilt hin und her rutschte, war ich dennoch ergriffen von etwas, was ich wohl nur dem Herzen nach verstand, denn ich wusste ja nicht wirklich, was da vor sich ging. Irgendwie spürte ich, dass die Heilige Messe etwas Außergewöhnliches war. Ich dachte, die, die ›da vorne sind‹, d. h. der Priester und die Ministranten im Altarraum, die sind etwas Besonderes oder ganz nah bei etwas Besonderem, auch wenn ich zunächst nicht wusste, was das war. Mama erklärte mir dann: »Jesus hat uns sehr lieb. Deshalb hat er sich überlegt, wie er am besten bei uns sein kann. Er macht das so, dass er bei jeder Messe kleine weiße Oblaten, die ›Hostien‹, in seinen Leib und Wein in sein Blut ›verwandelt‹. Auf diese Weise können wir Jesus bei der ›Kommunion‹ ganz in uns aufnehmen. Er kommt dabei direkt in unser Herz und wartet dort, dass wir uns mit ihm – wie mit einem guten Freund treffen, mit ihm sprechen und ihm zuhören.« Des Weiteren erzählte sie mir, »dass immer einige der Hostien, also Jesus selbst, in einer katholischen Kirche in einer Art Schatztruhe, dem ›Tabernakel‹, aufbewahrt werden und wir deshalb eine Kniebeuge machen, wenn wir den Kirchenraum betreten oder nach Hause gehen.«

Offenbar war ich in meiner kindlichen Reinheit für die Gegenwart Jesu besonders empfänglich und wollte einfach so nahe wie möglich bei ihm sein. Fast scheint es, dass ich ein ausgeprägtes Gespür hatte für das Heilige und den Heiligen, also die persönliche Begegnung mit Jesus selbst, die in der Messfeier am besten zum Ausdruck kommt. Deshalb wollte ich schon als Vierjährige ganz feierlich mit Inbrunst und Leidenschaft die Heilige Messe nachahmend spielen. Bereits bei der Vorbereitung darauf empfand ich eine so tiefe Freude, dass ich das Anlegen der Messgewänder, die Anordnung von Kelch und Hostien-Schale, sowie die anderen Utensilien in großer Andacht und Stille vollzog. Als Messgewand schnappte ich mir ein altes Hemd von Opa und einen dunklen Rock von Mama. Anschließend nahm ich ein Weinkelchglas aus dem Wohnzimmerschrank, zwei Milchkännchen samt Tellerchen, ein Herrentaschentuch von Papa und erbat mir bei Mama einige Oblaten aus ihrem Weihnachtsplätzchen-Vorrat, die mir als Hostien dienen sollten. Ein kleines Tischchen mit Dekor-Deckchen eignete sich als Altar und ein Sofakissen als Sitzgelegenheit für Priester und Ministrant, die ich in Personalunion verkörperte. Dieser Akt war mir so heilig, dass niemand zugegen sein durfte, weswegen ich die Zimmertüre schloss. Auch wollte ich nicht, dass jemand mein kleines Geheimnis entdecken könnte. Dass das im Grunde viel mehr oder etwas ganz anderes für mich war als bloß ein Spiel, zeigte sich daran, dass ich nicht einmal meinem geliebten Franzl erlaubte, dabei zu sein oder wenigstens zu ministrieren. Wie selbstverständlich hielt ich eine Predigt, die ich sehr pathetisch mit »Liebe Gemeinde! Wenn das so ist, dann ist das so ... « einleitete und in die meine gründlich ausgedachten Weisheiten einflossen.

Ab diesem Zeitpunkt beschäftigte ich mich gedanklich viel mit Jesus und allem, was ich Sonntag für Sonntag erlebte. Ich wollte ihn unbedingt kennenlernen, wusste aber nicht wie und wollte das auf gar keinen Fall irgendjemandem erzählen. Es war mein Supergeheimnis. So begann ich, mit ihm zu sprechen, was für mich nichts anderes bedeutet als zu beten. Schon bald darauf wollte ich Priester werden! Als Papa mir liebevoll zu erklären versuchte, dass das nicht möglich ist, weil ich ein Mädchen bin, brach in mir eine Welt zusammen, und ich fühlte mich ungerecht behandelt. Es war ein Trauma-Erlebnis, denn es gab nicht einmal eine Alternative für mich: Auch meinen Wunsch, wenn schon nicht als Priester, dann doch wenigstens als Ministrantin wirken zu dürfen, musste ich, zumindest bis zu meinem elften Lebensjahr, erst mal ad acta legen. In meinem kindlichen Denkschema entwickelte sich dadurch ziemlich früh die Festlegung, dass es nur nachteilig ist, weiblich zu sein, und dass Männer in der Kirche mehr Rechte haben als Frauen. Der Konflikt zwischen »Ein-Mädchen-Sein-Müssen« und »Ein-Junge-Sein-Wollen« löste sich nicht auf.

Aus für Romeo & Julia?

Dass ich gerne ein Junge sein wollte, ist auch der für mich als Kind sehr belastenden Situation einer wohl länger anhaltenden Ehekrise meiner Eltern geschuldet, die in Streitigkeiten und einer Atmosphäre der Anspannung ihren Ausdruck fand. Noch lebhaft ist mir eine nächtliche Szene vor Augen, in der ich als Vierjährige zitternd in meinem Kinderbettchen saß und zuhören musste, wie sich meine Eltern lauthals anschrien. Ich glaube, da hatte ich zum ersten Mal Existenzangst. Noch heute kann ich mich deutlich an meine herzzerreißenden Gedanken erinnern, zu wem ich lieber gehen wollte, wenn Mama und Papa auseinandergingen. Der Begriff »Scheidung« war mir noch nicht bekannt. Ich überlegte auch, wie ich denn dann überleben könnte, wenn ich beispielsweise bei Mama bliebe und sie vielleicht nicht genug Geld hätte, um etwas zu essen zu kaufen, da doch nur Papa das Geld verdiente. Ich dachte auch an meine Geschwister, aber nur kurz. Meine Angst war so existenzbedrohend, dass ich keinen Ausweg wusste.

In jener Nacht habe ich eine meiner folgenschwersten Festlegungen getroffen: »Ehe und Familie sind nicht gut, denn die Eltern streiten nur.« Während dieser Krisenzeit folgten für mein Leben bzw. Überleben noch weitere Festlegungen, die sich als negative Glaubenssätze in meine Seele prägten: »Ich muss mich um mich selber kümmern.« – »Männer und Frauen passen nicht zusammen.« – »Ich will nicht heiraten und auch keine Familie haben.« – »Ich bin hier nicht zu Hause.« – »Wenn ich groß bin, gehe ich sowieso von hier weg.«

Dies zeigte sich auch an folgendem Beispiel: Als ich fünf Jahre alt war, verbrachte meine Mutter wegen einer Unterleibsoperation ein paar Tage im Krankenhaus. Ich wollte sie nicht besuchen, sondern bevorzugte es, mit Franzl zu spielen. Schon zu diesem Zeitpunkt hatte ich mich in gewisser Weise von meiner Mutter, aber auch von meinem Zuhause gelöst. Ich erinnere mich gut daran, dass ich mich fragte, warum ich denn meine Mutter besuchen gehen sollte, da für mich bereits klar war, dass ich sowieso von zu Hause fortginge. Durch diesen aus der emotionalen Not geborenen, verfrühten Abnabelungsprozess entwickelte sich schon früh in mir eine innere Unruhe und Unsicherheit, da ich mich um mich selbst kümmern zu müssen glaubte.

Diese frühkindliche Loslösung führte darüber hinaus zur Entwurzelung aus meiner Heimat, sodass ich in späteren Jahren nie länger am gleichen Ort ausharren konnte und deshalb öfter den Wohnort wechselte. Nie hatte ich auch nur den Gedanken, ein Haus zu bauen oder zu kaufen. Viel zu sehr hätte ich mich dabei festlegen müssen. Die Begriffe »zu Hause« und »daheim« waren mit der Zeit aus meinem Vokabular verschwunden. Und da ich im Grunde nirgendwo ankommen wollte, fasste ich auch keine Wurzeln. Ich befand mich in einem steten Prozess innerer Unruhe, Umtriebigkeit und einer äußerst anstrengenden Suche nach dem »vielleicht gibt's noch was Besseres«. Damit einhergehend entwickelte sich eine Art Fluchtreflex, der mich immer dann woanders hintrieb, wenn ich langsam anzukommen schien. Wie ein innerer Gardeoffizier blies er mir dann den Marsch und zeigte mir, wo es lang geht. Nur nicht ankommen, nur nicht Fuß fassen! Im Grunde bedeutete dies nichts anderes als »nur nicht vertrauen«.

Zusammenfassend könnte ich die ersten sechs Jahre meines Lebens als ein viel zu frühes Kennenlernen der menschlichen Begrenztheit bezeichnen. Durch den großen Vertrauensverlust in meine Eltern während der ersten Lebensjahre, besonders als Baby, war mein Grundvertrauen massiv gestört. Ich traute zunächst einmal niemandem, außer meinen eigenen Kräften, auch wenn ich Hilfe und vertrauliches Miteinander durchaus dankbar annahm und schätzte. Aber sobald irgendetwas mit den Grundfesten meiner Existenz zu tun hatte, wurde ich unruhig. Ich war immer auf dem Sprung, sehr spontan und impulsiv. Der Streit meiner Eltern, gepaart mit der Notwendigkeit, mir die elterliche Zuneigung, Anerkennung und ein gewisses Maß an Wahrgenommen-Werden selbst verschaffen zu müssen, lösten in mir eine »Identitätskrise« aus, die ich durch die Entscheidung, ein Junge zu sein, überhaupt erst einmal erduldbar machte. Zeitgleich entwickelte ich aufgrund der familiären Situation eine innere Stärke und Dynamik, die mir helfen sollte, mein Leben selbst in die Hand zu nehmen, und schon damals verspürte ich einen großen Drang nach Freiheit.

Rollenspiele

Ein Beispiel meiner früh angestrebten Eigenständigkeit zeigte sich in folgender Episode aus meinem sechsten Lebensjahr. Während einer Kinderferienfreizeit in Tirol stieg ich, ohne auf meine Eltern und Annika zu warten, mit einem Teil der Gruppe vor der Unterkunft in einen Bus, der uns zu einer Seilbahnstation brachte. Mit einem Schwung sprang ich in den Sessellift und bewunderte mit weit aufgerissenen Augen das wunderschöne Bergpanorama, während meine Eltern an der Talstation sorgenvoll nach mir Ausschau hielten. Als sie später auf der Alm zu der Gruppe hinzustießen und mich fragten, wieso ich nicht auf sie gewartet hätte, war ich sehr überrascht. Schließlich schien mir das doch gar nicht notwendig gewesen zu sein; zudem amüsierte ich mich bereits köstlich im eiskalten Wasser eines Bergsees.

Als ich in die Schule kam, war ich ein äußerlich frohgemutes und aufgewecktes Kind. Jeden Tag ging ich in der

Früh gemeinsam mit Franzl den circa einen Kilometer langen Schulweg. Schon nach hundert Metern machten wir unseren ersten Zwischenstopp und plauderten, schließlich hatten wir uns ja seit dem Vorabend nicht mehr gesehen. Mit den viel zu großen Schulranzen gepanzert, schlenderten wir gemütlich voran, bis wir auf dem Schulhof ankamen. Dort mussten wir uns mit den anderen Schülern in Zweierreihen aufstellen, bevor wir das Schulhaus betreten durften. Meine Lehrerin war eine wunderbare Pädagogin, ein Abgrund an Geduld und Sanftmut. Nur so erkläre ich mir, dass sie mein Verhalten ertragen konnte. Als meine Eltern – nichts ahnend – den ersten Elternabend besuchten, fragte meine Mutter beiläufig beim Verabschieden, wie es denn um ihre Tochter bestellt wäre. Die arme Lehrerin schüttete ihr Herz aus: »Die Teresa spricht ununterbrochen. Noch bevor jemand aufzeigen kann, ruft sie schon die Antwort in die Klasse. Wenn es an der Tür klopft, springt sie auf und öffnet die Tür ... « Meine Eltern haben – vermutlich nicht nur in jener Nacht – ziemlich schlecht geschlafen. Ich weiß nur, dass ich mich sehr wunderte, als Mama mich diesbezüglich maßregelte, betrachtete ich es doch nicht als Fehler, schlauer oder schneller zu sein als andere. Es war aber keinerlei Wettbewerbsdenken dabei oder gar eine Art »Ich bin besser als ... «. Nein. Ich wollte einfach nur weiter kommen und schnell viel Neues dazulernen. Später, in meiner beruflichen Laufbahn, honorierte man eine solche Haltung als »Führungskompetenz« und nannte es »ergebnis- und zielorientiert«.

Mit der Zeit, aber vor allem durch die gütige und gebetsmühlenartige Vermittlung eines Verhaltenskodex durch meine

Mutter, wurde auch ich nach und nach eine erträgliche Schülerin. In der zweiten Klasse bekam ich Scharlach und musste, zusammen mit meiner ebenfalls daran erkrankten Schwester Annika, sechs Wochen zu Hause bleiben. Meine vorbildliche Lehrerin war derart um mich bemüht, dass sie mir ein ganzes Schulheft mit dem Stoff, den ich versäumte, zum Nachlesen aufschrieb. So grämte ich mich wenig und nützte die Zeit zum Spielen. Da wir das Haus nicht verlassen durften, versuchte ich, das Beste aus meiner Situation zu machen. Angeregt durch die im Jahr zuvor ausgetragenen Olympischen Spiele von 1972 in München mit der damaligen Hochsprung-Olympiasiegerin Ulrike Meyfarth, entwickelte ich eine Art Indoor-Hochsprung in unserem Mädchenschlafzimmer. Aus dem Flur startend brauste ich ins Zimmer. Dort warf ich meinen ganzen Körper, wenig elegant, dafür aber effektiv, über das hochstehende Fußende meiner Doppelbetthälfte, während die viel angeschlagenere Annika auf ihrer Seite stöhnte und mich zum Aufhören aufforderte. Wieder und wieder sprang ich und fand erst nach zig Durchgängen meine Ruhe. Das Ganze kommentierte ich zeitgleich so reichhaltig, als ob ich eine Sportschau-Sprecherin-Karriere ins Auge fassen würde.

Das, was ich tat, tat ich immer extrem. Schon damals gab es kein gemäßigtes Vorgehen, wenn ich nicht von höherer Stelle dazu aufgefordert wurde. Scheinbar brauchte ich das Überschreiten eines natürlichen Maßes, um mich selbst besser spüren zu können und mir Aufmerksamkeit zu verschaffen. Nicht zuletzt waren es aber vor allem weitere Versuche, endlich doch noch von meiner Familie Anerkennung in einem für mich ausreichenden Maße zu erhalten.

36

Annika schien meine Eskapaden ganz gut zu ertragen. So hatte sie sogar einigermaßen friedlich erduldet, wenn ich als kleines Kind meine nasse Windel knapp über ihrem Gesicht aus dem Bett gefeuert hatte. Vor dem Schlafengehen war ihre Tagesration an Geduld aber oft schon aufgebraucht. Wenn ich wegen Nebenhöhlenproblemen noch eine Zeitlang schnaufte, um meine Nase zu befreien, brachte sie das so zur Raserei, dass ich selten um eine kleine Tracht Prügel herumkam. Spielten wir gemeinsam mit Opa Halma oder Mühle, schummelte sie des Öfteren, und mein Opa ließ sie trotz heftigster Kritik meinerseits gewähren. Ich hatte einen starken Gerechtigkeitssinn und lernte schon früh zu protestieren. Es half aber nichts, ich spielte mürrisch weiter, die Augen wie ein Luchs aufs Spielbrett gebannt, um Annika bei der kleinsten sich andeutenden Schummelaktion aufzufordern, die Spielsteine wieder korrekt hinzustellen. Einmal stritten wir uns so heftig, dass ich vor Wut schnaubend im ganzen Haus hinter ihr herjagte und sie »erlegen« wollte. Mein gütiger Opa stoppte alsbald mein wildes Ungestüm und bewahrte uns vor Schlimmerem.

Mittlerweile waren die Nachbarsmädchen, allesamt jünger als ich, groß genug, sodass wir auch anspruchsvollere Rollenspiele machen konnten. Bei dieser Mädchenrunde spielte Franzl fast nie mit, sodass ich den männlichen Part über hatte, den ich gerne und mit Leichtigkeit ausfüllte. Spielten wir das beliebte Rollenspiel »Vater, Mutter, Kind« hatte ich wie selbstverständlich die Vater-Rolle inne und übte sie mit größtmöglichem Engagement und viel Freude aus. Ich imitierte dabei die Verhaltensweisen meines Vaters und die der Nachbarväter und stellte aus meiner Sicht eine geradezu vorbildliche Vaterfigur dar. Nur selten forderten die anderen, auch einmal den Vater spielen zu wollen. Wenn dem so war, schlüpfte ich allenfalls noch in die Kind-Rolle. Sollte ich aber die Mutter-Rolle übernehmen, versuchte ich schon nach wenigen Minuten, meine Mitspielerinnen von der dringenden Notwendigkeit eines Rollenwechsels zu überzeugen. Stellten wir Szenen aus den beliebten Fernsehserien »Daktari, Lassie, Flipper, Bonanza, Pippi Langstrumpf« oder »Raumschiff Enterprise« nach oder spielten wir bestimmte Abenteuer wie Piraten, Indianer und Cowboys, hatte ich zudem auch immer die Anführerrolle. Die anderen Mädchen forderten diese Rolle nie ein. Ich fühlte mich in meiner Identität als Junge bestätigt und akzeptiert. Meine Stärken lagen im Anführen und Kommandieren. Unterordnen war mir äußerst unangenehm, und ich vermied derartige Rollen.

Am liebsten verbrachte ich aber meine Zeit mit Franzl, auch weil Annika und die Mädchen weder mit Autos noch sonstigen »Jungensachen« spielen wollten. Meine Glasklicker-Sammlung hatte ich somit ganz für mich alleine. Ich freute mich, wenn ich beim Wettbewerb mit Franzl und anderen Jungs welche dazu gewinnen konnte, je nachdem, wie geschickt ich sie auf dem holprigen Sandboden platzierte. Interessanterweise hatte ich bei Franzl aber nicht nur die Jungenrolle inne, auch wenn wir viel mit Matchbox, Carrera und Co. spielten und auf dem Sportplatz dem Lederball nachjagten. Nein, bei ihm konnte und mochte ich auch Mädchen sein, die »Frau«, um die sich der »Mann« kümmert. Franzl war mein »Kümmerer«! Ich erinnere mich an viele Spiele, bei denen wir eine Familie nachahmten. Bei dieser Gelegenheit baute er für uns mit großem Eifer eine Behausung aus ein paar Stühlen, die er mühsam nach erbetener Erlaubnis der Mutter vom Esszimmer auf den Balkon schleppte. Dort überspannte er sie mit einer Sofadecke, befestigte diese akribisch und stattete den Boden mit allem nur erdenklich Weichen aus, was der Keller seines Vaters zu bieten hatte. Innen gestaltete er unser kleines Eigenheim liebevoll mit einem fiktiven Herd für mich und einem Essplatz. Stundenlang spielten wir so unbekümmert und einträchtig miteinander. Als mich meine Tante einmal fragte, was ich werden wollte, sagte ich ihr, dass ich Franzl heiraten würde.

Über die körperlichen Unterschiede zwischen Jungs und Mädchen wurde ich, dank einer neuen, übereifrigen Lehrerin, bereits in der dritten Grundschulklasse umfassend aufgeklärt. Eines Vormittags erklärte sie uns, wie das »mit den Bienchen und den Blümchen« nun wirklich aussieht und abläuft. Für diesen »Einsatz« wurde sie wenige Wochen danach von der Schule verwiesen. Heute würde diese Lehrerin – dem Zeitgeist entsprechend – für einen solchen Akt der Frühaufklärung wohl eher belobigt werden. In der ersten Reihe sitzend, hörte ich aufmerksam zu. So konnte ich abends vor dem Schlafengehen meiner zwei Jahre älteren und bis dato noch nicht aufgeklärten Schwester Annika – sehr detailgetreu – alles zum Besten geben, sehr zum Leidwesen meiner im Verlauf der Unterrichtung hinzugekommenen Mutter. Ich fand das Ganze einfach megaspannend, auch wenn ich zu diesem

Zeitpunkt keinerlei Verknüpfung zu meinem eigenen Körper, geschweige denn Geschlecht, herstellte. Denn da ich bereits durch meine Kleidung, mein Auftreten, meine Umgangsformen und auch die starke Bindung an meinen Vater »ein Junge war«, spaltete ich die Tatsache ab, dass ich einen Mädchenkörper hatte. Bis zum Ende meiner Grundschulzeit fühlte ich mich schlichtweg als Junge.

Kleiderzwang

Unsere Pfarrei erstreckte sich über zwei Wohnorte, aber es gab nur eine katholische Pfarrkirche, und die lag ungefähr drei Kilometer entfernt, im Nachbarort. Üblicherweise gingen wir dort sonntags zur Heiligen Messe. Meine Eltern beschlossen, dass ich im Gegensatz zu meinen Klassenkameraden bereits im zweiten Schuljahr zur Erstkommunion gehen sollte. Das war unangenehm für mich, da ich zum Kommunion-Unterricht mit Kindern zusammentraf, die ich nicht kannte, und auch nicht wusste, was dort auf mich zukommen würde. Mein Unwohlsein fand dann seinen Höhepunkt am Tag der Erstkommunion.

Bereits am Morgen fühlte ich mich miserabel. Freute sich doch jedes Mädchen aus der Gruppe auf das schöne weiße Prinzessinnen-Kleid samt Krönchen, so krampfte sich bei mir dagegen alles zusammen. Voller Frust und Unbehagen sehe ich mich heute noch in die Kirche stapfen. Fast wie ein Schwert umfasste ich die Kerze und übergab sie missmutig dem Küster. Sehnsüchtig blickte ich auf die Bankreihe mit den Jungs in ihren Anzügen, Hemden und Krawatten. Dann betrachtete ich mich und sah »das doofe Kleid, die blöde, weiße Strumpfhose und das Handtäschchen«, mit dem ich nichts anzufangen wusste. Auf dem Kopf zwickte mich der Haarreif. Schrecklich. Ich fühlte mich einsam und verloren. Der Zwang, ein Kleid tragen zu müssen, blockierte mich so, dass ich gar keine rechte Freude aufkommen lassen konnte. So musste ich – ein Junge sein wollend – mit einem für mein Dafürhalten viel zu kurzen Kleid bestückt, zu meiner ersten Begegnung mit dem »Leib Christi« treten. Einzig der Gedanke an die Geschenke und die anschließende Familienfeier spendeten mir ein wenig Trost und Freude …

Das Ereignis meiner Erstkommunion prägte mich nachhaltig, denn ich hatte das Empfinden, dass auf meine kindlichen Bedürfnisse nur wenig Rücksicht genommen wurde und dass Erwachsene oft fadenscheinige Argumente vorschoben, um ihren Ansprüchen zu genügen. Warum konnten meine Eltern nicht mit mir besprechen, wann, wo und mit welchen Kindern ich gemeinsam meine Erstkommunion samt Vorbereitung erleben wollte? Ich sah in gewissem Maße ein, dass Eltern in vielen Situationen Entscheidungen ohne das Einverständnis ihrer Kinder fällen müssen, aber es schien mir doch wichtig, dass jemand meine Sorgen und Nöte zumindest einmal anhören würde. Mein Grundvertrauen in meine Eltern und überhaupt in Erwachsene zerbröckelte weiter. Äußerlich ließ ich mir das aber nicht anmerken, da ich stark sein wollte, weil ich stark sein musste. Mehr und mehr legte ich mir eine dicke Haut zu und lernte dadurch, selbst die Dinge in die Hand zu nehmen, wenn ich nicht auf der Strecke bleiben wollte. Dass meine Bedürfnisse entweder nicht wahrgenommen oder falsch eingeschätzt wurden, grämte mich sehr, denn ich fühlte mich unverstanden, hilflos und ungerecht behandelt. Das verursachte eine tiefe Traurigkeit in mir, empfand ich mein Verlangen doch keineswegs als unangemessen.

Vorbilder

Meine Mutter neigte dazu, übervorsichtig und ängstlich zu sein. Sie hämmerte uns beispielsweise Regeln für das Fahrradfahren oder Aussteigen aus dem Bus ein, die absolut sinnvoll und lebensnotwendig waren. Jedoch ließ sie uns bei vielem, was Ziel kindlicher Entdeckungsreisen sein mochte, zuerst einmal eine Gefahr sehen, anstatt uns zu unterstützen und zu ermutigen. Mir ging ihre Ängstlichkeit mächtig auf die Nerven, und ich versuchte, sie so gut wie möglich zu ignorieren. Es war ganz egal, was ich an Aktionen oder Aktivitäten plante, selbst noch als erwachsene Frau. Die erste Reaktion meiner Mutter lautete stets »Oh weh, Kind, pass bloß auf!« Wie sollte ich denn auf diese Weise Vertrauen in meine mir geschenkten Kräfte und Gaben entwickeln? Richtig frei bewegen konnte ich mich nur, wenn ich mit Papa unterwegs war. Das war meist super und weniger stressig. Er traute uns Kindern etwas zu und erklärte uns mit viel Geduld die kleine Welt, in der wir uns befanden. Das half mir, stark zu werden und Selbstvertrauen aufzubauen. Aus diesem Grund unternahm ich viel lieber etwas mit Papa, ob zu Hause oder unterwegs. Wenn es seine Zeit erlaubte, fuhren wir zum Campen an einen nahe gelegenen Badesee oder ins Freibad. Von Papa konnte ich lernen, bei ihm konnte ich wachsen. Bei Mama hatte ich zuweilen das Empfinden, dass mir die Flügel eher gestutzt als zum Fliegen vorbereitet würden. Heute weiß ich, dass es ihr tiefstes Anliegen war, uns vor Bösem oder Schmerzhaftem zu bewahren und uns darüber hinaus eine gute Erziehung angedeihen zu lassen. Denn sie liebte uns sehr, eben auf ihre Weise, und stand uns immer zur Seite.

Bei der Kindererziehung und im Haushalt hatte sie in meinem Vater nur bedingt eine Hilfe, da dieser für sein Leben andere Prioritäten setzte. Die anfallenden Aufgaben waren zwischen den Elternteilen nicht optimal, geschweige denn gerecht, verteilt. Meine Mutter hatte die ganze Last eines aus meiner Sicht viel zu großen Haushaltes zu tragen. Hinzu kam noch, dass mein Vater eher patriarchalisch geprägt war und meiner Mutter keinen Zugang zum Konto gewährte. Wie damals in vielen Familien üblich, definierte der Ehemann, wie viel »Haushaltsgeld« die Ehefrau erhielt. Von diesem Betrag, der trotz Inflation über Jahrzehnte gleich blieb, musste meine Mutter den gesamten Haushalt schmeißen, und sonstige Zusatzkosten, z. B. für Kleidung, Schulsachen oder besondere Anschaffungen, tragen. Dabei konnte sie sich selbst nur wenig leisten, wogegen sich jedoch mein Vater für seine damals eher teuren Hobbys, wie Fotografieren und Filmen, das Nötige nicht nehmen ließ. Wenn in der Schule eine Klassenfahrt anstand, dann hatte ich Bauchweh und immer ein schlechtes Gewissen, meine Mutter um die Erstattung der Fahrtkosten zu bitten. Meine Mutter erschien mir hilflos und gefangen in Bezug auf die finanzielle Situation in ihrer Ehe. Auch gab uns mein Vater nie Taschengeld, was ich ihm wirklich übel nahm. Keines von uns Kindern hätte erwartet, dass das ein großer Betrag gewesen wäre, aber schon ein paar D-Mark im Monat hätten uns geholfen. Bei mir hatte das zur Konsequenz, dass ich nicht richtig lernte, mit Geld umzugehen und später für mich die Maxime aufstellte: »Was mir gefällt, das will ich mir leisten können, koste es, was es wolle.«

Die ständige, wenn auch verständliche, häufig geäußerte Unzufriedenheit meiner Mutter führte bei mir zu dem Schluss, dass »die Ehe für eine Frau nichts anderes bedeutet, als sich der Laune bzw. Vorgabe ihres Ehemannes unterwerfen zu müssen und kein eigenes Einkommen für persönliche Bedürfnisse besitzen zu dürfen.« Folglich lernte ich, dass es sehr belastend und oft ungerecht ist, von einem Ehemann bzw. sonst jemandem finanziell abhängig zu sein. Die Ehe schien mir, wenigstens für eine Frau, nichts Erstrebenswertes zu sein. So verstand ich nicht, warum es die Ehe überhaupt gab und warum ausgerechnet das die von Gott gewollte Form des Zusammenlebens von Mann und Frau sein sollte.

Diese Umstände hatten, wenn auch erst zum Ende meiner Kindheitsjahre, erheblichen Einfluss auf meine persönlichen Lebensentscheidungen. Aufgrund dessen war mir bereits ziemlich früh klar, dass diese Lebensform für mich auf keinen Fall in Frage kommen würde und wenn schon, dann nur in der Konstellation, dass ich selbst genug Geld verdienen würde.

Verstärkt wurden diese Erkenntnisse noch dadurch, dass die bis zu diesem Zeitpunkt – neben meinem Vater – wichtigste männliche Bezugsperson, Franzl, sich mit Beginn der Pubertät ohne ersichtlichen Grund sang- und klanglos davon stahl und mich einfach links liegen ließ: Nach unserer gemeinsamen Grundschulzeit hatten sich unsere Wege getrennt, wenn auch zunächst nur äußerlich. Franzl besuchte eine Realschule, und ich ging auf ein Mädchengymnasium. In der fünften Klasse, also mit elf Jahren, trafen wir uns noch jeden Nachmittag, und machten gemeinsam unsere Hausaufgaben. Bald schon zeigte sich jedoch, dass die verschiedenartigen Ausbildungswege ihren Tribut zollten: Musste ich am Spätnachmittag noch Latein-Vokabeln lernen, war Franzl längst fertig und wartete ungeduldig darauf, dass wir etwas zusammen unternahmen. Mit der Zeit konnten wir die unterschiedlichen Anforderungen nicht mehr unter einen Hut bringen und trafen uns nur noch am Wochenende. Meist fuhren wir dann wie früher mit dem Fahrrad in den Wald. Dort bauten wir uns ein gemütliches Lagerplätzchen und rauchten heimlich ein paar Zigaretten aus dem Vorrat von Franzls Vater oder wir spielten auf dem nahe gelegenen Sportplatz Fußball.

Irgendwann trieb uns die beginnende Pubertät zu ersten sinnlichen Berührungen. Und exakt ab diesem Zeitpunkt war nichts mehr wie früher: Mit der Zeit schämten wir uns für diese sexuellen Spielereien, konnten aber andererseits auch nicht davon lassen. Unsere gemeinsame Zeit verbrachten wir fortan nur noch damit, eine Gelegenheit zu suchen, um unsere körperlichen Entdeckungsreisen zu vertiefen. Dann, nach ein paar Wochen, zog sich Franzl immer mehr zurück. Das zeigte sich zunächst darin, dass er unter Angabe von fadenscheinigen Gründen keine Zeit mehr für mich hatte. Das verwirrte, lähmte und verunsicherte mich. In der Öffentlichkeit vermied er es, in meiner Nähe zu sein. Schon bald grüßte er mich nicht einmal mehr, wenn wir gemeinsam an der Bushaltestelle standen. Ich verstand das alles nicht. Ich fühlte mich von Franzl betrogen, im Stich gelassen und nicht mehr beachtet. Von einer neuen Scheu und meinen eigenen Scham-gefühlen zu sehr peinlich berührt, wagte ich jedoch nicht, ihn nach dem Motiv für seinen Rückzug zu fragen, denn ich hatte Angst vor einer endgültigen Ablehnung. Schlussendlich war unsere Freundschaft zu Ende, wie ausgelöscht, und ich hatte keine andere Wahl, als das zu akzeptieren. Es war ein traumatisches Erlebnis für mich.

Aufgrund dieses Verlassenwerdens und der Ablehnung durch den intimsten Weggefährten, gepaart mit den ehelichen Pro-blemen meiner Eltern, verlor ich jegliches Vertrauen in das männliche Geschlecht. Daher entschloss ich mich, auf gar keinen Fall jemals wieder eine emotionale Bindung zu einem Jungen bzw. Mann einzugehen. Fortan stufte ich Beziehun-gen zwischen Mädchen und Jungen bzw. Frauen und Män-nern als unsicher und in jedem Fall als auf Dauer nachteilig für das weibliche Geschlecht ein. Diese Entscheidung machte es mir unmöglich, mich in Jungs zu verlieben, auch wenn es später berechtigte Gründe und Chancen dafür gegeben hat, wie ich noch ausführen werde.

Heute bin ich Franzl nicht mehr böse. Er machte später eine Lehre als Handwerker, heiratete und wurde Vater einer Tochter. Doch diese Ehe scheiterte. Nach dem Tod seiner El-tern übernahm er sein Elternhaus, wo er seitdem mit seiner zweiten Frau und einer gemeinsamen Tochter lebt. Obwohl ich ihn hin und wieder bei meinen Heimatbesuchen gesehen habe, so ist es doch immer nur bei einem höflichen Gruß geblieben. Auch meinen Eltern habe ich mittlerweile verge-ben. Ich liebe sie und weiß heute, dass sie trotz ihrer Mängel aufgrund des inneren und äußeren Leids ihrer eigenen Le-bensgeschichten alles ihnen Mögliche für mich und meine Geschwister getan haben.

Rückblickend kann ich sagen, dass mir, aufgrund der famili-ären Umstände, als ganz kleines Kind große Teile an körper-licher Liebe und Zuwendung meiner Mutter gefehlt haben, da sie aufgrund der Vielzahl der Verpflichtungen nicht in der Lage gewesen ist, mir das an Zeit und Zärtlichkeit zu geben, was ich gebraucht hätte. So habe ich mich an meinen Vater gewandt, der mich sehr lieb gehabt hat und mir viel Auf-merksamkeit und Anerkennung hat zukommen lassen. Um diese Liebe gebührend zu erwidern, habe ich geglaubt, dass es ihm gefallen würde, wenn ich mich wie ein Junge geben würde. Und so habe ich diese Rolle übernommen, in die ich mit der Zeit immer tiefer hinein gewachsen bin und die es mir schließlich unmöglich gemacht hat, meine Identität als Mädchen und später als heranwachsende Frau in der von Gott, meinem Schöpfer, vorgesehenen Ordnung zu finden und entsprechend heranzubilden. Ich habe mich zwar kör-perlich zur Frau entwickelt, aber in meinem Inneren war ich von männlichen Verhaltensmustern geprägt und gesteuert.

So hat der Verlauf meiner Kindheit meine Lebensentschei-dungen dermaßen geprägt, dass ich ab Beginn der Pubertät andere Formen des Zusammenlebens zu suchen begann. Ich wollte von niemandem abhängig sein, und Freiheit wurde das höchste Gut für mich. Innerlich stellte ich mich von vornherein auf nicht dauerhafte Bindungen bzw. Beziehungen ein, und ging nicht mehr davon aus, dass es so etwas wie »die Liebe meines Lebens« geben könnte. Ich suchte sie auch nicht, obwohl ich doch in mir die tiefste Sehnsucht danach verspürte. Der Prozess von Erkenntnissen, Entscheidungen und Festlegungen mündete somit in den Entschluss, mich emotional nur an das weibliche Geschlecht zu binden. Das barg quasi automatisch eine sexuelle Orientierung als lesbische Frau in sich, die ich nach und nach aktiv zu leben begann.

II. Ich bin dafür,
dass ich dagegen bin

Zu Hause war selten Ruhe. Fast immer war jemand da, und durch den Mangel an Rückzugsmöglichkeiten in meiner Kindheit lernte ich nie, allein zu sein oder wenigstens allein sein zu können, was mich später übel einholen sollte. Meine Mutter nahm ihre Pflichten ernst, und so kann ich mich an keinen Tag erinnern, an dem nicht ein Mittagessen gekocht worden wäre. Hatte sie mal einen Friseur- oder Arzttermin, stellte sie die Kochtöpfe in einer Art Thermo-Burg aus Kissen und Decken in den Wohnzimmersessel und schrieb uns einen Zettel, was wo zu finden wäre. In der Pubertät ließen mich die seltenen Stunden, in denen weder meine Eltern noch Geschwister zu Hause waren, jedoch aufatmen und gaben mir einen ersten Einblick in das, was ich damals unter »Freiheit« und »In-Ruhe-Gelassen-Werden« verstand und sichtlich genoss: Keine Fragen, keine Anordnungen, keine Maßregelungen, einfach nur Ruhe. Ich mit mir allein, wunderbar! Natürlich waren das immer nur kurze Momente, bis eine meiner Schwestern nach Hause kam.

Ich empfand zunehmend eine große Sehnsucht nach äußerer Stille, um innerlich zur Ruhe zu kommen, aber das war mir nicht bewusst. Auf die eine oder andere Weise spürte ich bereits als Kind und vor allem als am Beginn der Pubertät stehende Jugendliche, dass es da noch mehr geben musste als das, was ich mit meinen bloßen Augen wahrnehmen konnte. Mich bewegten vor allem die Fragen »Woher kam alles,

49

und wie entstand die Welt?«, »Wer genau ist eigentlich Jesus Christus?« und »Wie geht lieben?«. Da ich von niemandem für mich befriedigende Antworten zu erhalten schien, erkannte ich die Notwendigkeit, mich selbst auf die Reise nach innen zu begeben. So philosophierte ich fröhlich vor mich hin, insbesondere im Badezimmer und auf der Toilette, denn da war ich weitestgehend ungestört. Mir schien es unmöglich, innerlich etwas zu entdecken, wenn es um mich herum laut war, auch wenn ich selbst alles andere als eine stille, introvertierte Person war. Offenbar wollte ich meine Innerlichkeit vor allen verstecken, da sie gleichsam mein größtes Geheimnis war: Dort traf ich mich mit Jesus! Denn als Folge der Verletzungen durch Franzl und aufgrund meines No-Go´s für die Ehe, dachte ich mit einem Mal darüber nach, wie wohl ein Leben exklusiv mit Jesus aussehen könnte. Eine derartige Beziehung schien etwas sehr Geheimnisvolles und Einzigartiges in sich zu bergen, denn an der Liebe Jesu zu mir zweifelte ich nicht. Alles war so spannend, und ich wollte ihn, aber auch mich immer besser kennenlernen. Das konnte und wollte ich aber mit niemandem besprechen, jedenfalls zunächst nicht, nicht im Alter von circa elf bis vierzehn Jahren.

Auch wenn die Schulschwestern meines Gymnasiums mich nicht wirklich davon überzeugen konnten, dass man als Ordensfrau glücklich und erfüllt durchs Leben gehen kann, hatte ich als kleines Kind erste positive Berührungspunkte mit diesem Lebensmodell gehabt. Im Kindergarten des Nachbarortes hatten »Schönstatt-Schwestern« gewirkt, Mitglieder einer Ordensfamilie der Katholischen Kirche. Sie waren lieb und umgänglich gewesen. Meine Tante Marie, die ältere Schwester meiner Mutter, war selbst eine Zeitlang eine von ihnen gewesen, bevor sie sich dann doch zur Ehe entschlossen hatte.

Tante Marie wohnte mit ihrem Mann, dessen zwei Söhnen aus erster Ehe und einer gemeinsamen Tochter in einer viel zu kleinen Wohnung in einer Stadt am Rhein. Viele Jahre musste sie dort ihre schwerst behinderte Tochter pflegen, was sie selbst als »Strafe Gottes für ihren Klosteraustritt« ansah. Sonntagmittags um Punkt zwölf Uhr rief sie für gewöhnlich bei uns an. Natürlich waren wir zu diesem Zeitpunkt immer beim Essen. Meine Mutter pflegte ihre Lautstärke scheinbar der geschätzten Entfernung ihrer Gesprächspartnerin anzupassen, und so »sprach« sie so laut, dass sie sich ersparte, uns danach vom Telefonat zu berichten, da wir bereits alles gehört hatten, ob wir das nun wollten oder nicht.

Die tragische familiäre Situation meiner Tante, die in einer Art emotionaler gegenseitiger Abhängigkeit mit meinem Onkel lebte, prägte sehr früh meine Vorstellungen von dem, was in einer Ehe und Familie sonst noch alles passieren kann. Kam meine Tante für einige Tage zu Besuch, so war das für ihren Mann wie ein Weltuntergang, zumindest ließ er uns alle in dem Glauben, dass er nicht lange auf meine Tante verzichten könnte. Das tat mir unendlich leid, zuerst für meine Tante und erst als ich älter wurde, auch für ihn, da ich seine Not hinter dieser »Affenliebe« zu verstehen begann. Durch diese scheinbar ausweglose Situation begriff ich allmählich die Ohnmacht und Gebundenheit meiner Tante, die ich in mein noch sehr begrenztes pubertäres Denkschema als eine weitere Facette von Ehe und Familie einordnete.

51

Ich hatte Tante Marie sehr lieb. Sie nannte mich immer ihren »Sonnenschein«, da ich ein fröhliches Gör zu sein schien und gern lachte. Sie erzählte mir stundenlang von ihrer Vergangenheit, lehrte mich dabei viel Interessantes und hörte auch mir gerne zu. Meistens saßen wir dabei in der Küche. Sie hatte Zeit für mich! Von all den Erwachsenen meiner Verwandtschaft hatte ich zu ihr die innigste Beziehung. Da sie aufgrund der jahrelangen Pflegetätigkeit unter Rückenschmerzen litt, nutzte sie die Besuche bei uns, um mit meiner ebenfalls mit Wirbelsäulenproblemen geplagten Mutter zu einer Chiropraktikerin zu fahren. Jene Frau war weit über alle Lande bekannt, und man musste mehrere Stunden Wartezeit in Kauf nehmen. Da Tante Marie aufgrund ihres Körpergewichtes eine Art Korsett trug, bat sie mich, ihr dieses in der Umkleidekabine aufzuschnüren. Die wahrlich nicht anders als Schwerstarbeit zu bezeichnende Aufgabe übernahm ich jedes Mal mit größter Freude, und jeden der wohl nie endenden kleinen Häkchen öffnete ich gewissenhaft, um mein »Tantchen« aus ihrem »rosa-roten Panzer« zu befreien. War das geschafft, verschnaufte ich kurz, denn ich musste erst wieder Kraft tanken für die um einiges anstrengendere Arbeit, dieses Konstrukt aus Bandagen, Haken und Ösen nach der Behandlung wieder und vor allen Dingen vorsichtig an dem gerade frisch eingerenkten Oberkörper anzulegen. Unter Ächzen und Stöhnen hängte ich Haken in Haken und kam in der engen Umkleidekabine mächtig ins Schwitzen. Zudem versuchte ich, meine Tante ob ihres sichtlichen Schmerzes ein wenig zu trösten, indem ich bei jedem Einfädeln irgendeinen Kommentar fallen ließ, der sie herzlich zum Lachen brachte. Eigentlich lachte sie immer sehr gerne, aber das familiäre Schicksal und die abhängige Bindung an ihren Ehemann belasteten sie zunehmend. Anfang der Neunzigerjahre erlag sie im Alter von etwas mehr als siebzig Jahren einem Krebsleiden.

In ihr habe ich vor allem das gespürt, was ich selbst bei mir fühlte: eine große Liebe zu Jesus. Ich suchte schon damals nach Gleichgesinnten, in der Hoffnung, etwas mehr über Jesus oder ein Leben mit ihm erfahren zu können. An Berichte von Tante Marie über ihre Klosterzeit habe ich keine Erinnerungen mehr. Ich weiß nicht einmal mehr, warum ich sie nicht danach gefragt habe, sprachen wir doch sonst über alles. Vermutlich war es mir ein wenig peinlich, nicht wegen ihres Klosteraustritts, sondern vielmehr ob meiner schwärmerischen Gefühle für Jesus, die ich überhaupt nicht fassen und noch weniger begreifen konnte.

Die aus heutiger Sicht falsche Zurückhaltung meinerseits, mit meiner Tante über meine Sehnsucht nach Jesus zu reden, machte es mir in der Folgezeit fast unmöglich, diesem innigen Wunsch nachzugehen, und so ließ ich leider davon ab. Anstatt »den Schatz in mir« zu suchen und zu bergen, vergrub ich ihn immer tiefer, bis er so verschüttet war, dass selbst die Erinnerung daran im Laufe der Jahre verblasste.

Zu den anderen Tanten und Onkeln hatte ich von gutem bis überhaupt keinen Kontakt. Letzteres bezog sich vor allem auf die Geschwister meines Vaters. Seine Familie war in Ost und West geteilt und zudem weit weg von meiner Heimat, sodass Besuche selten waren. Einen innigen Kontakt zu ihnen habe

ich deshalb leider nie aufbauen können. Als Kind hörte ich
nur, dass Deutschland nach dem Zweiten Weltkrieg in zwei
Teile zerfallen war und mein Onkel mit Frau und Tochter in
einer sächsischen Stadt lebte. Zu Weihnachten sandte Mama
»Päckchen in die Ostzone«, wie sie diese Art liebevoller Ca-
repakete mit nützlichen Utensilien, Kaffee, Bananen und diversen Leckereien nannte, die mein Onkel stets mit einem
Geschenkkarton voller Christstollen und den berühmten
Weihnachtspyramiden aus dem Erzgebirge vergalt. Wenn er
zu einem von Papas Geburtstagen kam, durfte er nie mit meiner Tante zusammen verreisen, und nur einmal war meine
Cousine mit dabei. Es war mir unmöglich, in diesen kurzen Besuchen ein Naheverhältnis aufzubauen. Aber selbst zu
den im Westen mit ihren Familien lebenden Geschwistern
meines Vaters konnte ich keine echte Beziehung knüpfen. Zu
selten waren sie da und zu ernst erschienen mir die Themen,
über die sie dabei sprachen.

Meine Generation war noch belastet durch den ideologischen Schlagabtausch zwischen Ost und West, und so kann
ich nicht leugnen, dass es mich bis heute nicht wirklich nach
Ostdeutschland zieht. Zu tief eingeprägt sind die Erinnerungen an den Onkel, der stets alleine reisen musste, an die un-
nötige Armut meiner Angehörigen sowie die große Ungerech-
tigkeit und Unterdrückung, die damals dort herrschten. Ich
erinnere mich an die vorsichtigen Fragen meiner Mutter am
Telefon, um »ja nur nichts Falsches zu sagen, da die Stasi die
Telefonate abhören könnte«. Ich habe nach der Wiederverei-
nigung meinen Onkel und seine Familie noch nie besucht,
auch wenn sie mir alles andere als gleichgültig sind und ich

sie in meinem Herzen trage, weil sie zu meiner Familie gehören.

Böse Jungs

Alles Leibliche hatte ich bis zum Beginn meiner Pubertät im
elften Lebensjahr verdrängt und abgespalten und befasste
mich mit dem Thema »Ich werde eine Frau« im Grunde erst,
als sich die weiblichen Geschlechtsmerkmale deutlicher her-
anbildeten und ich, der Laufbahn meiner älteren Geschwister folgend, auf einem reinen Mädchengymnasium landete.
Zunächst war es ein wenig ungewohnt, nur mit Mädchen
zusammen zu sein und Nonnen als Lehrerinnen zu haben,
doch ich fand mich bald zurecht und hatte schulisch keinerlei Probleme. Latein war mein Lieblingsfach, auch wenn
die Lateinlehrerin ihrem Vater, einem preußischen Offizier,
alle Ehre machte und uns mit hartem Regiment zu erziehen
suchte. Einmal musste die ganze Klasse mitten im Winter bei
geöffneten Fenstern Hab-Acht-Stehen und Latein-Deklinati-
onen vor- und rückwärts aufsagen. Wir mussten das so lange
exerzieren, bis es auch die letzte Schülerin intus hatte. Am
Ende der Stunde glich das Klassenzimmer einem Tiefkühl-
raum und mein Mäppchen war mit einer zwei Zentimeter dicken Schneeschicht bedeckt.

Im Grunde waren wir alle sehr brav, und die Lehrer hatten
wirklich selten Anlass zur Beschwerde. Mein loses Mundwerk
bescherte mir, dass ich über einige Jahre hinweg das Amt der
Klassensprecherin ausüben durfte. Bestückt mit einem feinen
Gespür für Gerechtigkeit und mit großer Einsatzbereitschaft
trat ich für die Anliegen der Klassengemeinschaft ein. Dies

brachte mir zwar nicht nur Freunde unter Schülerinnen und Lehrern ein, verschaffte mir aber bald viel Respekt. Hatten meine Schwestern Monika und Vera noch nicht mit Hosen bekleidet zur Schule kommen dürfen, so kämpften wir als Nachfolgegeneration nur noch damit, ärmellose Tops und einen »Atomkraft-Nein-Danke«-Button tragen zu dürfen.

Heftigen Widerstand gab es allerdings, als ich mit einigen Mitschülerinnen die erste Frauenfußballmannschaft formierte, die stolz auf dem Pausenhof kickte und zuweilen Freund und Feind nieder rannte. Schon bald wurde ich zur Direktorin zitiert, einer Ordensfrau in den Mittfünfzigern, die ihrer ehrwürdigen Amtsvorgängerin in Bezug auf Autorität und Erfahrung leider nicht das Wasser reichen konnte, was ich sie auch unmissverständlich spüren ließ. Ihren Appell an unsere Vernunft, dass »Mädchen doch kein Fußball spielen«, diskutierte ich heftigst mit ihr und zeigte kein Verständnis für ihre Haltung. Ihr letzter Versuch bestand schließlich darin, mich sanft darauf aufmerksam zu machen, dass »es mit all meinen Schwestern nie Probleme gegeben hat«. Damit schoss sie sich ein Eigentor, denn das war erst recht Grund genug, weiterzukämpfen. Wir ignorierten einfach ihre Anordnung und spielten noch ein weiteres Jahr Fußball auf dem Schulhof. Irgendwann verloren wir von selbst das Interesse daran und widmeten uns anderen, zutiefst pubertären Themen oder nutzten die Pause zum heimlichen Rauchen.

Einmal wurde ich zusammen mit meiner Klassensprecher-Stellvertreterin zu ihr zitiert, weil eine Mathearbeit sehr schlecht ausgefallen war. Wir erklärten ihr, dass die Arbeit viel zu schwer gewesen wäre. Sie selbst war viele Jahre in

Afrika als Missionsschwester tätig gewesen, und so entgegnete sie voller Erstaunen ob unseres schlechten Abschneidens, dass »die Kinder in Ghana problemlos in fünf Minuten fünfzig Rechenaufgaben lösen könnten«. Ich sehe mich heute noch vor ihr sitzen. Eine zugegebenermaßen selten aufkommende Sprachlosigkeit erfasste mich. Es war aussichtslos, mit dieser durchaus liebenswürdigen Frau zu diskutieren. Dennoch wagten wir einen letzten, vorsichtigen Versuch und erreichten so immerhin die Annullierung der Noten und einen neuen Testdurchgang. Die Erfahrungen meines Eintretens für meine Mitschülerinnen hatten etwas Positives für mich zur Folge, denn ich lernte dadurch schon früh, meine bzw. die Bedürfnisse einer Interessengemeinschaft zu formulieren und mich dafür zu engagieren.

Ich war circa zwölf Jahre alt, als mich mein Patenonkel einlud, in den Ferien gemeinsam mit meiner Cousine Claudia auf eine Stadtrandfreizeit mit Tagesbetreuung zu fahren. In einer großen Gruppe von Kindern und Jugendlichen fuhren wir morgens mit dem Bus raus ins Grüne, verbrachten dort den Tag und kehrten erst am Abend wieder nach Hause zurück. An einem der Tage machten wir im angrenzenden Wald das beliebte »Schnitzeljagd«-Spiel. Immer auf ein besonderes Abenteuer aus, suchte ich zusammen mit meiner tapferen Cousine ein einsames Stück Wald ab, in dem wir uns im Dickicht aus Farn und Gestrüpp zusehends verirrten. Plötzlich wussten wir nicht mehr, wo wir waren. Claudia bekam immer mehr Angst, und ich versuchte, uns irgendwie aus dem Dschungel hinauszuführen. Längst hörten wir von den anderen keine Stimmen mehr, und auch unser Rufen schien vom hohen Buschwerk verschlungen zu werden. Schließlich kamen wir auf eine Lichtung mit einer kleinen Wiese.

Dort begann ich zum ersten Mal in meinem Leben, Gott wirklich anzuflehen. Ich sank auf die Knie und betete laut zu ihm, auf dass er uns den Weg zeigen möge. Noch beim Beten vernahm ich das leise Plätschern eines kleinen Rinnsals am Rande der Lichtung. An dieses konnte ich mich vom morgendlichen Spielbeginn noch erinnern, und wie auf einem sicheren Pfad wanderten wir an dessen Ufer entlang, bis wir auf die uns schon bekannte Waldstrecke trafen und überglücklich zur Gruppe zurückkamen. Dieses nur kurze, aber sehr innige Gebet eröffnete mir eine tiefgreifende Gotteserfahrung. Es war das Bewusstsein: »Es gibt Gott! Er ist wie ein guter Vater zu mir und hilft mir, egal, was ich mache und egal, wo ich bin!« Diese spürbare Präsenz und absolute Allmacht des himmlischen Vaters, der sein Kind niemals im Stich lässt, die ich an jenem Sommermorgen so intensiv erfahren durfte, prägte sich tief in meine Seele ein. Bis zum heutigen Tag nährt dieses Erlebnis – fast so zart wie jenes Rinnsal und zuweilen kaum hörbar – meine Gewissheit, dass es Gott gibt.

Es gab dort aber noch ein ganz anderes, ebenso meinen Weg ins Erwachsenwerden prägendes Ereignis. In der Gruppe gab es einen Jungen, der sich für mich zu interessieren schien. Eines Nachmittags lockte er mich aus dem Haus, wo wir tagsüber untergebracht waren, unter dem Vorwand, »mir etwas Geheimes mitteilen zu wollen«. Natürlich war ich neugierig und ging mit ihm um die Ecke. Dort angekommen, fragte er mich, ob ich mit ihm gehen wolle. Ich überlegte kurz, war peinlich berührt und sagte dummerweise zu, obwohl ich das eigentlich gar nicht wollte. Die Strafe folgte auf dem Fuß, denn sofort lachte er mich frech aus und sagte zu mir, »er wolle auch mit mir gehen, aber nur bis zur nächsten Mülltonne«. Das war damals ein beliebtes Spielchen unter pubertierenden Jugendlichen und hätte mich wohl gar nicht so sehr getroffen, wenn er seinen Triumph nicht lautstark vor der ganzen Jugendbande verkündet hätte. Am liebsten wäre ich im Erdboden versunken.

Nun könnte man meinen, dass dies ganz normale, harmlose Begebenheiten unter Jugendlichen seien, was sicher auch im Großen und Ganzen zutrifft. Bei mir jedoch, die ich gerade am Beginn meiner körperlichen Entwicklung zur Frau stand und deshalb noch mehr in meiner Geschlechtsidentitätsstörung gefangen war, hatte dieser Vorfall weit reichende Konsequenzen: Nach meinem Erlebnis, von Franzl verlassen worden zu sein und nicht mehr beachtet zu werden, bestärkte mich dieser Jugendliche in meinem zuvor schon getroffenen Urteil, dass »man sich auf Jungs nicht verlassen kann und Beziehungen zum männlichen Geschlecht prinzipiell demütigend und in gewisser Weise gefährlich sind«. Diese vermeintlich unbedeutende Begegnung zu Beginn der Pubertät drängte mich erneut von der Suche nach Bindung und Kennenlernen des Andersgeschlechtlichen weg und verstärkte dadurch die weitere Entwicklung meiner homosexuellen Orientierung. Dennoch war ich noch immer hin- und hergerissen, und meine Gefühlswelt verunsicherte mich zusehends.

Bestärkt und bestätigt wurde meine Ablehnung des anderen Geschlechts dann noch im Alter von dreizehn oder vierzehn Jahren. Ich ging gemeinsam mit Annika zum Karate. Eines Tages konnte sie nicht mitgehen zum Training, und der Karate-Lehrer nutzte diese Situation schamlos aus: Ohne Erlaubnis betrat er die Damen-Umkleidekabine, sprach mich unter einem fadenscheinigen Vorwand an, zog mich fest an sich und umarmte mich gegen meinen Willen. Er versuchte, mich davon zu überzeugen, dass es »besser wäre, keine Unterwäsche unter dem Karate-Anzug zu tragen«. Ich hatte Angst vor ihm und einem Übergriff und ließ ihn reden. Anschließend »lud er mich ein«, mich mit seinem Auto ins Zentrum bis zur Bushaltestelle mitzunehmen. Aus purer Angst fuhr ich mit ihm. Er küsste mich vor dem Aussteigen auf die Wange und sagte mit einem fordernden Ton, dass »ich ihn das nächste Mal auf den Mund küssen müsste«. Gottlob gab es kein nächstes Mal. Die Vereinssparte wurde – wie durch ein Wunder – trotz vieler aktiver Mitglieder kurz darauf aufgelöst. Aus Angst und Scham erzählte ich niemandem davon. Annika und ich gingen dann anderen Hobbys nach.

Diese Erfahrung führte zu mehreren Festlegungen, Denk- und Verhaltensmustern: Erstens stellte ich fest, dass ich nun kein Kind mehr war und Männer meinen Körper zu begehren schienen. Meine Jugend schien gefährdet, ebenso meine Jungfräulichkeit. Zweitens war ich verängstigt, verunsichert und fühlte mich schutzlos. Da wir alleine zum Training hatten fahren müssen und nicht abgeholt worden waren, fühlte ich mich zudem ohne den väterlichen Schutz und, wie schon seit Langem, auch weiterhin auf mich allein gestellt. Drittens wurde mein Eindruck verstärkt, dass Frauen ausschließlich zur sexuellen Befriedigung des männlichen Geschlechtes dienen bzw. bei Bedarf einfach »herangezogen« werden können. Auch das feste, mir äußerst unangenehme Umarmen meines Körpers bei der Begrüßung durch einen Bekannten meiner Eltern festigte diese Ansicht. Mit wenigen Ausnahmen schienen mir die meisten Männer eher verderbt zu sein. Ich fühlte mich als weibliches Wesen wie Freiwild, d. h. begehrt und somit gleichsam »zur Benutzung freigegeben«. Viertens konnte ich ab diesem Erkenntnismoment nicht mehr unbefangen mit Jungs bzw. Männern umgehen. Fünftens baute ich unbewusst eine Art von vermännlichtem Äußeren auf, um mich eher unattraktiv zu machen. Dadurch musste ich auch jede in der Pubertät normale Entwicklungsphase des Frau-Werdens, wie z. B. das Schminken oder Tragen einer Handtasche, unterbinden. Ich begann, äußerlich wie innerlich immer mehr eine vermännlichte Rolle zu übernehmen, auch wenn meine Sehnsucht eine andere war. Vom männlichen Geschlecht fühlte ich mich bedroht, und dem konnte ich zum eigenen Schutz nur eine vermännlichte Persönlichkeit entgegenstellen. Durch all diese Faktoren beeinflusst, traf ich – zunächst mir selbst noch nicht bewusst – die Entscheidung, eine »lesbische Identität« anzunehmen!

Der verborgene Schatz

Eines Tages schenkte mir unser Pfarrer ein kleines Buch mit Zitaten der heiligen Thérèse von Lisieux. Sie ist die Pfarrpatronin meiner Heimatpfarrei, und so war mir ihre Biographie nicht ganz unbekannt. Ich freute mich auf die Abendstunden,

in denen ich – mittlerweile endlich ein Zimmer für mich allein
habend – das Büchlein aus seinem sicheren Versteck unter
dem Bett hervorzog und darin las. Thérèses poetische Wen-
dungen führten mich unbemerkt hin dazu, ein wenig über
das Geheimnis der Liebe Gottes zu den Menschen nachzusinnen. Dabei entdeckte ich bald die Gebete, die mir in meinem
pubertären Schwärmen am besten gefielen. Ich wiederholte
sie so lange, bis sie sanft, nach und nach, in ein persönliches
Gespräch mit Jesus übergingen, mehr noch, mich geradezu
darin verwickelten. Es war mir, als ob Jesus in mein Herz
einkehrte und dort länger verweilte. All das war so besonders,
dass ich mit niemandem darüber zu sprechen wagte.

Im Alter von zarten dreizehn Jahren fuhr ich zum ersten Mal
ohne meine Geschwister, nur mit meinen Eltern in Urlaub.
Als pubertierendes Gör kann man sich zwar coolere Aktionen
vorstellen, da wir aber selten verreisten, freute ich mich sehr
über diesen Trip. An einem schönen heißen Sommertag mit
strahlend blauem Himmel hatten meine Eltern die gute Idee,
dass wir von unserem Feriendomizil im Schwarzwald aus einen Abstecher an den Bodensee machen könnten. Dort böte
es sich dann an, unter anderem die Insel Mainau mit ihrer
einzigartigen Blumen- und Pflanzenvielfalt zu besichtigen.

Mein Vater verstaute wie üblich seine diversen Kamera-
und Videoausrüstungen im Kofferraum, während meine Mutter mit der gleichen Akribie für alles andere sorgte. Wie vor
jeder Abfahrt ging sie fast schon wie ein Lufthansa-Pilot eine
imaginäre Checkliste durch, die vom Benzinvorrat über Kar-
tenmaterial bis Reifendruck alles beinhaltete, was zur Verhin-

derung der größtmöglichen Reisekatastrophen hätte beitragen können. Und das völlig zu Recht, denn für meinen Vater hatte die Wartung unseres Autos meist nicht den familienüblichen Stellenwert. So kam es öfters vor, dass wir mit rauchenden Reifen unterwegs waren, weil er die Handbremse nicht gelöst hatte, oder dass wir auf dem Rücksitz fast erfroren, weil er vergessen hatte, die Heizung einzuschalten. Überhaupt waren unsere Autos allesamt eine interessante Konstellation aus »gerade-noch-TÜV-tauglich« und »Marke Eigenbau«. Als Aldi seine Kaffeedosen noch aus Metall fertigte, funktionierte mein Vater eine solche kurzerhand in einen Übergangsauspuff um, der fortan als haselnussbraunes Sondermodell bis zum nächsten TÜV-Termin treu seinen Dienst verrichtete.

Eines Tages spielte ich im Wohnzimmer und schaute etwas verwundert, als ich durch das Fenster der gegenüberliegenden Garage ein brennendes Auto sah. Es war unser Auto. Nach der ersten Schockstarre rannte ich aus dem Haus und stürmte in die Garage. Ich sah, wie mein Vater mit Seelenruhe von unten die Karosserie schweißte, während im Innenraum bereits die Flammen loderten und mein danebenstehender Schwager als Brandmeister völlig versagte. Wild gestikulierend schrie ich auf die beiden Hobbybastler ein, die daraufhin in Windeseile dem Feuerlöscher zu seinem Ersteinsatz verhalfen. Dass ich auf diese so gefährliche Situation rechtzeitig aufmerksam geworden bin und alles gut ausgegangen ist, schrieb ich meinem Schutzengel zu. So lernte ich früh, meinem Schutzengel zu vertrauen und ihn um Hilfe zu bitten – und habe des Öfteren in schwierigen, für mich unlösbaren Situationen sein Eingreifen erfahren dürfen.

Wir waren also unterwegs zur Insel Mainau. Aufgrund der Pubertät war ich für Papa ziemlich anstrengend, da ich ständig herumblödelte und ihn nach einem Komiker aus einer damals aktuellen Fernsehserie benannte. Dennoch starteten wir fröhlich unsere Tagestour. Da es im Auto schon bald sehr heiß war, schloss ich während der Fahrt immer wieder die Augen und döste vor mich hin. Ohne es sonderlich zu bemerken, begann ich plötzlich leise mit Jesus zu sprechen. Nach und nach empfand ich ein mir bis dato unbekanntes, angenehm warmes und wohliges Gefühl, das zunächst meinen Körper, dann aber auch mein Inneres erfasste und mich in einen tiefen Frieden versetzte. Auf dem Parkplatz in Lindau am Bodensee angekommen, erbat ich deshalb ohne Angabe von Gründen die Erlaubnis, im Auto bleiben zu dürfen und zu warten, bis meine Eltern zurückkehren würden. Diese waren zwar erstaunt, ließen mich aber einigermaßen beruhigt, mein Verhalten der Pubertät zuordnend, im Auto zurück.

Ich machte es mir auf dem Rücksitz bequem und schloss die Augen. Noch immer war ich eingehüllt in diese geheimnisvolle Stimmung. Es war absolut still in mir und um mich herum. Behutsam hörte ich in mich hinein. Minuten vergingen. Stammelnd setzte ich mein Gespräch mit Jesus fort, ohne dabei eine bestimmte Absicht zu verfolgen. Daraufhin vernahm ich – gleichsam wie eine Antwort – eine Art Gewissheit, dass Jesus mich lieb hat, mich niemals allein lässt und dass er als Gott am besten weiß, was ich brauche und was mir nottut. Zum ersten Mal spürte ich mich »als ganz«, als eine Einheit eines von Gott bis ins Tiefste geliebten Kindes, das sich vertrauensvoll in die Hände seines Vaters werfen kann. Ich genoss diese beglückende Seelenumarmung und Herzensfreude.

Bald darauf kamen meine Eltern zurück und schwärmten von den schönen Blumen, die ich verpasst hatte. Wenn sie gewusst hätten, auf welchem Rosenbeet ich hatte ruhen dürfen! Natürlich war ich völlig aufgewühlt und wusste nicht mehr, wie mir geschehen war. Nun war ich sicher: Jesus war mein Freund, ihm konnte ich alles sagen. Aber ich hatte niemanden, mit dem ich über diesen Freund und meine besondere Verbundenheit mit ihm sprechen konnte. So gerne hätte ich Jesus anderen vorgestellt und sogar auch mit ihnen geteilt, aber all das war mir peinlich und nicht vertraut, da ich keine Vorbilder hatte, die Ähnliches taten.

So verkümmerte in den darauf folgenden Jahren mein Gebetsleben immer mehr und gab dem von Jesus liebevoll gepflanzten Samenkorn weder Boden noch Nahrung zum Wachstum. Trotz allem erkannte ich tief im Innern den Wert dieser göttlichen Einpflanzung, und so sperrte ich Jesus in meiner Seele in eine Art »Geheimverlies«, wo ich ihn beim Beten hin und wieder besuchen ging. Ich dachte mir wohl, dass er dort am sichersten vor meiner Unsicherheit wäre. Jesus war einfach da, ich durfte zuweilen sogar seine Anwesenheit spüren, und mir gefiel der Gedanke, einen verborgenen Schatz zu beherbergen, von dem wirklich niemand etwas wusste. Jesu Liebe war für mich so etwas wie eine kostbare »Perle«, deren eigentlicher Wert darin bestand, sie zu besitzen. Denn sie war keineswegs »nur schön«, sondern verschenkte sich selbst, indem sie mich mit Freude, Zärtlichkeit und innerem Frieden bedachte. Auch als ich diesen wahren Schatz in späteren Jahren längst unter dem Schutt meiner verderbten und ignoranten Lebensweise vergraben hatte, so gab mir Jesus immer wieder ein zärtliches Sehnen nach ihm ein. Das rief mir seine Anwesenheit in Erinnerung und ließ mich ihn nicht völlig vergessen.

Hosen runter

Je mehr ich zur Frau heranreifte, desto mehr spürte ich in mir eine Diskrepanz zwischen Geist, Leib und Seele. Im Laufe der Pubertät driftete ich immer tiefer in meine Geschlechtsidentitätsstörung. In mir passte einfach gar nichts mehr zusammen. Äußerlich kleidete sich das in folgende Gedankenkonstrukte: Wenn die Ehe nicht in Frage kommt und ich, was für mich auch klar war, nicht allein bleiben wollte, blieb an und für sich nur die Variante einer lesbischen Beziehung übrig. Klingt vielleicht merkwürdig, war aber für mich damals durchaus logisch, da ich die wahre Ursache meiner homosexuellen Neigung noch nicht erkannt hatte.

Die pubertären Begleiterscheinungen führten mich zunehmend weg von einem »keuschen« Leben in sexueller Enthaltsamkeit. Ich begann, die große Sehnsucht nach Zärtlichkeit und körperlicher Nähe zunächst durch Selbstbefriedigung zu kompensieren, was mir naturgegeben nicht gelang. Als im Alter von fünfzehn Jahren mein Hunger immer größer wurde, erhoffte ich die schon lang ersehnte Zuneigung von zweien meiner Lehrerinnen zu erhalten und verliebte mich in sie. Auch diese Sehnsucht blieb unerfüllt, und so weitete ich meine Suche auf gleichaltrige Mädchen aus. Bald verliebte ich mich in Mitschülerinnen und Fußballkameradinnen, jedoch immer unglücklich und erfolglos.

Dabei gestaltete es sich als recht anstrengend, manchmal auch als ein peinlicher Offenbarungsakt, meinen Freundinnen und Bekannten nach und nach, zunächst noch unter vorgehaltener Hand, auf dem Pausenhof oder in der Umkleidekabine meine lesbischen Empfindungen einzugestehen. Auch die beiden Lehrerinnen weihte ich vorsichtig ein. Die Reaktionen waren sehr unterschiedlich. Einige der Mitschülerinnen bzw. Vereinskameradinnen zogen sich zurück, andere waren verunsichert, und wieder andere nahmen es wohlwollend zur Kenntnis. Die Lehrerinnen versuchten ein paar Mal, mir liebevoll meine Fehlentwicklung vor Augen zu halten. Eine von ihnen schickte mich zu einem befreundeten Psychologen, der mir jedoch wenig sanft klar machte, dass ich als lesbisch orientierte Person vom rechten Pfad abkäme, was meine rebellische Haltung allerdings nur noch verfestigte. Diese nun mit einem Mal verstärkt auf mich zukommende Notwendigkeit, meine intimsten Gefühle rechtfertigen zu müssen, ging mir ziemlich gegen den Strich. Und da zu Hause alles rund um das Thema Sexualität und Beziehung ein Tabu war, erachtete ich es weder als sinnvoll noch als zielführend, für meine Familie ein Comingout mit viel Tamtam zu initiieren. Ich begnügte mich mit dem Gedanken, dass meine Eltern und Geschwister zu gegebener Zeit quasi automatisch und spätestens mit meiner ersten lesbischen Beziehung davon Kenntnis bekommen würden. Es war eine Zeit der Verwirrtheit, der Ohnmacht, der Einsamkeit und des verzweifelten Suchens nach Zuneigung und Zärtlichkeit.

Mit sechzehn lernte ich bei einem überregionalen Treffen der Pfarrjugend einen jungen Mann kennen. Auch wenn er aus dem Nachbarort stammte, so hatte ich ihn zuvor noch nie gesehen. Er hieß Karl, war zwei Jahre älter als ich und hatte große, hervorstehende, dunkelbraune Augen und einen Milchbart. Ich weiß nicht mehr genau, wie es dazu kam, aber irgendwann fanden wir uns in einer halbdunklen Abstellkammer der Veranstaltungshalle wieder und knutschten wild miteinander. Er war dabei ziemlich leidenschaftlich und zog mich immer wieder fest an seinen Körper. Für mich war das alles neu, und ich war zunächst ein wenig peinlich berührt, ließ mich aber dann auf seinen Kuss-Sturm ein und fühlte mich dadurch sogar ein wenig geehrt, waren meine Freundinnen bislang doch allesamt leer ausgegangen. Dabei empfand ich aber überhaupt nichts für ihn, wollte auch keine Beziehung mit ihm und wusste auch nicht, ob er mich mochte oder nicht.

Wenige Tage später rief er mich an und lud mich unter dem Vorwand, mich näher kennenlernen zu wollen, zu sich nach Hause ein. Irgendwie ahnte ich, dass er mit mir in die Kiste wollte. Auch wenn das für mich nicht in Frage kam, so war ich dennoch neugierig, wie eine derartige Begegnung mit einem männlichen Wesen verlaufen würde. Alsbald machte ich mich an einem frühlingshaften Nachmittag auf den Weg zu ihm. Schon während der Busfahrt überkam mich ein unheimliches, mulmiges Gefühl. Es war mir, als ob ich einen Wirbelsturm auf mich zukommen sah und nicht wusste, wie ich ihm ausweichen konnte. Zudem hatte ich ein schlechtes Gewissen. Das lag vielleicht daran, dass meine Mutter mich in ihrem Bemühen, mich vor Unliebsamem beschützen zu wollen, des Öfteren davor gewarnt hatte, mich allein mit einem Mann an einem einsamen Ort zu treffen. Sie durfte also nichts von meinem Vorhaben wissen, denn ich wollte meine eigenen Erfahrungen machen, und war gespannt darauf, was mich erwarten würde.

Karl wohnte mit seinen Eltern und seiner Schwester in einem Hochhaus. Als ich klingelte, empfing er mich ziemlich leidenschaftslos und wirkte gedanklich fast ein wenig abwesend. Das wunderte mich sehr, ärgerte mich auch, war er doch so ganz anders als bei unserer ersten Begegnung. Eigentlich wollte ich mich sofort wieder auf dem Fuß umdrehen, allerdings war meine Wissbegier zu groß: Ich wollte wissen, wie Jungs ticken, ob er vielleicht nur Theater spielte und doch noch eine große Überraschung auf mich wartete.

Wir waren allein. Er führte mich sofort in sein modern eingerichtetes und aufgeräumtes Zimmer. Noch immer sprach er nichts, und ich wartete gespannt, was jetzt passieren würde. Er setzte sich breitbeinig auf sein Bett und musterte mich von oben bis unten mit begierdevollen Blicken. Er bot mir nicht einmal einen Sitzplatz an und kam direkt zum Punkt: Er fragte, wie wir verhüten würden. Ohne zu warten, zog er sich ganz aus und zeigte mir voll Stolz seine Männlichkeit. Ich war schockiert, fühlte mich völlig überrumpelt und lieblos behandelt. Mit einer solch plumpen, impertinenten und egoistischen Anmache hatte ich nicht gerechnet. Dennoch schaute ich in meiner Naivität und Unerfahrenheit genau hin. Bevor ich überhaupt noch irgendetwas sagen konnte, schlug er mir vor, ein Kondom zu benutzen.

Mit offenem Mund stand ich wie gelähmt in seinem Zimmer. Nach der ersten Schockwelle holte ich tief Luft und erklärte ihm dann sehr impulsiv, dass ich nicht schwanger werden wollte und deshalb nicht mit ihm schlafen würde. Nach einer kurzen Denkpause bot ich ihm an, dass wir uns erst näher kennenlernen und danach, wenn überhaupt, zuerst einmal mit Petting beginnen könnten. Das lehnte er ab. Seine Blicke und sein Gehabe waren nur auf das Eine gerichtet. Beharrlich redete er nun auf mich ein und setzte mich auf diese Weise massiv unter Druck. Notgedrungen schaltete ich auf Nüchternheit um und bewertete das Risiko einer Schwangerschaft. Vor allem wollte ich wissen, ob da was dran ist, wovon alle Welt spricht, die Fernsehsendungen voll sind und meine Eltern nie gesprochen haben. Ich wollte wissen, ob es wert ist, ein Tabuthema zu sein, wo »es doch sowieso jeder macht«, selbst wenn, zur damaligen Zeit noch üblich, im Freundeskreis wenig darüber geredet wurde. Auch wenn ich diesen Mann in seiner Geilheit abstoßend fand, so trieben mich schließlich Stolz und die Angst, nicht mitreden zu können, sowie eine seltsame innere Unruhe dazu, solch einem lieblosen Akt zuzustimmen. Nicht zuletzt trieb mich auch die Neugier in die Arme eines Mannes, dessen Nachnamen ich nicht einmal kannte, dessen Gesicht und Körper mir aber heute noch in äußerst unangenehmer Erinnerung sind, ebenso wie der Geruch und der Geschmack seiner begierdevollen Akte. Schlussendlich kam es also zu einem sehr schmerzhaften, geradezu animalischen Beischlaf. Was für eine Erniedrigung und Ernüchterung!

Es war in jeder Hinsicht ein Alptraum für mich! Ich fühlte mich bedingungslos ausgeliefert, ohne Schutz, bis aufs Äußerste erniedrigt und missbraucht von einem Typen, der nur darauf aus war, meine Jungfräulichkeit in die Trophäensammlung seiner unzüchtigen Lustakte aufzunehmen, so als ob es für jeden Beischlaf eine Belohnung gäbe. Er wollte mich danach nochmals treffen, das lehnte ich natürlich ab, woraufhin er sich nie wieder bei mir meldete. Jedoch immer, wenn ich ihn in der Stadt oder bei Jugendaktivitäten des Pfarrverbandes sah, schmerzte meine aufgerissene Seele erneut. Ich war weder in diesen Mann verliebt gewesen noch hatte ich ihn begehrt. Da ein Übel immer auch weitere Übel nach sich zieht, wenn es nicht bereut wird, so folgte, dass ich auch meine, sich zu Recht sorgende Mutter anlog, nachdem ich von meinem Beischlaf-Abenteuer zurückgekommen war und ihre sorgenvollen Fragen mit Lügen beschwichtigen wollte.

Erst als meine Regel für mehrere Wochen ausblieb, begann ich nachzudenken und mich zu besinnen. Deutlich spürte ich, dass in mir etwas in Unordnung geraten war. Natürlich kannte ich die »Zehn Gebote«, und mir war auch bewusst, dass vorehelicher Geschlechtsverkehr eine »Sünde« ist. Bislang hatte ich jedoch noch nicht in aller Tiefe nachgedacht, warum das eigentlich so ist, sondern diese Bewertung mehr oder weniger unreflektiert von meinen Eltern und Erziehern übernommen. Nun aber erfasste ich zum ersten Mal das Wesen der »Sünde« und ihre Bedeutung, die in der Auflehnung des Menschen gegen Gottes Ordnung und im Verstoß gegen seine, zu unserem Schutz und Wohl gegebenen Gebote besteht. Mir fiel der biblische Schöpfungsmythos ein, in dem

Adam und Eva – nachdem sie nicht auf Gott gehört und von der verbotenen Frucht gegessen hatten – sich im Paradies versteckt hielten, da sie sich schämten. Und mir ging es ähnlich. Ich schämte mich, denn auch ich hatte nicht auf Gott gehört und wäre vor Scham- und Schuldgefühlen am liebsten im Erdboden versunken.

Das qualvolle Warten auf meine Periode zwang mich geradezu, immer tiefer nach der Wahrheit zu schürfen und in mich hineinzuhören. Worin bestand die göttliche Ordnung im Zusammenhang mit diesem Ereignis, das mich so durcheinandergebracht hatte? Trotz meiner ablehnenden Haltung zur Ehe ließ mich mein Gewissen nach und nach erkennen, dass Gott für die liebende, Vertrauen erfordernde, intime und innige Vereinigung zweier Menschen einzig die Ehe zwischen Mann und Frau vorgesehen hat. Meine Sehnsucht sagte mir, dass es dabei nicht um die äußerliche Befriedigung des Sexualtriebes gehen durfte, sondern um die gegenseitige Hingabe in und aus Liebe, um neues Leben zu schenken, d. h. eine Familie zu gründen. Erst Jahrzehnte später erfuhr ich, dass diese von Gott für uns Menschen vorgesehene Ordnung im religiösen Kontext auch »Schöpfungsordnung« bezeichnet wird. Natürlich hätte ich das damals nicht so formulieren können. Im Tiefsten meiner Seele wusste ich jedoch ganz genau, dass ich – indem ich dagegen verstoßen und damit eine schwere Sünde begangen hatte – auch mir selbst sehr geschadet hatte und bat schließlich Gott um Vergebung.

Darüber hinaus durfte ich später erkennen, dass meine Zustimmung zum Beischlaf auch ein Akt der Rebellion gewesen war, in allererster Linie gegen Gott, meinen Schöpfer. Denn ich war mittlerweile wütend auf ihn gewesen wegen meiner homosexuellen Orientierung, meiner diesbezüglichen Ohnmacht und Hilflosigkeit. Ich hatte mich von ihm verlassen gefühlt und hatte ihm einen Denkzettel verpassen wollen, ihm zeigen wollen, dass ich auch ohne ihn konnte. Ich hatte mich rächen wollen, an allen und allem, was dazu beigetragen hatte, dass ich eine lesbische Frau geworden war. Und da all meine Versuche, lesbische Beziehungen einzugehen, gescheitert waren, hatte ich gedacht, dass ich auf jeden Fall wenigstens mit einem männlichen Wesen schlafen könnte.

Doch wie jeder Racheakt, so verletzte auch dieser vor allem diejenige, die ihn ausgeführt hatte, nämlich mich selbst. Denn dieser brutale Akt meiner lieblosen und unzüchtigen Entjungferung hinterließ seine Spuren in meinem Leib und in meiner Seele. Einerseits erschütterte mich dieser schwere Akt der Sünde tief und verletzte mich im Innersten, sodass diese Wunde viele Jahrzehnte blutete, ohne dass ich mir dessen bewusst war. Andererseits wurde mein Männerbild durch das verderbte und egoistische, triebgesteuerte Verhalten des jungen Mannes derart negativ geprägt, dass ich fortan in Jungs bzw. Männern entweder den Kumpel sah, wenn er mir sympathisch war, oder den Spielball, wenn er mich als Sexualobjekt ausnutzen wollte. Es war mir nicht mehr möglich, auf natürliche Weise einem jungen Mann zu begegnen, mich in ihn zu verlieben oder zumindest ein Vertrauensverhältnis aufzubauen, obwohl ich immer wieder nette und einfühlsame junge Männer traf, die mich liebevoll umsorgten und mit Respekt meinem Wesen als Frau gegenübertraten.

Verpasste Chancen

Als ich mit achtzehn Jahren als erste Frau in den Vorstand eines fast hundertjährigen Fußballvereins gewählt wurde, stand so manchem Alt-Eingesessenen schon der Schweiß auf der Stirn in Erwartung meiner sprachlichen Bollwerke. Aber dennoch war es für mich ein harter Kampf, denn ich musste erst lernen, mich in einer reinen Männerdomäne durchzusetzen. Ich erkannte zwar, dass man Männer auch oder zuweilen sogar noch besser »mit den Waffen einer Frau« schlagen kann, war aber durch meine vermännlichte Rolle selbst zu blockiert und konnte diesen Trumpf nicht oder in nur geringem Maße ausspielen.

Erstaunlicherweise mangelte es während dieser ehrenamtlichen Tätigkeit als Vereins- und bald darauf auch als Verbandsfunktionärin seitens der Männerwelt dennoch nie an Angeboten, lauteren wie weniger lauteren. Deshalb gehe ich heute davon aus, dass ich innerlich viel männlicher gepolt war als es mein Auftreten und äußeres Erscheinungsbild wiedergaben. Es gab einige junge Männer, die sich in mich verliebten. Ich mochte sie, und wir hatten bei den Fußballfesten immer viel Spaß miteinander, allerdings war ich unfähig, eine wie auch immer geartete Beziehung aufzubauen, die mehr als bloße Kameradschaft war. Dennoch kam es hin und wieder auch zu körperlichen Annäherungen, die aber nicht über ein pubertäres Rumgeknutsche hinausgingen. Meine früheren Negativerfahrungen ließen ein ehrliches Ausprobieren nicht mehr zu. Ich rechnete von vornherein entweder mit Ablehnung oder mit Ausgenutztwerden, alle anderen Optionen schienen mir unmöglich.

74

Daneben gab es noch einige verheiratete Männer, allesamt um die vierzig, die danach trachteten, mich »flach zu legen« oder zumindest mit mir auszugehen. Auch hier baute ich keine emotionale Bindung auf, im Gegenteil, an ihnen rächte ich mich für die erlittene Ablehnung durch meine ersten Jungen- und Männerbekanntschaften: Ich erfreute mich daran, mich mit ihnen zu treffen und zu flirten und sie danach wie eine heiße Kartoffel fallen zu lassen. Dass ich dabei Ehebruch beging, war mir zwar bewusst, aber ich unterdrückte zu diesem Zeitpunkt jegliche moralischen Skrupel und genoss meinen Rachezug.

Bis ich mit diesem Buch begonnen habe, war ich im guten Glauben, dass ich als Teenager oder junge Frau mit Jungs oder Männern so gut wie nie positive Erfahrungen hatte machen können. Doch dieser Tage habe ich mich daran erinnert, dass mir durchaus eine sehr liebevolle Begegnung geschenkt wurde, die ich aber aufgrund meiner Geschlechtsidentitätsstörung leider nicht annehmen geschweige denn zu etwas Gutem entwickeln konnte. Kurz nach dem Abitur lernte ich eines Abends einen jungen Mann namens Michael kennen, zu dem mich zwei befreundete Mitschülerinnen auf ein Glas Bier eingeladen hatten. Michael war vielleicht ein, zwei Jahre älter als ich, hatte blonde Haare und schöne blaue Augen. Sein Dreitagebart passte gut zu seinem Künstlerimage. Er war Musiker und studierte Gesang. Ohne zu wissen, wie uns geschah, kamen wir einander näher, schon bald fanden sich unsere Lippen, und wir tauschten ein paar zärtliche Küsse aus. Michael war ein angenehmer, intelligenter junger Mann, der mit mir nicht nur in die Kiste wollte. Merkwürdigerweise waren wir uns von Beginn an sehr nah, obwohl wir uns doch noch gar nicht richtig kannten. Fast schien es, als ob wir eine Art Seelenverwandtschaft hätten. So quatschten wir die ganze Nacht hindurch. Waren die Nächte zu jener Zeit ansonsten eher mit Sauftouren belegt, so war es diesmal ganz anders. Michael wollte mich näher kennenlernen, und so trafen wir uns zu einem Stadtbummel. Ich habe leider keine Erinnerungen mehr daran, ob wir danach nochmal Kontakt gehabt haben oder ob alles einfach nur im Sande verlaufen ist.

Die Angst, erneut von einem männlichen Wesen tief enttäuscht und schwer verletzt zu werden, sowie meine Entscheidung, mit Frauen zusammen sein zu wollen, hatte den anfänglich aufkommenden Gefühlen für ihn keinen Nährboden mehr gegeben. Hatte ich mich im Kindesalter darauf festgelegt, ein Junge zu sein, so reagierten mein Körper und meine Seele dennoch als Frau, sonst hätte ich mich nicht in diesen Mann »vergucken« können. Auch ist es sehr merkwürdig, dass ich ausgerechnet an den weiteren Verlauf dieser Begegnung keinerlei Erinnerungen mehr habe, so als hätte ich sie ob des zu großen Schmerzes verdrängt bzw. mir aus dem Herzen gerissen. Ich wollte offenbar die in mir mühsam aufgebaute Überlebensstrategie nicht durch Gefühlsverwirrungen gefährden. Das war mir zu heiß. Längst hatte ich mich im Kreise meiner Freunde und Vereinskameraden als Lesbe geoutet und mich endlich davon befreit, als heterosexuelle und damit noch zu habende Frau zu gelten. Deshalb wollte ich auf keinen Fall – durch eine plötzliche Verliebtheit in einen Mann – mein Gesicht verlieren und meine Entscheidung als Lebenslüge enttarnen.

All diese Gefühle und Reaktionen waren in mir jedoch nur unterbewusst am Werk, deshalb konnte ich sie damals weder wahrnehmen noch die richtigen Schlüsse daraus ziehen. Die Begegnung mit Michael war für mich so etwas wie der letzte Versuch mit einem Mann. Ich kann nicht leugnen, dass das eine verpasste Chance war. Ich habe es verabsäumt, durch den liebevollen und zärtlichen Umgang mit diesem jungen Mann überhaupt einmal das wahre »Wesen Mann« kennen, schätzen und lieben zu lernen. Ich hatte die Gelegenheit, das Richtige zu erkennen und meinen Irrweg zu verlassen, aber meine zuvor getroffenen Entscheidungen waren wie ein Panzer, den keine Liebes- oder Lichtstrahlen durchdringen konnten.

Allein unterwegs

Wie ferngesteuert schlitterte ich nun in die krampfhafte Suche nach einer lesbischen Beziehung. Ich wollte endlich eine feste Freundin und sehnte mich nach einer zärtlichen Partnerin, die mir Anerkennung schenken würde. Am leichtesten schien es mir, diese im damals typischen Lesben-Milieu des Frauenfußballs zu finden. Die Frauen in der Lesbenszene gefielen mir aber überhaupt nicht. Samstag für Samstag suchte ich die einzigen beiden Lesben-Lokale in der Stadt auf, in der Hoffnung, jemanden kennenzulernen. Fehlanzeige. Meine Frustration und vor allem meine Einsamkeit wuchsen ins Unermessliche.

Sonst nicht schüchtern, war ich doch nach den ersten »Körben« im Fußballverein und in der Schule, die ich mir als Sechzehnjährige geholt hatte, sehr zurückhaltend und sprach niemanden an. Und meistens waren in diesen Lokalen nur Pärchen zugegen, sodass die Wahrscheinlichkeit, eine lesbische Single-Frau überhaupt einmal kennenzulernen, äußerst gering war. Ich zermarterte mir Herz und Hirn und fragte mich, wo sich denn die angeblich so vielen Lesben versteckt hielten.

Wenn man in den Achtzigerjahren von der »Schwulen-/ Lesben-/Homo-Szene« sprach, meinte man damit vor allem Szenelokale, aber auch diverse Etablissements sowie Interessengruppen für homosexuell empfindende Personen. Heute versteht man unter der »LGBT-Szene« die von »LGBT-Personen« bevorzugten Lokale, Bars, Cafés, öffentlichen Parks und Stadtviertel.

»LGBT« ist dabei die Abkürzung für lesbisch (L), schwul (Gay), bi- (B) und transsexuell (T). Es würde den Umfang dieses Kapitels sprengen, auf weitere – je nach Interessen der unterschiedlichen »Geschlechtervielfalt«-Befürworter-Gruppierungen – mehr oder weniger bevorzugte Abkürzungsvarianten einzugehen.

Soziale Einrichtungen, Organisationen, NGOs, politische Gruppierungen, Vereine, Freizeit- und Selbsthilfegruppen, Buchhandlungen, Ärzte, Therapeuten, Dienstleister und Medien, die sich allesamt auf die Themen, Rechte und Belange von »LGBT-Personen« spezialisiert haben, werden als »LGBT-Bewegung« bezeichnet. Und schließlich: Die »LGBT-Community« setzt sich aus der »LGBT-Szene«, der »LGBT-Bewegung« und den »LGBT-Personen« zusammen.

Mein Glaubensleben als Achtzehn- bis Einundzwanzigjährige bestand im Besuch der sonntäglichen Messfeier und meinem noch immer heiß geliebten Dienst als Ministrantin. In der Pfarrei gab es eine junge Gemeindereferentin. Sie hieß Dagmar, war Ende zwanzig und leitete unsere Jugendgruppe. Ich verstand mich prächtig mit ihr, und sie war so etwas wie meine geistliche Begleiterin, d. h. eine Art seelsorgerliche Betreuerin und Lebensberaterin in einem. Ich hatte großes Vertrauen zu ihr. Sie besuchte mich öfters zu Hause und war auch meinen Eltern ein stets willkommener Gast. In ihr sah ich die Person, nach der ich mich gesehnt hatte, um unverblümt über den Glauben und meine Beziehung zu Jesus sprechen zu können. Bei ihr fühlte ich mich verstanden, denn sie spürte meine Suche nach dem Wesen der Liebe. Die Gespräche mit ihr waren mir heilig, und wenn wir uns trafen, wollte ich keine Zeit mit allzu irdischen Dingen verschwenden.

Als ich achtzehn war, offenbarte sie mir ihren Entschluss, in ein Kloster eintreten zu wollen. Ich war so ergriffen, als sie mir diesen Schritt als einen aus Liebe zu Jesus gewagten Sprung schilderte, dass ich vor Staunen und Freude nicht einmal den Schmerz spürte, dass sie uns für immer verlassen würde. Dieser wurde mir erst später bewusst. Ich erinnere mich noch lebhaft an ein Telefonat, das wenige Tage nach diesem Gespräch stattgefunden hat, bei dem wir beide so von dem Geschenk unseres Glaubens ergriffen waren, dass tiefer Frieden in unsere Seelen einzog. Dagmar schilderte mir mit Begeisterung ihre große Sehnsucht nach einem Leben mit Jesus als Ordensfrau, dass ich dabei das Gefühl hatte, mit in diese Liebe hineingenommen zu sein. Das Erlebte war eine derart starke Glaubenserfahrung, die mir fast wie einen Stempel die Sehnsucht nach einem Leben nach christlichem Vorbild in die Seele prägte. Bald darauf verließ Dagmar unsere Pfarrei und trat in den Orden ein. Mein Vater hatte noch lange Jahre Briefkontakt zu ihr, und ich freute mich stets, etwas von ihr zu lesen.

Ihr Weggang hatte für meinen Glaubensweg und somit auch für meinen weiteren Lebensweg fatale Folgen. Leider fand ich nämlich keine Person mehr, die mich in den nächsten Jahrzehnten auf meinem geistlichen Weg begleitete. So konnte ich meine Suche nach Wahrheit und Liebe nicht mehr nähren. Das Nicht-Vorhanden-Sein einer Begleitperson, die mir dabei helfen konnte, meinen persönlichen Lebens- und Glaubensweg zu klären, ließ mich innerlich erkalten. Ich musste alles, was mit Jesus zu tun hatte, einsperren bzw. zuschütten, verlor jedoch dabei nie die Hoffnung, dass ich Jesus irgendwann einmal aus meinem Verlies für immer frei lassen könnte. Er wartete. Er zwang mich nicht und setzte mich nicht unter Druck.

So fand ich also damals äußerlich, d. h., bei der konkreten Gestaltung meiner Alltags- und Zukunftspläne, keinen Weg, um meinen Glauben zu vertiefen, auch wenn ich mich in der Pfarrei und in karitativen Projekten engagierte. Hinzu kam, dass ich durch die zunehmende Entfaltung meiner homosexuellen Neigung immer mehr vom rechten Weg abdriftete und dadurch nach und nach meine persönliche Beziehung zu Jesus vernachlässigte. Als ich gewahr wurde, dass laut Katholischer Lehre ein homosexueller Lebensstil sündhaft ist, tat sich ein erster innerer Konflikt mit der Kirche und dadurch unweigerlich auch mit Jesus auf. Anstatt mich erst einmal über die kirchliche Lehrmeinung genau zu informieren bzw. mich überhaupt konkret und im Detail damit auseinanderzusetzen, übernahm ich als junge Erwachsene lieber ungeprüft und unreflektiert die Meinungen und Ausdrucksweisen einiger Wortführerinnen aus der Homo-Szene. Diese taten die Katholische Lehre als altmodisch und intolerant ab. Ich musste mich entscheiden – und entschied mich für die Welt …

III. Fernstehend und fremdgehend

Mit zwanzig Jahren kam ich mit einer Vereinskameradin zusammen. Heike war etwas jünger als ich, war groß, blond und eine Superfußballerin. An einem lauen Juniabend kamen wir uns näher und ganze Schmetterlingsschwärme begleiteten die ersten Wochen unseres Verliebtseins. Wir ließen keine Gelegenheit aus, um uns, zunächst heimlich, zum Schmusen, Kuscheln und sonstigen Annäherungen zu treffen. Ein Himmel voller Geigen! Endlich hatte ich eine feste Beziehung, noch dazu eine hübsche und sportliche Freundin. Ich konnte mein Glück kaum fassen. Zudem machte Heike im Grunde alles, was ich wollte und war sehr großzügig. Wir verbrachten viel Zeit miteinander und hatten eine fröhliche, jedoch schon bald vor allem stark sexuell ausgerichtete Beziehung. Da sie ein Einzelkind war, hatte sie viel Freiraum, was ich mir auch für mich immer gewünscht hatte, mal ganz abgesehen von der finanziellen Unterstützung, die sie, dank Oma, Opa und der alleinerziehenden Mutter genießen durfte. Es wäre aber völlig falsch zu sagen, dass ich diese Situation für meine Belange ausnutzen wollte, denn ich hatte sowohl sie als auch ihre Familie von Herzen gern. Ihr Opa putzte uns sonntags die Fußballschuhe, was uns vor einer Strafgebühr in die Mannschaftskasse bewahrte, und ihre Oma versorgte uns mit köstlichen Naschereien. Oft trafen wir uns in der gemütlichen Wohnküche zu einem Gespräch. So waren drei Generationen friedlich unter einem Dach vereint, was mir eine Art Idylle in einer Klein-Familie vermittelte, wie ich sie auf diese Art eher selten erlebt hatte.

Heike war für mich eine Mischung aus bester Freundin, kleiner Schwester, Sexualpartnerin und Sponsorin. Jedoch konnte ich in ihr vermutlich aufgrund ihres noch jugendlichen Auftretens nicht wirklich eine gleichberechtigte Partnerin ausmachen. Überdies war es für mich noch ungewohnt, in einer festen Beziehung zu stehen, denn zuvor hatte ich mich entweder immer nur in die Falsche verliebt oder allenfalls erste sexuelle und homoerotische Erfahrungen gesammelt. Ab und zu schrieb sie mir Liebesbriefchen, was ich ein wenig albern fand und nicht weiter beachtete. Mit der Zeit entwickelten wir eine Art Abhängigkeit voneinander, die bei Heike mehr auf emotionaler und bei mir mehr auf sexueller Ebene ausgeprägt war. Nach gut einem Jahr war aber das Ganze für mich ausgereizt. Unsere Begegnungen hatten immer den gleichen Ablauf, es kam nichts Neues hinzu und die Schmetterlinge waren bereits verflogen. So rutschte ich, ohne es bewusst gesucht zu haben, in eine aufregende Liaison hinein. Allerdings war das unehrlich, unverantwortlich und unfair, da ich die Beziehung mit Heike nicht beendete und ihr mein neues Verhältnis verheimlichte.

Die Neue war gar nicht mehr so neu. Es war Ingrid, sechsunddreißig Jahre alt, verheiratet, Mutter von zwei Kindern und Trainerin unserer Frauenfußball-Mannschaft. Sie hatte schöne hellgrüne Augen, war von kräftiger Statur und hatte große Brüste. Trotz des großen Altersunterschiedes freundeten wir uns nach und nach an und trafen uns bald auch außerhalb der Vereinswelt. Auf einer gemeinsamen Gartenparty wurde uns beiden klar, dass da mehr zwischen uns war als nur freundschaftliche Verbundenheit. Ohne uns direkt unsere Gefühle zu gestehen, begannen wir, im Auto sitzend, uns die Nächte um die Ohren zu schlagen, indem wir über Gott und die Welt philosophierten. Ingrid konnte gut zuhören und hatte im Gegensatz zu mir schon eine gute Portion Lebenserfahrung. Von ihr lernte ich, Themen aus unterschiedlichen Blickwinkeln zu betrachten. Es war wunderbar, und ich fühlte mich in ihrer Gegenwart »richtig erwachsen«. Beim Plaudern saßen wir zunächst nur nebeneinander, doch irgendwann ergriffen wir uns an den Händen, und es folgten ein paar zärtliche Annäherungen, aus denen mit der Zeit mehr wurde, auch wenn Ingrid keineswegs eine homosexuelle Neigung hatte. Sie wusste, dass ich noch mit Heike zusammen war.

Da ich damals studierte, verbrachte ich die Nachmittage meist bei Heike. Ingrid war deswegen sehr eifersüchtig und rief täglich auf Heikes Festnetztelefon an, um ihr Revier abzustecken und meine Zweisamkeit mit Heike zu stören. Diese wunderte sich zwar über die häufigen Telefonate, traute sich aber nicht, mir diesbezüglich Fragen zu stellen. Das Dreiecksverhältnis war für mich höchst spannend und abwechslungsreich. War Heike meine jugendliche Liebhaberin, so fand ich in Ingrid im Grunde die mütterliche Fürsorge. Die Ehe mit ihrem Mann war schon vor unserer Beziehung zerrüttet gewesen. Als es dann zur Scheidung kam und ihr Mann auszog, ergriff ich die Gelegenheit, um bei ihr einzuziehen. Ohne zu zögern, beendete ich nun endlich die Beziehung zu Heike, die durch mein übles Verhalten sehr verletzt war.

Ich wohnte mit Ingrid und ihren beiden Töchtern in einer Dreizimmer-Küche-Bad-Wohnung in einem kleinen Dorf südlich meiner Heimatstadt. Von Anfang an machte ich ihr unmissverständlich klar, dass ich keine Partnerschaft dulden würde, bei der ihre Kinder dauerhaft bei uns lebten. In meiner Eifersucht wollte ich Ingrids einziges Kind sein und forderte deshalb, dass die jüngere Tochter bei den in der Nähe wohnenden Großeltern aufwachsen und dort die Grundschule besuchen sollte. Die Anwesenheit der älteren, fast schon erwachsenen Tochter duldete ich, da es sich bei ihr nur um eine geringe Zeitspanne handeln konnte, bis sie ihre eigenen Wege ginge. Mit ihr verstand ich mich außerdem sehr gut.

Ingrid und ich organisierten im örtlichen Fußballverein die Sparte »Damen- und Mädchenfußball«. Deshalb hielten wir es für klüger, unsere Beziehung nicht öffentlich zu machen. Natürlich ging im Verein und bald danach auch im Dorf das Gerücht um, dass wir ein Lesbenpaar seien. Wir ignorierten alle diesbezüglichen Aussagen und leugneten sogar unsere Liebesbeziehung, wenn wir direkt darauf angesprochen wurden. So reduzierte sich der zärtliche und sexuelle Umgang ausschließlich auf das Schlafzimmer und einige seltene Stunden häuslicher Zweisamkeit bzw. gemeinsamer Wochenendausflüge. Sexuell verstanden wir uns prächtig, auch wenn ich gar nicht auf großbusige und kräftige Frauen stand, schon gar nicht auf rothaarige mit einem hellen Teint. In Ingrid suchte ich wohl das, was mir gefehlt hatte – eine stillende Brust, einen weichen Busen, an dem der Säugling ruht und eine zärtliche Hand, die ihm beim Einschlafen über den Kopf streichelt, kurzum einen »Mama-Ersatz«. Auf gewisse Weise fand ich diesen in ihr, denn sie war ja Mutter. Noch dazu konnte sie sehr gut kochen, und sie half mir, erwachsen zu werden. Nachdem ich mein Psychologiestudium nach drei Semestern abgebrochen und danach eine Ausbildung als Software-Entwicklerin absolviert hatte, konnte sie mich aufgrund ihrer langjährigen Berufserfahrung bei meinem Eintritt ins Berufsleben als »IT-Servicetechnikerin« sehr gut unterstützen.

Jobmäßig tat mir mein Lebensstil gut, und schon bald erwarb ich mir großes Ansehen in dieser zum damaligen Zeitpunkt fast ausschließlich von Männern dominierten Computerwelt. Alles schien prima zu laufen: Beruf, Beziehung und die vielen Ehrenämter im Verein und Fußballverband. Mein Terminkalender war randvoll, und wenn irgendwo eine Lücke war, wurde ich innerlich unruhig und trachtete bald danach, sie mit einer Aktivität zu füllen. Ich wusste, dass die Stille mein größter Feind war! Um keinen Preis wollte ich zulassen, über mein Leben auch nur eine einzige Sekunde in Ruhe nachdenken zu müssen. Mir war vollkommen bewusst, dass ich in diesem Fall die laute Stimme meines Gewissens, mit der sich Gott im Menschen zu Wort meldet, nicht so schnell hätte zum Schweigen bringen können. Ich wollte jeden klaren Blick auf meine Lebenswirklichkeit verhindern. Das war nicht wenig anstrengend.

Als ich bei Ingrid wohnte, nahm der Kontakt zu meiner Mutter immer mehr ab. Ich vermied ihn sogar, so weit es ging, denn meine Eltern waren nicht erfreut darüber, dass ich eine solche Lebenskonstellation gewählt hatte, auch wenn sie keineswegs etwas gegen Ingrid persönlich hatten. Sie sprachen das aber nie direkt aus. Stattdessen nervte mich meine Mutter fast bei jedem Besuch mit ihrer ständigen Nachfragerei, wo denn Ingrids Kinder wären, was mit ihrer Ehe wäre und wie ich überhaupt dort leben könnte. Dadurch zog ich mich noch mehr zurück. Rief ich sonntags mittags meine Mutter an, wiederholte sie gebetsmühlenartig: »Vergiss den Lieben Gott nicht!«. Auch wenn mir diese Belehrung gegen den Strich ging, erkannte ich doch tief im Innersten die Wahrheit hinter den eindringlichen Worten meiner Mutter! Denn mein Gebetsleben und die sonntäglichen Messbesuche hatte ich fast schon ganz eingestellt, da Ingrid zum einen evangelisch war und ich mich andererseits innerlich schon von der Katholischen Kirche und ihren damals für mich veralteten Moralvorstellungen losgelöst hatte. Darüber hinaus wollte ich am Sonntagmorgen ausschlafen, denn schließlich war am Nachmittag immer ein Match. So hielt langsam, aber stetig »König Fußball« Einzug in mein Leben. Fußball war meine »Ersatzreligion«. Dennoch hatte ich große Sehnsucht, den Sinn meines Lebens herauszufinden und suchte innerlich ständig danach, konnte ihn aber weder bei all den so lieb gewordenen Vereinsaktivitäten noch in meiner lesbischen Beziehung entdecken.

Manchmal unternahm ich mit Ingrid einen Wochenendtrip. Unter dem Vorwand, eine Kirche nur besichtigen zu wollen, verbrachten wir einige Minuten im Haus Gottes. Schon beim Eintreten in den sakralen Raum erfüllte mich ein großer und tiefer Frieden, zuweilen sogar das Gefühl, zu Hause zu sein. Oft hätte ich dort gerne länger verweilt, auch allein, aber meine diesbezüglich wenig empfängliche, protestantisch geprägte Partnerin hatte dafür nicht viel Geduld und Verständnis. Waren die ins Staunen versetzenden Bauwerke und Gemälde berühmter Künstler sicherlich allen Lobes wert, so war das dennoch das Letzte, was mich interessierte. Mein Innerstes, in dem Jesus trotz meines Verhaltens nicht aufhörte, zugegen zu sein, und mich stetig und zärtlich rufend an seine Liebe erinnerte, wollte im Grunde Frieden, Erfüllung und Glück. In diesen immer nur kurzen Momenten spürte ich auf geheimnisvolle Art, dass ich all das nur bei ihm finden würde. Dennoch lebte ich meinen Trott aus Arbeit, Beziehung und Hobby immer oberflächlicher weiter und erkrankte häufig. Das waren erste Warnzeichen.

Nach einem guten Jahr wechselte ich zu einem anderen Fußballverein, dem sich auch Heike anschloss. Auf einer Saisoneröffnungsparty lernte ich eine Deutsch-Italienerin namens Gina näher kennen. Ihr südländisches Temperament beeindruckte mich genauso wie ihre bewundernswerten fußballerischen Kabinettstückchen. Sie war das, was man gemeinhin ein »Rasseweib« nennt. Sie sah ein wenig exotisch aus, so ganz anders als meine bisherigen Partnerinnen und hatte etwas Verborgenes mit einem leicht frivolen Touch. Fast wirkte sie ein wenig unnahbar, und das reizte mich ungemein. Noch auf der Party malte ich mir aus, wie es wohl wäre, mit ihr zu schlafen. Vermutlich suchte ich unbewusst auch schon nach Optionen für eine neue Beziehung, da mir das ewige Hin und Her mit Ingrid und ihre ständige Unzufriedenheit und Nörgelei wegen der Abwesenheit ihrer Kinder lästig waren. Spät abends hatten wir schon viel Alkohol getrunken, und freundlicherweise nahm uns Heike in ihrem Auto von der im Wald gelegenen Partyhütte mit zurück in die Stadt. Völlig hemmungslos knutschten Gina und ich auf der Rückbank. Ab und zu sah ich im Scheinwerferlicht die eifersüchtigen Augen Heikes im Rückspiegel aufblitzen. Die Ärmste, sie litt sehr, denn sie hing noch immer an mir. Natürlich war mir das nicht egal, aber die Wollust vernagelte mir Herz und Hirn. Nach circa einer Viertelstunde setzten wir Gina vor ihrer Wohnungstür ab, und Heike brachte mich nach Hause zu Ingrids Wohnung. Zu allem Elend bat ich sie auch noch um Verschwiegenheit ob meiner Knutschaktion und wankte glückselig aus dem Auto.

Ingrid erwartete mich bereits. Die Luft brannte, denn sie erahnte meinen Fehltritt: Ein Wort ergab das andere, und aus lauter Eifersucht zerschlug sie auf meinem Kopf einen hölzernen Squash-Schläger. Ich war zu betrunken, um noch weitere Diskussionen zu führen. Zudem hatte ich mich schon ein bisschen in die Italienerin verknallt, die nur wenig jünger war als ich und mir in meinem Vulgärverhalten in nichts nachzustehen schien.

Meine ständige Forderung, dass Ingrid sich von ihren Kindern trennen sollte, ließ sie in den darauf folgenden Monaten endgültig zusammenbrechen. Kurz vor Weihnachten lag sie tränenüberströmt und innerlich aufgelöst auf dem Sofa und sagte mir, dass sie so nicht mehr weiterleben könnte, da sie doch schließlich Mutter sei. Ich verstand sie gut, und war ebenfalls der Meinung, dass eine Trennung besser wäre. Innerlich fühlte ich nämlich sehr wohl, dass die Kinder ihre Mutter brauchten und dass ich bereits große Schuld auf mich geladen hatte, da die jüngere Tochter schon geraume Zeit bei den Großeltern lebte. Schweren Herzens trennten wir uns. Einen Tag vor Heilig-Abend packte ich meine Sachen in einen alten Fiesta und kehrte in mein Elternhaus zurück. Es war eines der eisigsten Weihnachtsfeste, die ich je erleben sollte.

Das ganze Beziehungskonstrukt umfasste ungefähr den Zeitraum von meinem zwanzigsten bis zu meinem vierundzwanzigsten Lebensjahr. Danach hatte ich hin und wieder sowohl mit Heike als auch mit Ingrid Kontakt, da ich fußballerisch noch aktiv war. Heike brauchte lange, um über unsere Trennung hinweg zu kommen. Mehr als zwanzig Jahre später kontaktierte sie mich, um mir mitzuteilen, dass sie sich bald mit einer Frau »verpartnern« würde. Es schien, als sei ich ihr »First Cut« gewesen, und als ob sie – trotz aller Verletzungen – dennoch nichts unversucht lassen wollte, mich eventuell doch noch zurückzugewinnen. Ihre Reaktion zeigte mir, dass sie, selbst nach so langer Zeit, emotional noch an mich gebunden war. Ich schrieb ihr und entschuldigte mich aufrichtigen Herzens für alles, was ich ihr angetan hatte, und wünschte ihr für ihren weiteren Lebensweg alles Gute. Mit Ingrid traf ich mich hin und wieder, und wir plauderten freundschaftlich miteinander. Nach meinem späteren Wegzug aus der Heimat wurde es aber immer schwerer, den Kontakt aufrecht zu erhalten, bis er schließlich ganz abbrach.

Wie viel Schuld habe ich allein durch meine ersten beiden Beziehungen auf mich geladen? Wie viel Leid habe ich anderen angetan? Nicht nur meinen Partnerinnen, nein, dem ganzen familiären und sozialen Umfeld. Alle sind davon betroffen gewesen, die einen mehr, die anderen weniger. Und welche Langzeitschäden hat mein Verhalten bewirkt? Mir war schon damals sehr bewusst, dass ich leichtfertig und egoistisch mit dem Heil meiner Mitmenschen und meiner eigenen Seele umgegangen bin. Das Fatale daran war, dass ich all das wider besseres Wissen und Gewissen getan habe. Mir war völlig klar, dass es sündhaft, moralisch und sittlich verwerflich ist, Ehebruch zu begehen und Kinder, noch dazu kleine, von ihrer Mutter fernzuhalten bzw. Familien zu spalten. Es war mir schlichtweg egal, was mir mein Gewissen laut und deutlich zu erkennen gab!

Auch die stets sorgenvollen und vorsichtigen Fragen meiner Eltern und anderer Personen ignorierte ich mit einer nicht mehr zu überbietenden Gleichgültigkeit. Es zählte nur mein eigenes Ich, meine Wünsche, meine Begierden, meine Ziele. Die Gier machte mein Herz kalt und blind. Denn sehr wohl hatte ich die schmerzvollen Blicke Ingrids vor Augen, wenn sie ihre jüngste Tochter zurück zu ihren Eltern brachte, weg aus der ihr zustehenden und so wichtigen Nähe zur Mutter! Nicht einmal das tränenreiche Gesicht dieses Kindes rührte mein Herz, ich war kalt wie Eis und wollte nur nach meinen Vorstellungen leben …

Wer nicht hören will, muss fühlen

Von Gina hatte ich zunächst nur ein paar Eckdaten: Ihre Familie lebte in Italien. Ihr Vater war Deutscher und ihre Mutter stammte aus einer kleinen Küstenstadt an der Adria. Gina vereinte auf mir bislang unbekannte Weise beide Mentalitäten, was sie zuweilen zu einem unberechenbaren Feuerwerkskörper werden ließ. Erst kurz zuvor war sie von ihrer Ex-Freundin Ruth »verabschiedet« worden, und sie gab zu, dass sie noch an ihr hing. In meinem grenzenlosen Von-mir-Überzeugt-Sein hielt ich das nicht für eine unüberwindbare Hürde und ließ deshalb nicht locker. Außerdem reizte es mich sehr, mit Menschen aus fremden Ländern und anderen Kulturen zu tun zu haben. Dabei war jugendliche Neugier ebenso ein Antreiber wie die Angst vor dem Alleinsein.

Bald darauf war meine Hartnäckigkeit von Erfolg gekrönt, und so kam ich mit Gina zusammen. Sie wohnte zur Untermiete bei einer Familie mit mehreren Kindern in einem kleinen Dachgeschosszimmer. Über eine knarrende Hühnerleiter stieg man in diese eher wie eine Abstellkammer anmutende Schlafstelle hinauf, die wohl schon länger weder einen Staubsauger noch sonstige Putzutensilien zu Gesicht bekommen haben musste. Wir waren Mitte zwanzig und noch keine eigene Wohnung gewöhnt, sodass uns das bisschen Staub kaum störte. Und schließlich hatten wir anderes im Sinn. Gina erzählte mir einiges von ihrer Vergangenheit, vor allem jedoch von den großen Verletzungen, die sie aufgrund des Beziehungsendes mit Ruth erlitten hatte. Ich hörte ihr geduldig zu, ging aber nicht näher darauf ein, sondern versuchte, sie – auf mich – abzulenken. Schon bald nistete ich mich ein wenig bei ihr ein und übernachtete des Öfteren bei ihr. Wie Ölsardinen quetschten wir uns dann beide in ihr nur achtzig Zentimeter breites Bett und konnten uns am darauffolgenden Morgen kaum rühren. Verrückte Verliebtheit eben.

Noch ziemlich zu Beginn unserer Beziehung schmiss Ginas Vermieterin eine Party und lud uns dazu ein. Auch Ruth war geladen, da sie seit langem mit der Hausbesitzerin befreundet war. Die Stimmung war fröhlich, und es floss viel Alkohol. Ich kannte Ruth nur vom Sehen und plauderte ein wenig mit ihr, wobei mir sogleich ihre schönen blauen Augen auffielen. Sie war mir sympathisch, und bald bemerkte ich, dass sie Interesse an mir hatte. Gina bekam jedoch davon nichts mit und ging an jenem Abend schon früh zu Bett. Nachdem uns auch die Gastgeberin allein gelassen hatte, dauerte es nicht lange, bis Ruth und ich uns näher kamen. Es knisterte nur so zwischen uns. Längst hatte der Alkohol alle Hemmschwellen herabgesetzt, sodass uns lediglich die Angst, eventuell von einem der aufwachenden Kinder erwischt zu werden, wieder abkühlen ließ. Ich war also gerade im Begriff, mit der Ex-Freundin meiner neuen Freundin ein Verhältnis anzufangen. Im Verlauf der nächsten Wochen entwickelten sich zwischen Ruth und mir Gefühle der Verliebtheit, und sie bemühte sich sehr um mich. Heimlich traf ich mich mit ihr, wollte es jedoch, abgesehen von kleineren Zärtlichkeiten, aus »Treue« zu Gina nicht zu sexuellen Handlungen kommen lassen, was uns beiden äußerst schwerfiel. Irgendwann musste ich mich aber entscheiden.

Ich entschied mich für Gina, da sie südländisches Blut hatte und prinzipiell alles Neue auf mich einen starken Reiz ausübte. Ihre italienischen Wurzeln und die Geschichte ihrer Familie interessierten mich sehr. Sooft ich konnte, bat ich sie, mir ein paar Brocken Italienisch beizubringen, was sie gerne tat. Je mehr ich sie kennenlernte, desto mehr spürte ich, dass sie hinter ihrem mitunter impulsiven Gebaren ein großes Geheimnis versteckt hielt. Ich wusste zwar nicht, was es damit auf sich hatte, wollte es aber unbedingt herausfinden, denn es schien mir der Schlüssel zu einem besseren Verständnis für ihr Verhalten zu sein.

Doch zunächst einmal musste ich ihr meinen Fehltritt mit Ruth gestehen. Nach dem Fußballtraining ging ich noch mit zu ihr aufs Zimmer. In einem heroischen Akt erzählte ich ihr, was geschehen war, und bat sie um Verzeihung. Dabei war ich so naiv zu glauben, dass sie sich über meinen Liebesentscheid freuen würde. Sie war jedoch zutiefst verletzt. Es dauerte Monate, bis wir einander wieder näher kamen, sie schien geradezu traumatisiert von diesem Vertrauensbruch. Irgendwann machte ich ihr den Vorschlag, dass wir ein Wochenende in Paris verbringen könnten, um in einem neutralen Umfeld eine neue Basis für unsere Beziehung zu schaffen. Zumindest das gelang.

Bald darauf bezogen wir gemeinsam eine kleine Wohnung und starteten von vorne. Gina war die erste meiner Freundinnen, die ich regelmäßig zu Besuchen in mein Elternhaus und zu Familienfeiern mitnahm und die mit der Zeit voll und ganz zur Familie gehörte. Ab diesem Zeitpunkt nahmen meine Eltern und Geschwister meinen homosexuellen Lebensstil in gewisser Weise »offiziell« an und behandelten meine Partnerinnen liebevoll und zuvorkommend wie jedes andere Familienmitglied auch. Jedoch sprachen mich weder meine Familie noch Verwandte, Nachbarn oder Bekannte explizit auf mein Lesbisch-Sein an. Es schien wohl »ganz normal« zu sein, zumindest äußerten sie mir gegenüber nichts anderes. Ebenso nahm mich Ginas Familie wie ein eigenes Kind an.

Ihre Eltern waren äußerst großzügig und organisierten für unsere gemeinsamen Urlaubsaufenthalte wunderschöne und teure Reisen. Bis zum heutigen Tag denke ich voll Dankbarkeit, Freude und Respekt an die schönen gemeinsamen Erlebnisse und die überreiche Gastfreundschaft zurück.

Trotz meines Bemühens hatte Gina mir gegenüber immer noch eine große Portion Misstrauen und Eifersucht, was meist nach starkem Alkoholkonsum in einem aggressiven Verhalten seinen Ausdruck fand. Entweder schmiss sie irgendetwas durch die Gegend oder ging direkt auf mich los. Ihre gewalttätige Haltung befremdete mich, denn wenn wir bei ihrer Familie zu Gast waren, konnte ich erleben, dass sie wohlerzogen und aus gutem Hause war. Natürlich erwähnte ich ihren Eltern gegenüber nie etwas von den Gewaltattacken. Ihr Verhalten war mir auch insofern unverständlich, da sie im Grunde ein liebevoller und umgänglicher Mensch war. Bei mannschaftsinternen Konflikten trachtete sie stets danach, zu vermitteln und für Ruhe zu sorgen. Da sie spontan und humorvoll war, nahm ihr auf dem Fußballplatz nur selten jemand ihre mit italienischen Kraftwörtern gespickten Vulkanausbrüche übel. Doch sobald sie unter dem Einfluss von Alkohol stand, stieg in ihr plötzlich und völlig unerwartet ein erschreckend starker Zorn gegen mich, gegen Deutschland und »die spießigen Deutschen« auf. Fragte ich sie später, was genau sie denn störte oder verletzte, konnte sie mir keine Erklärung geben und lächelte verlegen. Mehrmals bot ich ihr an, mit ihr in ihrer italienischen Heimatstadt eine neue Existenz aufzubauen. Doch auf mir unerklärliche Weise und trotz ihres wiederholt aufkommenden Heimwehs, wollte sie in Deutschland bleiben.

Nun versuchte ich herauszufinden, ob es vielleicht noch etwas anderes gäbe, was sie immer wieder aus dem Ruder brachte, oder ob einzig meine Affäre mit Ruth daran schuld war. Erst nach und nach öffnete mir Gina ihr Herz. Eines Tages packte sie aus und erzählte mir von einer tragischen Begebenheit: Als sie ein Teenager gewesen war, hatte sich ihr älterer, psychisch schwer kranker Bruder aus dem elften Stock der elterlichen Wohnung gestürzt. Ginas jüngste Schwester hatte noch versucht, ihn festzuhalten, dann aber zusehen müssen, wie ihr Bruder abstürzte. Dieses Trauma-Erlebnis wurde in der Familie absolut tabuisiert und totgeschwiegen. Jeder Gedanke und jedes Wort über dieses Mitglied der Familie war unausgesprochen verboten, jedes Foto von ihm wurde weggesperrt, und sein Name durfte nicht genannt werden. Ihre Eltern waren fatalerweise nicht in der Lage und nicht bereit, fachmännischen Beistand in Anspruch zu nehmen, um alles zu verarbeiten und notwendige Trauerarbeit zu leisten, die ihnen hätte helfen können.

Dieser Schicksalsschlag hatte sicher dazu beigetragen, dass in Gina großer Schmerz und tiefes Leid – ohne jegliche Hoffnung auf Überwindung und Heilung – entstanden waren. So kam sie immer wieder in Situationen, in denen sich die Erinnerung daran plötzlich und unkontrolliert meldete und ungewollte Handlungen verursachte. Sie tat mir unendlich leid. Wir waren beide jung und unerfahren und hatten keine Ahnung, wie oder wo wir hätten Hilfe bekommen können. Auch das Tabuisieren machte es fast unmöglich, diesbezüglich Schritte zu setzen. Ich war mit der Situation heillos überfordert. Nur zu gerne wäre ich mit ihr in ihre Heimat gegangen und hätte dafür sogar meine Familie und meine sichere Arbeitsstelle in der Computerbranche verlassen. Aber all mein Entgegenkommen nützte nichts, denn im Grunde wollte sie nicht nach Italien zurückkehren.

Eines Tages bekam ich binnen kürzester Zeit sehr hohes Fieber und rief den ärztlichen Notdienst an, der mir eine üble Virusinfektion diagnostizierte. In meinem jugendlichen Leichtsinn lehnte ich den Rat meines Hausarztes ab, mich sofort in ein Krankenhaus zu begeben, und dokterte fast zwei Wochen mit Penicillin herum. Meine Eltern holten mich aus meiner Wohnung ab und pflegten mich, bis sie selbst vor lauter Erschöpfung wegen meiner nächtlichen Fieberschübe zusammenzubrechen drohten. Doch schließlich ging es mir nach und nach besser. Anstatt aber daraus die notwendigen Konsequenzen zu ziehen und mich zu schonen, kehrte ich, wenn auch noch sehr schlapp, in den gewohnten Trott aus Arbeit und Beziehung zurück. Viel zu früh fing ich wieder mit dem Fußballspielen an und wollte mich nicht geschlagen geben. Gott, von dessen unvergleichlicher Pädagogik ich überzeugt bin, stoppte mich jedoch erneut. Kurz darauf bekam ich nämlich eine rheumatische Entzündung, die mich über Monate dazu zwang, mit Krücken zu gehen und immer wieder ganze Tage im Krankenstand sein zu müssen. Mein rechtes Knie schwoll auf die Größe eines Handballs an, alle Gelenke schmerzten furchtbar, und ohne Cortison wäre ich aus dem Fenster gesprungen, was damals aber außer Kratzern nichts gebracht hätte, da wir eine Erdgeschosswohnung hatten. Die durch die Infektion entstandenen Nebenwirkungen waren noch lange mein leidvoller Begleiter, und ich musste lernen, mit gewissen Einschränkungen zu leben.

Heute ist mir klar, dass diese Erkrankung, die mich von einer Sekunde zur anderen ans Bett gefesselt hatte, im Grunde die beste Gelegenheit gewesen wäre, innezuhalten und genauer auf meinen Lebenswandel zu schauen. Es hätte mir eine Warnung sein können, von der es gut gewesen wäre, sie mir zu Herzen zu nehmen. Darüber hinaus hatte mein Leben vor allem durch das hohe Fieber an einem sehr dünnen Faden gehangen, ich war jedoch weder dankbar noch einsichtig. Wie konnte ich nur so blind sein? Ich konnte nicht sehen, weil ich nicht sehen wollte. »Lieber Gott, gib mir bitte dein Licht, aber wenn es mir einen anderen Weg weist als den, den ich gehen will, bleibe ich lieber im Dunkeln. Herr, mein Wille geschehe!« So oder so ähnlich muss wohl meine Gesinnung als Sechsundzwanzigjährige gewesen sein.

Eines Tages warf Gina nach einer Party auf dem Nachhauseweg in einem ihrer Wutanfälle den Haustürschlüssel in die Pampa, und wir mussten um drei Uhr nachts unseren wenig erfreuten Nachbarn herausklingeln. Ginas Wut steigerte sich noch, und als wir in die Wohnung kamen, ergriff sie einen Stuhl und ging auf mich los. Ich wehrte ihren Angriff ab und versuchte, sie zu beruhigen. Dabei landeten wir beide auf dem Wohnzimmer-Glastisch, der, nur wie durch ein Wunder, nicht zerbrach. In jener Nacht beschloss ich innerlich, unsere Beziehung zu beenden. Ich hatte keinerlei Hoffnung mehr, dass Gina mir die tiefe Verwundung, die ich ihr durch meinen anfänglichen Seitensprung mit Ruth zugefügt hatte, jemals verzeihen und auf weitere Gewaltaktionen verzichten könnte.

Kurz nach meinem siebenundzwanzigsten Geburtstag lernte ich auf einer Firmenweihnachtsfeier Kathi kennen. Sie war fünf Jahre älter als ich, verheiratet und begann in der Computerfirma, in der ich arbeitete, als Buchhalterin. Wir hatten den gleichen Humor, interessierten uns für Fußball, auch wenn sie selbst nicht aktiv spielte, und fanden sofort eine gewisse Art der Verbundenheit und des vertrauten Umgangs miteinander. Als ich nach einer der Gewaltaktionen mit Gina am Morgen völlig zerknirscht und mit ein paar Kratzern im Gesicht ins Büro kam, fragte sie mich, »ob ich im Preisboxen gewonnen hätte«. Das war wie ein Eisbrecher, um ins Gespräch miteinander zu kommen und einander unsere misslichen Beziehungslagen zu gestehen. Ihre Ehe war zerrüttet, da ihr Mann alkoholkrank, dadurch oft gewalttätig war und sie zudem nicht selten mit anderen Frauen betrogen hatte.

So lernten wir uns in jeweils schwierigen Situationen unseres Lebens kennen und fanden Gemeinsamkeiten in den alltäglichen Beziehungsproblemen. Oft plauderten wir nach der Arbeit stundenlang im Auto. Kathi war sehr belesen, hatte einen staubtrockenen Humor und eine gesunde Portion Hausverstand. Auch wenn sie keinesfalls lesbisch war, so ließen sie die Negativerfahrungen mit ihrem Ehemann auf eine Frauenbeziehung neugierig werden. Sie suchte so etwas wie Zärtlichkeit, Treue und Verbindlichkeit sowie ein gemeinsames, vor allem gleichberechtigtes Unterwegssein, bei dem Freundschaft über allem stand, aber auch ein sexuelles Miteinander möglich sein konnte. Für mich war sie interessant, da sie ganz anders auftrat als meine bisherigen Partnerinnen. Irgendwann einmal passierte es dann, und wir kamen zusammen.

Zuerst sagte ich Gina noch nichts davon, denn sie hatte kurz zuvor ihre Arbeit verloren, und ich wollte sie nicht einfach hängen lassen. Nach ein paar Wochen machte ich reinen Tisch und erklärte ihr, dass ich eine neue Beziehung eingegangen war, weil ich ihre Gewaltaktionen nicht mehr länger ertragen konnte und meine Gefühle mittlerweile auch erkaltet waren. Sie war äußerst betrübt, betroffen und auch geschockt. Ebenso ihre Eltern. Ich versprach ihr, sie für einige Monate finanziell zu unterstützen, was sie auch annahm.

Bald darauf zog ich zu Kathi, die sich zwischenzeitlich von ihrem Ehemann getrennt und die Scheidung eingereicht hatte. Sie war eine gewissenhafte Hausfrau und noch dazu eine sehr gute Köchin, was mich faszinierte, suchte ich doch stets danach, umsorgt, aber auch, bemuttert zu werden. Sie kümmerte sich um die häuslichen Angelegenheiten, während ich meiner Männerrolle frönen konnte. Ich fühlte mich bei ihr zu Hause und geborgen. Wir ließen es uns gut gehen. Gina, Kathi und ich fanden nach einer gewissen Zeit sogar zu einem guten freundschaftlichen Verhältnis, das noch über Jahre anhielt.

Erfolg um jeden Preis

Beruflich konnte ich in der Informationstechnologie auftrumpfen und fühlte mich blendend dabei. Ich erinnere mich noch gut an die ersten Berufsjahre, in denen ich bei zahlreichen Weiterbildungsmaßnahmen stets die einzige Frau war. Meine Arbeit machte mir viel Freude, war aber auch sehr stressig, da ich ständig von Kunde zu Kunde hetzen musste, um das Tagespensum einigermaßen bewältigen zu können. Eines Tages kam ich zu einem Auftraggeber in dessen Arztpraxis. Mit Bohrmaschine und Werkzeugkoffer bewaffnet, begann ich mit der Installation der Netzwerkdosen und der Verkabelung. Als ich die Hilti startklar machte, fragte mich der Arzt mit leicht entsetztem Blick, wann denn nun endlich mein Kollege käme, um die Anlage zu installieren. Ich verbarg meine Empörung nicht und klärte ihn auf, dass er mit mir vorliebnehmen müsste. Wenig vertrauensvoll ließ er mich gewähren. Als danach alles zu seiner Zufriedenheit funktionierte, war er sichtlich erleichtert und bedankte sich bei mir.

Solche Begebenheiten kamen auf die eine oder andere Art immer wieder vor. Sie waren mir stets mehr Ansporn als Frustration, sodass ich mich rasch hocharbeitete und in der Branche einen sehr guten Ruf genoss. Zusehends integrierte ich mich dabei in die Männerwelt der Techniker und ließ alles auch nur ansatzweise »weiblich Verdächtige« hinter einem äußerst selbstbewussten Auftreten und einem vermännlichten Erscheinungsbild verschwinden. Es sprach sich schnell herum, dass ich eine Lesbe war, und meine Vorgesetzten und Kollegen akzeptierten das ohne Probleme, ebenso die Kunden. Bei Festen oder Veranstaltungen kam ich selbstverständlich in Begleitung meiner Partnerin. Mein Lebensstil war jedoch nie Gesprächsthema, was mich zuweilen traurig stimmte, weil ich mich dadurch nur auf meine berufliche Funktion reduziert fühlte. Dennoch ließ ich solchen Gefühlen nicht viel Raum. Als »Powerfrau in Männerpose« hatte ich an meinen Arbeitsstil in Bezug auf Qualität und Leistung höchste Ansprüche, und so stellte ich die Karriere bald über alles andere.

Die ersten Jahre verblieb ich direkt in der IT-Branche, bis ich die Gunst der Stunde nutzte und mit Ende Zwanzig zu einem Kunden im Finanzsektor wechselte, der mir einen gut dotierten Posten anbot. So verließen Kathi und ich unsere Heimat und bezogen ein schönes Mietshaus in einem malerischen Weinort, circa eine halbe Autostunde von unseren neuen Arbeitsplätzen entfernt. Einen Teil meiner spärlichen Freizeit verbrachte ich mit Schlagzeug-Spielen, und so fanden wir schnell Anschluss im örtlichen Musikverein. Dadurch integrierten wir uns rasch in die Dorfgemeinschaft und fühlten uns sehr wohl.

Auch wenn ich gut verdiente, interessante Aufgaben hatte und bei Vorgesetzten und Kollegen geschätzt war, so war diese Idylle jedoch trügerisch, denn das Ganze ging auf Kosten meiner Gesundheit. Ein Zwölf- bis Sechzehn-Stunden-Tag nebst zahlreichen Nacht- und Wochenendeinsätzen gehörte zu meinem Karriereprofil. Eines Tages kam ich früher als üblich von der Arbeit zurück. Kathi saß in der Küche und war in Tränen aufgelöst. Sie hatte ihren Job verloren, da die Firma kürzer treten musste. Ich versuchte, sie zu trösten, und wir fanden bald eine bessere Lösung: Da ich genug verdiente, suchte sie sich eine Halbtagsstelle und kümmerte sich am Nachmittag um den Haushalt. So hatte sie an meinem beruflichen Erfolg maßgeblichen Anteil, denn sie hielt mir den Rücken frei.

Mit der Zeit wuchsen die Anforderungen ins Unerträgliche. Arbeitete ich mit meinem Team ganze Wochenenden durch, dann fuhren wir nur zum Duschen ins Hotel. Immer wieder tranken wir abwechselnd Kaffee und Bier, um die nicht enden wollenden Arbeitsstunden durchzuhalten und dem Stress entgegenzuwirken. Wie selbstverständlich gab es nach solchen Installationsmarathons keine Erholungszeit, sondern wir mussten auch in den üblichen Bürozeiten weiterarbeiten. So häuften sich die Überstunden und ein »Privatleben« schien etwas aus längst vergangenen Zeiten oder fernen Welten zu sein. Bei mir drehte sich alles nur noch um den Job.

Wenn ich spät abends nach Hause kam, quatschte ich Kathi zuerst mit meinen Büro-Problemen voll, verschwand anschließend für eine Stunde auf dem Hometrainer und schlief kurz darauf vor dem Fernseher ein. Kamen wir an einem der wenigen auch für mich arbeitsfreien Samstage nach einer Shoppingtour voll bepackt nach Hause, erfasste mich schon bald eine innere Leere. Schleunigst versuchte ich, diese mit einer Fußball-Bundesliga-Liveübertragung im Pay-TV zu füllen. Half auch das nichts, so gönnte ich mir einen guten Tropfen Wein und eine teure Zigarre, die wir von einem Exklusivurlaub auf Kuba mitgebracht hatten. Dennoch konnte ich das immer deutlicher erkennbar werdende »schwarze Loch der Leere« in mir weder durch Konsumieren noch durch Freizeitaktivitäten füllen.

Bei einer größeren, äußerst komplexen IT-Systemumstellung, für die ich verantwortlich zeichnete, schien nach einem langen Installationswochenende das ganze, monatelang intensiv vorbereitete Projekt durch einen simplen Hardwarefehler zu scheitern, da auch die Ersatzgeräte ihren Dienst verweigerten. Ich musste binnen Sekunden eine Entscheidung treffen, ob wir die alte Konfiguration wiederherstellen oder noch einen letzten Versuch mit dem neuen System wagen sollten. Das Gelingen dieses Unterfangens war sowohl für mich als auch für die Firma mit hohem Prestige verbunden und daher für meine berufliche Karriere äußerst wichtig. Mir stand der Schweiß auf der Stirn. Aus völlig übernächtigten Gesichtern blickten mich die müden Augen meiner Mitarbeiter, Vorgesetzten und Projektpartner an. Es schien, als müsste ich über Leben und Tod entscheiden.

Wie automatisch und ohne es auch nur ansatzweise steuern zu können, wandte ich mich an Gott und bat ihn leise um Hilfe: »Jesus, bitte, nur dieses eine Mal noch. Ich verspreche dir, wenn das hier jetzt alles funktioniert, dann höre ich endlich mit der IT auf und mache etwas für dich!« Wenige Sekunden später konnte ich mich zu der Entscheidung durchringen, dass wir den riskanteren Weg wählen und trotz des immensen Zeitdrucks wegen des bevorstehenden Bürobeginns noch einen letzten Versuch wagen sollten. Das blanke Entsetzen starrte mich an. Unverständnis. Mitleid. Aber ich hatte die Verantwortung und die Entscheidungsbefugnis. Es vergingen qualvolle Minuten. Immer wieder flehte ich innerlich Gott um Hilfe an.

Dann, auf einmal, fand sich der Fehler, wir starteten von vorne und waren bis zum Arbeitsbeginn fertig ... Natürlich war ich überglücklich und erleichtert. Einerseits waren mir zwar die Glückwünsche aus nah und fern gewissermaßen peinlich, da ich wusste, wer in Wahrheit das Projekt erfolgreich durchgeführt hatte. Andererseits war ich dennoch nicht in der Lage, über mein nächtliches Stoßgebet zu sprechen und Jesus als den echten Projektmanager kundzutun. Alles lief wie geschmiert, und schon bald vergaß ich mein Versprechen …

Gott hat seine ganz eigene Art, uns zuweilen an unsere Versprechen zu erinnern, und so klingelte binnen Kurzem der himmlische Wecker. Eines Morgens wollte ich – nach wie üblich nicht mehr als vier bis fünf Stunden Schlaf – aufstehen und bemerkte, dass mein ganzer Körper streikte. Ich konnte mich nicht richtig bewegen und war wie gelähmt: »Was ist das denn? Ich bin doch noch jung!« Ein ungutes und beklemmendes Gefühl machte sich in meinem Inneren breit und erfasste langsam Geist und Verstand. Ich lag stocksteif in meinem Bett und hielt erst mal die Luft an. Dann begann ich tief zu seufzen, konnte meinen Schmerz zunächst aber nicht in Worte fassen. Auf einmal schoss es mir wie Blitze durchs Hirn, dass ich so weder weiterleben mochte, noch konnte. »Was bringt mir diese Schufterei eigentlich? Ich habe nicht einmal Zeit, mein Geld auszugeben.« Fragen über Fragen prasselten auf mich ein und wuschen mir gehörig den Kopf.

Da klingelte das Telefon. Meine Chefin war dran. Als sie nach einigen Minuten auflegte und ich das Gespräch reflektierte, bemerkte ich, dass erst ihre siebte Frage eine Erkundigung nach meinem Wohlbefinden beinhaltet hatte, bereits versehen mit der wohlgefälligen Antwort, dass »ich ja sicher bald wieder fit« wäre. Das hatte gesessen! Nun rebellierte alles in mir. »Wie geht die mit mir um, und was denkt die sich eigentlich, wer sie ist? Bin ich vielleicht ihre Leibeigene? Und wieso kann sie mich nicht einmal für einen Tag in Ruhe lassen?« Mein Gewissen fuhr alle vorhandenen Geschütze auf und stellte mein Abwehrsystem auf Alarmstufe rot. »So nicht und schon gar nicht mit mir!« Ich entschloss mich, kürzer zu treten, was jedoch nicht funktionierte, denn ich war geblendet von der vermeintlichen Sicherheit materieller Güter.

Im Verlies

Eines Tages spürte ich ganz deutlich, wie sehr mir Jesus fehlte, denn meine innere Leere war unerträglich geworden. Ich vermisste den Besuch der Heiligen Messe, der nur noch an Heiligabend stattfand, und meine Gespräche mit Jesus, da ich mein Gebetsleben längst aus meinem Alltag verbannt hatte. Meine Seele war bereits so vertrocknet, dass ich aus eigener Kraft diesen Zustand nicht mehr ändern konnte. An meinem dreißigsten Geburtstag lag Kathi mit Migräne im Bett. Draußen schneite es, und die Eiseskälte des grauen Wintertages erfasste auch mein Inneres. Ich saß im Wohnzimmer und heulte mir die Augen aus dem Kopf, immer nur dann eine Pause machend, wenn wieder jemand anrief, um mir zu gratulieren. Natürlich weinte ich nicht ob meines hohen Alters, sondern weil ich an diesem Urlaubstag aufgrund der ungeplanten Stille sehr laut und deutlich die Stimme meines Gewissens vernehmen musste. Sie ließ mich erkennen, dass mein Leben vollkommen sinnlos war: zum einen wegen der großen Einsamkeit, die mich – trotz meiner Partnerschaft – langsam aber unaufhaltsam zu verschlingen drohte und zum anderen, weil ich mich zu Tode arbeiten würde, wenn sich nicht bald etwas änderte.

In all dem Chaos und Gefangen-Sein in den Ketten meines Alltags erinnerte mich diese Stimme an meinen einstigen Freund Jesus, mit dem ich als Kind und Jugendliche so frei und unbefangen über alles hatte sprechen können. So begann ich, mich wieder auf die Suche nach Gott zu machen oder besser gesagt, auf sein noch immer anhaltendes Rufen in meinem Inneren zu hören und ihm zu antworten. Es war mir so, als würde dabei in mir ein zarter Funke entzündet, der sich nach und nach in ein stärker werdendes Flämmchen verwandelte. Und schließlich wurde daraus ein kleines Öllämpchen in meinem nasskalten, zugigen, mittelalterlichen Burgkerker. Wie auf wunderbare Weise erlosch es nicht und spendete gerade so viel Licht, dass ich einen schmalen Spalt erahnen konnte, der mich in die Freiheit führen würde. Dieses Licht ließ mir wochenlang keine Ruhe, worauf ich endlich den Entschluss fasste, mit Dagmar Kontakt aufzunehmen, die mich in jungen Jahren begleitet hatte, bevor sie in ein Kloster eingetreten war. Ich wagte, eine erste Flaschenpost aus dem Kerkerfenster zu werfen, um sie um Mithilfe bei meiner Suche nach einem Ausweg zu bitten.

Einige Wochen später erhielt ich tatsächlich eine Antwort von ihr. Sie schrieb mir und schwärmte von der unsagbaren Liebe, die sie in Jesus finden durfte, in ihrem Klosteralltag, in einem einfachen Leben in Armut, aber voller Freude und Frieden. Mein Herz schlug heftig, als ich die ersten Zeilen las. Unbedingt wollte ich mehr darüber wissen und ebenfalls diese Liebe Jesu spüren, die, wie mir schien, all das enthielt, wonach ich verlangte: die Erkenntnis, warum und wozu ich überhaupt da bin und lebe, sowie die Mittel, um meine innere Leere dauerhaft zu füllen. Doch dann erfasste mich bittere Ernüchterung, denn Dagmar hatte keine Möglichkeit, sich persönlich mit mir zu treffen. Stattdessen bot sie mir an zu telefonieren, meine Enttäuschung ließ mich jedoch dieses Hilfsangebot nicht erkennen. Ich war wie mit Blindheit geschlagen! Durch die scheinbare Zurückweisung verletzt, zog ich mich wieder in mein Verlies zurück.

Ich war hin- und hergerissen. Einerseits erkannte ich, dass Jesus all meine Fragen beantworten und meine Sehnsucht nach wahrhafter Liebe hätte stillen können. Andererseits wusste ich, dass ich einige seiner Antworten nicht hätte hören wollen, weil es bedeutet hätte, dass ich dann mein Leben hätte ändern müssen. So viele Fragen hatte ich, und es gab niemanden, mit dem ich meinen inneren Konflikt hätte besprechen können oder wollen. Ein Gespräch mit Dagmar war meine letzte Hoffnung gewesen, doch noch aus einer Welt der Leere und des Konsums auszubrechen, mich aufzumachen auf den richtigen Weg und alles Sinnlose hinter mir zu lassen. Ein einziges Treffen hätte genügt, um den ersten Schritt zu machen, denn an Mut fehlte es mir nie. Stattdessen fiel ich in eine innere Starre und Ausweglosigkeit, die ich mit noch mehr Arbeit zu kompensieren suchte. Ich fristete also notgedrungen mein Dasein damit, die dunklen Festungsmauern und meine Kerkerzelle so schön und angenehm wie möglich zu gestalten. Meine Seele litt und litt und litt. Sie konnte nicht entkommen, nicht einmal im Geiste.

Wut und Gefühle der Ohnmacht waren fortan meine ständigen Begleiter, was in der Folge sogar zu dem Entschluss führte, aus der Katholischen Kirche auszutreten. Ich hielt diesen Schritt damals für notwendig und konsequent: »Wenn ich schon mit meinem Lebensstil gegen die kirchlichen Gebote zu Sexualität, Ehe und Familie verstoße, dann möge im Umkehrschluss diese Glaubensgemeinschaft doch, bitte, auch auf meine werte Mitgliedschaft samt Kirchensteuerbeitrag verzichten. Und außerdem gibt es dort sowieso niemanden, der mir meine Sinn-Fragen beantworten kann oder will.«

Siegesgewiss marschierte ich zum Standesamt. Als sich der Standesbeamte »aus rein privatem Interesse« vorsichtig nach dem Austrittsgrund erkundigte, erklärte ich ihm meine Lage. Er bedauerte den Schritt sehr. Seine Haltung und sein trauriger Blick ließen mich dabei keineswegs kalt. Zudem vernahm ich beim Lesen der Austrittserklärung die flehentlichen und mahnenden Hinweise meines Gewissens, es nicht zu tun. Deutlich spürte ich, dass diese Maßnahme nicht des Rätsels Lösung sein konnte. Kälte erfasste mich. Dennoch wollte ich nicht anders handeln und vollzog binnen weniger Minuten den Formalakt. Mein rebellisches Gemüt hatte wieder einmal gesiegt und ließ mich als blutendes Opfer auf dem Schlachtfeld zurück. Es war, als ob ich mir selbst ein Stück meines Herzens herausgerissen hätte. Gefühle von Nacktheit, Scham und Ratlosigkeit umfingen mich, deren ich mich nicht zu erwehren wusste. So hinterließ der Kirchenaustritt eine tiefe Wunde in mir, denn ich fühlte mich aus meiner Glaubensheimat entwurzelt. Aber schließlich verdrängte ich diesen unangenehmen Schmerz und tröstete mich mit den ersparten Kirchensteuern.

Recht auf Familie?

Ich wendete mich wieder meinem üblichen Leben zu. Vermutlich der inneren Hormonuhr geschuldet, verspürte ich mit Anfang dreißig den Wunsch, ein Kind zu bekommen. Ich dachte, es wäre gut, wenn »ich mir von einem schwulen Bekannten ein Kind machen ließe«. Zu diesem Zweck einmal mit ihm zu schlafen, hätte mir nicht einmal ein Problem bereitet, weil ich ihn mochte und noch dazu anziehend fand, obwohl er ein Mann war. Ganz vorsichtig sprach ich ihn darauf an und hatte den Eindruck, dass er nicht abgeneigt war. »Aber was würde ich mit dem Baby machen, wenn es da wäre? Ich müsste meine Karriere beenden, und wer sollte Kathi und mich in dem Fall finanziell versorgen? Und wo würde ich es abgeben, wenn wir ins Kino gehen oder uns die Nacht um die Ohren schlagen wollten?« Schließlich kam bald darauf die erlösende Antwort. Kathi beruhigte mich und sagte mir, dass sie im gleichen Alter ebenfalls solche »Anwandlungen« gehabt hätte und dass ich einfach ein Jahr warten sollte, dann wäre das vorbei. Ich dankte ihr für diesen weisen Rat und unternahm zunächst keine weiteren Schritte. Doch die Hormonuhr tickte weiter, und ich verspürte großen Druck.

Mit der Zeit wurde mir durch die intensive Auseinandersetzung mit dem Kinderwunsch jedoch meine egoistische Haltung bewusst. Tief im Innern hatte ich die unumstößliche Gewissheit, dass ein Kind einen Vater und eine Mutter braucht, um gut gedeihen zu können. War es doch eine Sache, wenn ich mit einer erwachsenen Frau eine gleichgeschlechtliche Beziehung hatte, und eine andere Sache, wenn ich mir von einem nicht mit mir in Beziehung lebenden Mann ein Kind »machen ließe«, das in Folge anstelle seines leiblichen Vaters mit einer »zweiten Mutter« aufwachsen müsste. Dadurch würde ich dem Kind den Vater schulden und den Vater um sein Kind bringen. Auch wenn diese Erkenntnis von Anfang an da gewesen war, so musste ich jedoch erst bereit werden, sie anzunehmen. Das erfolgte im Laufe der Zeit, und nach gut einem Jahr beschloss ich, meinen Kinderwunsch ad acta zu legen.

Aus Beziehung wird Freundschaft

Ich arbeitete fleißig weiter, und immer häufiger streikten Körper, Psyche und in gewisser Weise auch meine Seele. Ich hatte wohl das, was man heutzutage Burn-out nennt. Zum ersten Mal bemerkte ich die Schieflage von nur auf Profitgier gegründeten Unternehmen. Die grenzenlose und unmenschliche Ignoranz meiner Vorgesetzten und ihr Unverständnis, dass ich wegen Überarbeitung völlig kaputt war, führten bei mir zu einer inneren Kündigung. Die immense Wut darüber brachte mich aber ganz schnell wieder auf die Beine.

Bald darauf hatten Kathi und ich während eines Oktoberfestbesuches die Idee, unseren Lebensmittelpunkt nach München zu verlegen. Als ich die Kündigungsmodalitäten mit meinem Chef besprach, weigerte sich dieser zunächst recht dreist, mir meine knapp fünfhundert Überstunden zu vergüten, ließ sich aber nach Androhung rechtlicher Schritte schließlich eines Besseren belehren. Verständlicherweise fiel mir der Abschied von dieser Sklavenarbeit nicht schwer, auch wenn ich eine Menge mir lieb gewordener Kollegen und Freunde zurückließ.

Kathi und ich fanden problemlos gute Jobs und brachen von den Weinbergen in die Bierstadt an der Isar auf. Wir bezogen eine wunderschöne, neu hergerichtete Vierzimmerwohnung. Ich arbeitete bei einem großen Konzern, machte viele Reisen und hatte ein vielfältiges Aufgaben-Portfolio. Auch wenn ich schon bald wieder mit großen IT-Projekten betraut wurde, so waren meine Arbeitszeiten im Vergleich zu früher akzeptabel. Das gesamte betriebliche Umfeld empfand ich als äußerst angenehm, sodass ich mich rundum wohl fühlte. Kathi absolvierte – neben ihrem Job in einem großen Unternehmen – weitere Ausbildungsmaßnahmen im Finanzsektor.

Regelmäßig bekamen wir Besuch aus der Heimat und fungierten als Cityguides und Wochenendpension für unsere Familienangehörigen und Freunde. München hatte durch die nahe Lage zu den Bergen viel zu bieten, sodass wir bald einen Skikurs machten und auch sonst rege unterwegs waren. Schon seit Kindertagen war ich Fan des FC Bayern München gewesen. Von Freunden bekam ich einen Jahreskartenplatz auf der Haupttribüne des Münchner Olympiastadions geschenkt, den ich bei Heimspielen, stets in Fan-Montur gekleidet, mit großer Freude einnahm.

In der Homo-Szene verkehrten wir nur, wenn unsere schwulen Freunde zu Besuch waren, ansonsten waren wir eher mit heterosexuellen Bekannten bzw. Arbeitskollegen unterwegs. Es war damals üblich, dass man für jedes Hobby bestimmte Freunde, auf bayrisch »Spezis«, hatte. Mit den einen ging man zum Skifahren, mit den anderen ins Kino, und wieder andere lud man zu sich nach Hause ein. Anfänglich war das für uns ungewohnt, aber wir fanden uns schnell in diese Gepflogenheiten ein. Alles in allem führten wir ein gutes Leben, ohne große Aufregungen und Höhepunkte, man könnte es fast ein bisschen spießig nennen. Auch wenn wir uns sehr wohl fühlten und das Dolce Vita der bayrischen Alpenmetropole genossen, so lebten wir uns dennoch auseinander. Wir hatten kaum noch Sex und tauschten so gut wie keine Zärtlichkeiten mehr aus. Wir waren eher wie Geschwister als wie ein Lesbenpaar.

Eines Tages machten wir eine Urlaubsreise nach Ägypten. Beim Schnorcheln genossen wir die wunderschönen Korallen des Roten Meeres, und wenn die männlichen Angestellten nicht so übergriffig gewesen wären, hätten wir uns sicher ganz gut entspannen können. Es war ein lauer Spätsommertag, als wir auf der Hotelterrasse gemütlich einen Cocktail schlürften und Kathi plötzlich herumdruckste und mir unterbreitete, dass sie unsere Beziehung beenden wollte. Sie gestand mir, dass sie keine Gefühle mehr für mich hatte und dass sie mich wegen meiner häufigen berufsbedingten Abwesenheiten irgendwann einfach nicht mehr vermisst hatte.

Zunächst war ich ein wenig überrascht, dass sie für diesen Verkündigungsakt ausgerechnet unseren Urlaub ausgewählt hatte, verstand aber sehr wohl ihren Wunsch, denn auch ich hatte längst keine beziehungsgemäßen Gefühle mehr. Dennoch fiel ich in eine gewisse Schockstarre, waren wir doch schon sechs Jahre zusammen. Da ich das häufige Umziehen satthatte, war sie damit einverstanden, sich rasch eine eigene Wohnung zu suchen.

Nach dem Urlaub führten wir jedoch im Grunde unser Leben weiter wie bisher. Kathi zog zwar mit ihrer Matratze ins Arbeitszimmer, erwähnte aber mit keinem Wort mehr etwas von der Trennung und machte zunächst auch keine Anstalten auszuziehen. Kurze Zeit später lernte ich eine Frau namens Corinna kennen, zu der ich eine starke sexuelle Anziehung verspürte. Ich verknallte mich in sie. Kathi wohnte noch immer bei mir. Als sie sich meiner Empfindungen für Corinna bewusst wurde, war sie wie aufgelöst und weinte, obwohl sie doch schon längst unsere Beziehung beendet hatte. Es war ein einziges Gefühlschaos. Aus meiner Begegnung mit Corinna entwickelte sich nichts Ernstes, und bald war ich wieder solo.

Nachdem bereits weitere Monate vergangen waren, sagte mir Kathi eines Morgens, dass sie wieder mit einem Mann zusammen wäre. Sie schien wirklich verliebt und glücklich zu sein. Auch wenn ich mich für sie freute, schmerzte mich die ganze Situation dennoch. So war es mir nicht Recht, dass er über Nacht blieb, denn schließlich war das auch meine Wohnung, und ich hatte keine Wohngemeinschaft geplant. Wir klärten das auf freundschaftliche Weise. Kathi nahm Rücksicht auf mich, suchte sich eine eigene Wohnung und zog bald danach aus. Im darauf folgenden Jahr hatten wir nur sehr wenig Kontakt, was aber gut und notwendig war, um einen gesunden Abstand zu unserer gemeinsamen Vergangenheit zu gewinnen.

Auch wenn Kathi nicht lesbisch ist, so haben wir dennoch in den insgesamt sieben Jahren unserer Beziehung – meiner längsten Beziehung überhaupt – viele Jahre ein sexuelles Verhältnis gehabt. Aus meiner und der Erfahrung anderer weiß ich, dass es solche Bindungskonstellationen immer wieder gibt, d. h. dass jemand in eine homosexuelle Beziehung flüchtet, obwohl bei ihm keine homosexuelle Neigung vorliegt. Oft ist der Grund, dass der Ehe-/Partner allzu dominant oder sogar gewalttätig ist, wobei Gewalt auf unterschiedliche Weise ausgeübt werden kann, nämlich auf physische, psychische, ökonomische und/oder sexuelle Weise. Auch unbefriedigte Sehnsucht nach Zärtlichkeit sowie sexuelle Frustration können dazu führen, beim gleichgeschlechtlichen Partner die Erfüllung all dessen zu vermuten, was man beim andersgeschlechtlichen Partner vermisst. Bei einem gleichgeschlechtlichen Gegenüber fühlt man sich in einer schwierigen Situation oft besser verstanden und sicherer.

Das waren auch die Gründe, warum Kathi und ich zusammenkamen. Dennoch konnte dieses Beziehungskonstrukt nur eine oberflächliche, zeitlich begrenzte Lösung sein, denn weder sie noch ich konnten auf Dauer zur persönlichen vollen Entfaltung in dieser Liebesbeziehung kommen. So hatten wir uns beide zu Beginn unserer Freundschaft, d. h. noch ohne jeglichen sexuellen Beigeschmack, am besten verstanden und einander gutgetan. Leider haben wir es verabsäumt, es auf dieser Ebene zu belassen. Erst nachdem wir Jahre später durch das Beenden der lesbischen Beziehung unser sexuelles Verhältnis gekappt hatten, konnten wir die Basis für eine tiefe, liebevolle und einfühlsame Freundschaft finden. Dass uns dies gut gelungen ist, zeigt sich daran, dass wir mittlerweile schon auf ein Vierteljahrhundert eines freundschaftlichen Miteinanders blicken dürfen, wofür wir sehr dankbar sind.

IV. Abhängig

Nach Kathis Auszug begann ich, mich zu verabreden, und suchte wieder vermehrt Lesben-Kneipen auf, aber das blieb ohne Erfolg. Vermutlich wirkte ich so, wie ich war: eine krampfhaft nach Beziehung Suchende. Zudem waren die typischen Szenelokale lesbischer Frauen dünn gesät, und zumeist gingen dort Paare oder Gruppen ein und aus, oder ein Schwuler trank dort seinen Sonntagnachmittags-Kaffee. Alles war sowas von unspektakulär, dass ich dieses Unterfangen nach einigen Monaten völlig frustriert sein ließ. Nur einer dieser Besuche bescherte mir eine nette Bekanntschaft mit einer circa zehn Jahre älteren Krankenschwester namens Susi. Sie war für mich wie eine große Schwester, und wir unternahmen einiges zusammen. Sie tröstete mich ein wenig in dieser schweren Lebensphase.

Zu dieser Zeit ergab es sich, dass mich ein lieber Bekannter auf eine gute Freundin von ihm ansprach. Er meinte, sie wäre gerade dabei zu entdecken, dass sie lesbisch sei, und es könnte vielleicht für sie hilfreich sein, wenn wir mal miteinander sprechen würden. Gleichzeitig warnte er mich jedoch vor ihr: Sie wäre zwar eine liebenswerte Person, hätte aber so manches Problemchen und sei auch gesundheitlich angeschlagen. Kurz darauf besuchte ich sie. Sie öffnete mir die Tür zu ihrem Zwei-Zimmer-Appartement. Sogleich kam mir ein süßlicher, orientalisch angehauchter Räucherstäbchen-Geruch entgegen, den man aus Esoterik-Schuppen kennt und der einem entweder einen Fluchtreflex beschert oder die Sinne vernebelt. Letzteres war wohl an jenem Nachmittag bei mir der Fall.

Rita war einige Jahre jünger als ich, von schlanker Gestalt und hatte schöne blondgelockte Haare. Am Hals konnte ich offene Hautstellen sehen, die einer starken Neurodermitis geschuldet waren. Ich spürte ihre Zerbrechlichkeit, sie schien eine lange Reise hinter sich zu haben. Etwas flippig gekleidet und die Wohnung mit für meinen Geschmack viel zu vielen Staubfängern bestückt, kam sie mir vor wie eine reinkarnierte Woodstock-Tante, aber keineswegs unsympathisch. Sie bot mir eine Tasse Tee an, und ich wagte ob des ganzen Szenenbildes nicht, mir lieber einen Kaffee zu erbitten. Ihr Gebaren war durchaus reizvoll für mich, und schon bald fasste sie ein wenig Mut und plauderte locker drauf los. Sie arbeitete als Büroleiterin. Vor Kurzem hatte sie eine Beziehung mit einem älteren, verheirateten, wohlhabenden Belgier beendet, nachdem sie zuvor mehrere Jahre mit einem Franzosen ihres Alters zusammen gewesen war. Mit diesem stand sie noch immer in Kontakt. Ihre müden, tiefliegenden Augen begannen zu leuchten, als sie von ihrer Vorliebe für die französische Sprache und Kultur erzählte, und ich vermutete, dass sie sich durchaus vorstellen konnte, irgendwann einmal in Frankreich zu leben. Nach diesem Warm-up kamen wir auch auf Gott zu sprechen. Rita war kurz davor, sich orthodox taufen zu lassen, und war eifrig dabei, mir etwaige konfessionelle Vorzüge dieser Glaubensgemeinschaft schmackhaft machen zu wollen. Trotz meines bereits einige Jahre zurückliegenden Kirchenaustrittes fühlte ich mich erstaunlicherweise immer noch »echt katholisch«.

In den darauf folgenden Wochen telefonierten wir oft stundenlang und sprachen dabei von Gott. Regelmäßig trafen wir uns auf einen Tee, unternahmen einen Spaziergang oder plauderten ungezwungen über die intimsten Seiten unseres Glaubens. Unsere Gespräche waren beiderseits voller Bewunderung für Gottes Plan mit uns Menschen. Gemeinsam staunten wir darüber, dass Jesus, Gottes Sohn, aus Liebe zu uns auf die Welt gekommen ist, um uns von unserem Leid und unseren Sünden zu erlösen, indem er dafür freiwillig einen grausamen Tod am Kreuz auf sich genommen hat. Auch fanden wir Trost und Hoffnung darin, dass Jesus durch seine Auferstehung den Tod besiegt hat. Dabei wurde uns klar, dass Kummer, Schmerz und Tod nicht das letzte Wort haben, sondern dass Gott für uns ein nie endendes, wundervolles und glückliches Leben vorgesehen hat. Wir diskutierten viel und ermutigten einander angesichts dieser himmlischen Zuversicht, wie wir, trotz aller Probleme, am besten unseren Alltag meistern könnten. Diese Gespräche taten uns beiden sehr gut.

Wenn Rita von der Liebe Gottes sprach, bekam sie ein strahlendes Gesicht voller Freude, Güte und Milde. Sie, die ansonsten eher zerbrechlich und schwach scheinende Frau, wirkte in diesen Momenten sehr stark und glücklich. Auch war sie äußerst achtsam im Umgang mit der Schöpfung, so konnte sie nicht einmal eine Stechmücke töten, weil ihr das ein Verstoß gegen die Liebe zu sein schien. Ihr ganzes Fühlen, Denken und Tun war geprägt von einer nach Liebe suchenden und Liebe schenkenden Haltung.

Nach ein paar Monaten schlich sich jedoch in diese zunächst nur freundschaftliche Verbindung etwas Ungutes ein. Die wieder aufkommende Erinnerung, dass Rita auf der Suche nach einer lesbischen Beziehung war, ließ mir keine Ruhe mehr, denn auch ich suchte eine Partnerin. So war auf einmal alles anders, wie verdreht, und wir konnten die plötzliche Änderung zwischen uns zunächst weder wahrnehmen noch steuern. Aus ursprünglich rein freundschaftlichen Berührungen und zärtlichem Händchenhalten ohne jeglichen sexuellen Hintergedanken wurde nach und nach mehr. Bald darauf waren wir ein Paar. Und genau ab diesem Zeitpunkt rückte Gott in den Hintergrund.

Mit einem Mal stritten wir häufig wegen unterschiedlicher Auffassungen in religiösen Fragen, anstatt uns wie zuvor gegenseitig für den Glaubensweg zu bestärken. So wurde Gott zu unser beider Privatangelegenheit. Kurz danach mussten wir feststellen, dass wir – außer dem Glauben und einem mageren Sexualleben – eigentlich so gut wie gar nichts gemeinsam hatten. Interessierte ich mich nur mäßig für Frankreich und keinesfalls für einen allzu gesunden Lebensstil, so hatte sie keine Freude an Bayern München-Fußballspielen oder anstrengenden Bergwanderungen.

Ein Highlight unserer Verschiedenheit zeigte sich an meinem Geburtstag: Rita hatte mir ein ganz besonderes Geschenk versprochen, das leider – oder Gottlob – nicht rechtzeitig geliefert wurde. Tage später hielt ich endlich das geheimnisvolle Päckchen in Händen. Ich schüttelte es ein bisschen und hörte ein leises Rauschen von Sand. Was konnte das sein? Die Spannung wuchs, und Rita gebot mir, es ganz vorsichtig zu öffnen. Ich gab mir alle Mühe, und nach wenigen Minuten stand auf meinem Wohnzimmertisch ein circa DIN A4 großer Sandkasten mit ein paar Steinchen, vertrockneten Moosklümpchen und einem kleinen Holzrechen. Natürlich dachte ich sofort, dass das Paket vertauscht worden wäre, und wollte alles sogleich wieder in die Packung zurücklegen. Aus meinen Augenwinkeln entdeckte ich jedoch Ritas entsetzte Blicke und hielt inne. Sie holte tief Luft und eröffnete mir voller Inbrunst, dass ich nun stolze Besitzerin eines Zen-Gartens wäre. Sie erklärte mir, dass mir dieses Kunstwerk als Oase der Ruhe und Meditation dienen sollte, damit ich meinen Alltagsstress besser bewältigen könnte. Ich war sprachlos. Was für eine Geburtstagsüberraschung, diese Feier war gelaufen! Ich versuchte, meine Wut und Enttäuschung zu unterdrücken, und rechte leicht verstört in dem Mini-Sandkasten umher. Später verstaute ich ihn auf meiner Wohnzimmer-Kommode, und wenn ich ab und zu mal daran dachte, zog ich kopfschüttelnd mit dem Zahnstocher-Rechen eine Spur in den Sand …

Nach nur einem Vierteljahr kündigte sie mir an, dass sie für einige Monate nach Paris gehen wollte, um in der Wohnung ihres Ex-Freundes zu leben und die französische Sprache noch besser kennenzulernen. Das traf mich wie ein Schlag. Ich war am Boden zerstört. Susi, meine ehrliche Trösterin und Begleiterin, öffnete mir die Augen für meine missliche Beziehungslage und riet mir, diese »Tussie sofort zu vergessen«. Das war doch unfassbar, wie konnte sie das nur wollen? Ich fühlte mich missbraucht und ausgenutzt und ahnte, dass eine solche Partnerschaft keine Chance hatte. Dennoch war ich wie gelähmt, ich konnte und wollte diese Beziehung nicht beenden, obwohl mir ganz klar war, dass es das Beste für mich gewesen wäre. Obendrein war es ungewiss, ob sie überhaupt zu einem Leben in München zurückkehren würde, und die Verbindung zu ihrem Ex-Freund warf weitere quälende Fragen auf. Auch meine Freunde rieten mir, mit ihr Schluss zu machen und mich wegen ihres Auslandsaufenthaltes nicht noch länger zu quälen.

Wie aus heiterem Himmel kam das Unglück hinzu, dass mein knapp achtzigjähriger Vater binnen weniger Tage mehrere Schlaganfälle erlitt. Vor lauter Angst, ich könnte vor Ritas Abreise nicht mehr viel Zeit mit ihr verbringen, blieb ich jedoch in München, anstatt meinen todkranken Vater zu besuchen. Erst als mich nach einer Woche meine Schwester Vera eindringlich darum bat, machte ich mich auf den Weg in meine Heimat. Ich fand meinen Vater auf der Intensivstation vor. Durch die künstliche Beatmung war sein Gesicht so entstellt, dass ich ihn beinahe nicht wiedererkannte. Zitternd streichelte ich seine Hand, die wie immer ganz warm war. Dann gab ich ihm einen Kuss und sagte ihm leise, dass »alles gut werden würde«. Mir war klar, dass es zu Ende ging. Nicht einmal drei Stunden später erhielten wir den Anruf, dass er verstorben war. Offenbar hatte er nur noch auf mich gewartet.

Kurz darauf rief ich Rita an. Sie war nicht in der Lage, mit der Situation umzugehen, und zeigte wenig Mitgefühl. Ungeachtet des großen Schmerzes meiner Mutter und meiner Familienangehörigen, machte ich mich deshalb schon am nächsten Tag wieder auf den Rückweg nach München. Als ich Rita am Abend von der für mich sehr ergreifenden

Krankenhaus-Szene berichtete, fuhr sie mich barsch an und verbot mir das Wort, weil »das wohl kein Gespräch fürs Abendessen« wäre. Danach war zwischen uns alles nur noch Kampf und Krampf.

Wie blind war ich! Ich wollte einfach nicht wahrhaben, dass ich für Rita nur Mittel zum Zweck war, auch wenn ich das alles tief in mir längst vermutete. Zudem ließ Susi keine Gelegenheit ungenutzt, mir dies deutlich vor Augen zu führen. Erst nach und nach durchschaute ich Ritas Plan: Sie wollte prüfen, ob ihr Ex-Freund mittlerweile einen für ihre Verhältnisse ausreichend sicheren Job gefunden hatte und ob ihr überhaupt ein Leben in der Pariser Umgebung möglich wäre. Sollte dies nicht der Fall sein, würde sie mit mir eine passable Hintertür haben, denn immerhin verdiente ich nicht schlecht und machte Karriere. Sie suchte also im Grunde eine wirtschaftliche Absicherung, die es ihr ermöglichte, ihren Hobbys und Freiräumen Genüge zu tun, ohne dass sie selbst viel dazu beisteuern musste. Ihre Überlebensstrategie trieb sie sogar so weit, dass sie sich kurz vor ihrer Abreise mit mir »verlobte«, d. h. mir eine »Verpartnerung« in Aussicht stellte. Auf diese Weise würde sie mich bei der Stange halten.

Meine große Torschlusspanik und die starke emotionale Abhängigkeit verblendeten mich völlig. So ließ ich mich auf ein »Verlobungsversprechen« ein, obschon mir sehr mulmig war bei dem Gedanken, mein ganzes Leben mit ihr verbringen bzw. finanziell für sie aufkommen zu müssen. Ich spürte deutlich, dass sie im Grunde für mich nicht erreichbar war. Sie schenkte mir einen »Verlobungsring«, der aus zwei Einzelteilen bestand, sie selbst trug aber keinen Ring und gab dafür nur eine fadenscheinige Begründung ab. Trotz meiner Trauer machte sie keine Anstalten, ihre Reise auch nur um einen einzigen Tag zu verschieben. Fröhlich verabschiedete sie sich von mir und gab mir klar zu erkennen, dass ausschließlich sie festlegen würde, wann und wie oft wir miteinander kommunizierten.

Nach Ritas Abreise fiel ich in ein tiefes Loch. Der plötzliche Tod meines Vaters, all die unguten Umstände rundherum und das erneute Alleinsein ließen mich elendig dahinvegetieren. Es gab einfach nichts, was mich aufrecht hielt. Jobmäßig hatte ich aber sehr viel zu tun, sodass ich zumindest an den Arbeitstagen einigermaßen über die Runden kam. Mit Kathi hatte ich zu diesem Zeitpunkt leider so gut wie keinen Kontakt. Auch wenn meine sonstigen Freunde sich redlich um mich bemühten, zog ich mich fast ganz zurück und zerfloss in Selbstmitleid. Ich war abhängig: emotional abhängig. Mein Gehirn war das einer Süchtigen. Niemals zuvor hatte ich eine so starke Abhängigkeit entwickelt. Die kurze beziehungslose Zeit nach dem langen Zusammensein mit Kathi musste mich dermaßen traumatisiert haben, dass ich mein ganzes Wesen aufgab, um einer mir nicht einmal seit einem Jahr bekannten Person »anzuhangen«. Ich war nicht mehr ich selbst und spürte das. Jede Zelle meines Körpers, jeder Bereich meiner Seele schrie »Rette mich!«, denn ich wusste nicht, wie ich überleben sollte.

Wie in einem schlechten Film lief mein bisheriges Leben vor mir ab, als mir an jenem Sonntagmorgen die Körner-Semmel nicht hinunter rutschte, das Frühstücksei kalt wurde und ich auf dem Küchenboden zusammenbrach. Erst am frühen Nachmittag ließen meine Weinkrämpfe nach, und ich kam langsam wieder zu mir. Ich setzte mich auf das Wohnzimmersofa und richtete meinen Blick auf die Gegenwart: Wie ein schmieriger Schleim überzog mich der Hass auf mich selbst, auf meine Würdelosigkeit, auf meine Abhängigkeit, auf meine Schwäche und auf mein Mimöschen-Sein. Nichts an mir gefiel mir noch. Große Leere. Große Stille. Großer Schmerz. Ich starb, langsam und qualvoll. Aber leider starb nicht der »böse Mensch« – mein egoistisches und abhängiges Sein – sondern die doch früher immerhin noch nach Gott und nach der Liebe suchende Teresa.

In dieser Phase der erkannten Abhängigkeit, der stärksten Unfreiheit und der größten Ablehnung meiner selbst wies ich Gottes Lebensplan für mich zurück. Ich war wie »fremd-gesteuert«. Gefühle des Neides und der Eifersucht, Laster und Begierden ließen mich nicht zur Ruhe kommen. Aufgrund der tiefen Verletzungen war jegliche positive Erinnerung an Gott in mir ausgelöscht. Nichts Schönes oder Gutes konnte mein Herz mehr erfreuen. Ja, es konnte mich nicht einmal mehr erreichen. Hatte ich auch nie an der Existenz Gottes gezweifelt, so zweifelte ich jetzt sehr wohl daran, dass Gott nur Gutes für mich wollte. Dadurch zog ich den Fehlschluss, dass es in meinem Leben – in meinem Sein, in dem, wie und was ich bin – nichts Gutes gäbe und auch nie geben würde. Ich glaubte, dass der einzig Gute, nämlich Gott, zwar existiert, aber – zumindest für mich – nichts Gutes auf Lager hat.

Das Ende mit Rita ist schnell erzählt. Einmal in der Woche durfte ich sie anrufen. Ich spürte von Mal zu Mal mehr, dass ich sie verloren hatte. Nach eineinhalb Monaten besuchte ich sie in Paris. Als sie mir schon am Flughafen den Begrüßungskuss verweigerte, wusste ich, dass es aus war, auch wenn es noch bis nach ihrer Rückkehr dauerte, bis sie die Beziehung offiziell beendete. Den »Verlobungsring« versenkte ich danach in der Isar.

Dass Rita mich, während wir zusammen waren, mit ihrem Ex-Freund und einer anderen Frau, mit der sie sich dann kurz nach unserem Beziehungsende »verpartnerte«, betrogen hatte, erfuhr ich zufällig ein Jahr später auf einem schwul-lesbischen Straßenfest. Auch wenn ich zu diesem Zeitpunkt emotional nicht mehr an sie gebunden war, verletzte es mich dennoch, die damaligen Befürchtungen doch noch bestätigt zu sehen.

Heute bin ich der Überzeugung, dass Ritas Denken, Fühlen und rücksichtsloses Verhalten mit großer Wahrscheinlichkeit von ihrer Lebens- und Familiengeschichte stark beeinflusst worden ist. Denn die Erfahrung zeigt, dass Menschen mittragen an den Auswirkungen der Schicksale, des Verhaltens, der Lebenseinstellungen und der seelischen Wunden ihrer Vorfahren, ob sie es wollen oder nicht. Je gewichtiger diese ererbten Lasten sind, desto stärker beeinträchtigen sie auch die nachfolgenden Generationen.

Ritas Eltern waren liebenswerte und gastfreundliche Menschen. Ihr Vater war als Vollwaise aufgewachsen. Er war ein Baum von einem Mann und strotzte nur so vor Kraft. Doch oft konnte ich hinter dieser scheinbar geradezu antrainierten Manneskraft den kleinen, armen, sich nach Elternliebe sehnenden Jungen spüren. Als wir einmal zu Besuch kamen, zeigte er mir seine Werkstatt. Sie war gut sortiert, und alles war an seinem Platz. Voller Enthusiasmus erklärte er mir geduldig die einzelnen Maschinen und ihren Einsatzzweck. Ritas Mutter hatte das ganze Haus mit liebevollen Dekorationsgegenständen geschmückt. Es war stets aufgeräumt und sauber, wenn wir sie besuchten, aber nicht nur zu diesem Anlass, sondern immer. Heute denke ich, dass für Ritas Eltern die äußere Ordnung hilfreich war, um zu einer inneren Ordnung zu finden, die ihnen nach einer für beide schweren Kindheit mit großen Sorgen und Nöten Halt gab.

Ihr Vater wünschte sich, dass es seiner Tochter gut ginge und sie eine »ganz normale, deutsche Familie« gründete, hatte er dies doch in seinen Kindheitstagen vermissen müssen. Auch wenn er keinesfalls rassistisch war, so durfte die Beziehung seiner Tochter zu einem »schwarzen amerikanischen Soldaten« dennoch nicht sein. Als sich Rita dann – aus Rebellion – mit achtzehn Jahren von einem dieser Soldaten schwängern ließ, zwang sie ihr Vater zur Abtreibung. Ein Jahr später passierte das Gleiche noch einmal. Das Verhältnis zwischen Vater und Tochter war daraufhin jahrelang zerrüttet. Die Mutter, die selbst schon früh ihren Vater verloren hatte, konnte bei allem Engagement keine Stütze sein. Zu schwach war ihr Wunsch oder ihre Fähigkeit, die Bedürfnisse ihrer Tochter wahrzunehmen oder zu verteidigen.

Nie werde ich Ritas von Schmerz verzerrtes und von Tränen überschwemmtes Gesicht vergessen, als sie mir vom Tag ihrer ersten Abtreibung berichtete. Nach mehr als zehn Jahren schilderte sie jedes Detail, als ob es erst am Vortag geschehen wäre. Des Öfteren erzählte sie, dass sie ihre Kinder im Traum gesehen hatte – jeweils in dem Lebensalter, das sie im Fall einer Geburt gehabt hätten. Dabei erwähnte sie, dass sie ihren beiden abgetriebenen Kindern später Namen gegeben hatte, was wohl für sie lebensnotwendig und vielleicht auch einigermaßen tröstlich war. Auf diese Weise konnte sie sich ganz bewusst zu ihnen bekennen und sie in die Liebe ihres Herzens hineinnehmen. Doch all diese schicksalhaften Ereignisse hatten tiefe Wunden in Ritas Seele hinterlassen.

Viel habe ich aus dieser Beziehung gelernt, auch oder gerade, weil sie so schmerzhaft war. Rita habe ich nie mehr wieder gesehen, noch erfahren, was aus ihr geworden ist. Es dauerte schlussendlich mehr als ein Jahrzehnt, bis ich ihr im Rahmen meiner therapeutischen Begleitung verzeihen konnte. Für meine Bereitschaft zur Vergebung war die Kenntnis ihres persönlichen Schicksals wesentlich und hilfreich. Möge Rita zu Jesus zurückfinden, über den wir damals ganz zu Anfang so wunderschön miteinander hatten sprechen können …

Glückstreppe

Nach der Beziehungskatastrophe mit Rita zog ich Zwischenbilanz. Ich wollte wissen, wann und unter welchen Umständen ich bislang so richtig glücklich gewesen war. Bei der Phrase »glücklich sein« kamen in mir allerdings einige unangenehme Gedanken und mulmige Gefühle hoch, spürte ich doch deutlich die Schmerzen meiner jahrelangen Suche nach Glück: »Was ist das eigentlich: Glücklich sein? Gibt es denn nicht einfach eine – für jeden gültige – Definition dessen, was Glück ist? Und, da mir eine solche bislang noch nicht begegnet ist, dann zumindest einen Hinweis, wie ich mein Glück finden kann?«

Mir schien, dass das Leben weder eine einfache noch komplexe Mathematik ist, sondern viel umfassender, tiefer, höher, und breiter, als wir es je erahnen könnten. Ich sann nach und konstruierte meine Glücksskala: Anfänglich verwechselte ich wohl Glück mit der Tatsache, dass es mich oberflächlich beruhigte und froh machte, wenn ich nicht allein sein musste. Sobald eine Beziehung zu Ende war, war ich unglücklich. Bei genauerer Betrachtungsweise erkannte ich später aber, dass ich auch während meiner Beziehungen unglücklich war. Ich war demnach unglücklich mit und ohne lesbische Beziehung. Ergo beschloss ich, mich darauf festzulegen, dass es sowieso »das Glück« gar nicht geben kann, sondern nur eine Art Schattierung, oder sagen wir Graduierung der verschiedenen Stufen von mehr oder weniger Unglücklich-Sein. Dabei schien aber die Phase des Nicht-Unglücklich-Seins für mich noch lange nicht gleichbedeutend zu sein mit einem Zeitabschnitt des Glücklich-Seins.

War es demzufolge möglich, dass die höchste Stufe des Glücklich-Seins in einer Beziehung dennoch tiefer lag als die höchste Stufe des Unglücklich-Seins in einer Beziehung, d. h. überwog unterm Strich das Schlechte? Ich musste mir eingestehen, dass dies meistens der Fall gewesen war. Die logische Konsequenz hätte demnach sein müssen, mich nicht mehr auf weitere Beziehungen einzulassen. Doch ich befürchtete, dabei eine Milchmädchen-Rechnung zu machen, da ich zunächst einmal nur das Verhältnis von Glücklich-Sein zu

Unglücklich-Sein innerhalb einer Beziehung betrachtet und bewertet hatte. Ich hatte aber noch nicht die Phasen der Beziehungslosigkeit mit einbezogen. Ich erweiterte also meine Zwischenbilanz und fragte mich: Übersteigt die Stufe des größtmöglichen Unglücklich-Seins in einer Beziehung die des größtmöglichen Unglücklich-Seins in Zeiten ohne Beziehung? Die Antwort war: »Ja!«, d. h. ich war in Zeiten ohne Beziehung zwar auch oft unglücklich, aber in Summe und vor allem an Intensität nie so sehr wie in meinen Beziehungen.

Nun begann ich, die Sinnhaftigkeit menschlicher Beziehungen grundsätzlich infrage zu stellen. Der Reihe nach betrachtete ich die mir bekannten Beziehungskonstellationen aus dem Umfeld meiner Familie, Verwandtschaft, Freunde und Bekannten. Unter dem Strich konnte ich das Zusammenleben in Beziehung – und zwar völlig unabhängig von der sexuellen Orientierung – nicht als erstrebenswert erachten. Allzuwenig waren die positiven Vorbilder und konkreten Beispiele von gut funktionierenden Ehen oder Partnerschaften. Überall ächzte und krachte es, und in den meisten Fällen entwickelten sich aus einstigen Liebesbeziehungen bloße Zweck- oder Wohngemeinschaften!

Ich war am Ende, als ich erkannte, dass ich mit meinem homosexuellen Lebensmodell gescheitert war. Aber dass die Heterowelt auch keinen Deut besser zu sein schien, traf mich tief im Innersten. Ich steckte fest. Lesbische Beziehungen trieben mich ins Unglücklich-Sein, und die Ehe erwies sich als wackeliges Konstrukt, noch dazu mit der »Option auf Ewigkeit« – ein schauriger Gedanke. Und zu alledem sagte mir mein Gewissen, dass Gott als »Ehe« einzig und allein den

Bund zwischen Mann und Frau meinte und wünschte. Das kam für mich selbstverständlich nicht in Frage.

Dieses klassische Dilemma lähmte mich immer mehr und ließ mich in eine Starre fallen. Ich suchte weiter, suchte nach Antworten auf die Fragen: »Was ist das Glück? Gibt es das auch für mich? Gibt es das Paradies auf Erden? Oder ist Glück einfach nur so etwas wie ein guter Orgasmus, ein paar Sekunden, anschließend noch ein paar wohlige Gefühle, und das war's dann wieder? Und je nach Umständen mit einem längeren Vor- und Nachspiel? – Das kann es wirklich nicht sein, oder etwa doch? – Ist das vielleicht der Grund, warum so viel Sex nötig ist und warum dieses Thema, zumindest in meinem Homo-Umfeld, so beherrschend ist? – Nein, das ist zu animalisch. Da muss es doch noch etwas anderes geben, etwas ganz Großes und Gewaltiges, etwas, das mich ganz erfasst und durchdringt, etwas, das sich mir einprägt und wie ein Siegel meinen Lebenslauf ziert! – Doch was ist das? Wo gibt es das? Was kostet das?« – Fragen über Fragen …

Die Geister, die ich rief

Da ich so schnell keine Antwort fand, begnügte ich mich mit einigen mehr oder weniger flüchtigen Bekanntschaften. Eine davon war Eva, eine attraktive Frau, die auf mich eine starke Anziehungskraft ausübte. Sie hatte gerade von ihrer Ex-Freundin den Laufpass bekommen und war so von sich selbst eingenommen, wie ich es zuvor und danach nicht mehr erlebt habe. Wir freundeten uns an. Sie war sehr sportlich, und so radelten wir in und um München herum, gingen in den einschlägigen Szenelokalen ein und aus und telefonierten regelmäßig miteinander. Durch die gemeinsam verbrachten Stunden half sie mir, in einer Zeit ohne Partnerin nicht allein zu Hause herumzuhängen. Ich war da für sie, indem ich mir ihre stundenlangen Erzählungen über ihre Ex anhörte und ihr damit bei der Verarbeitung ihrer Probleme ein wenig zur Seite stand.

Die Tatsache, dass sie mich sexuell stark anzog, blockierte jedoch sehr oft mein Denken. Solche »Denk-Blockaden«, die wir vor allem den Männern unterstellen, gibt es demnach auch bei Frauen. Ich ließ mir von ihrer schnippischen, nicht selten arroganten und dominanten Art viel gefallen. Zugleich warnte mich aber ein inneres Gefühl, dass mit dieser Person irgendetwas nicht stimmte. Mir fiel auf, dass sie auf eine seltsame Art und Weise anders war als alle meine bisherigen Bekannten und Partnerinnen.

Ohne mich jemals mit »Okkultismus« und »Esoterik« auseinandergesetzt zu haben, hatte ich keine Ahnung, was es bedeutete, als sie mir berichtete, dass sie eine »Ausbildung zur Reiki-Meisterin« machte. Ich fragte nach, war aber als technisch orientierte Frau weder an einem solchen Thema interessiert, noch glaubte ich, dass das in irgendeiner Weise etwas Positives bewirken könnte. Ich hielt das alles für Humbug, fühlte jedoch, dass Eva davon geradezu in Bann gezogen war. Jedes Mal, wenn sie mich von Reiki, den damit verbundenen Methoden und irgendwelchen angeblich heilenden, energetischen Einflüssen zu überzeugen versuchte, verspürte ich eine starke innere Irritation und Ablehnung. Manchmal wurde mir richtig übel, und ich bat sie, mich mit diesem Thema nicht mehr weiter zu belangen. Sie nahm jedoch darauf keine Rücksicht und fing immer wieder damit an. Obwohl sie ihrer Ex-Freundin, einer bereits praktizierenden Reiki-Meisterin hörig und dieser, sowie deren Praktiken verfallen war, wollte sie mich als eventuell zukünftige Partnerin »austesten«. Ich spürte stark und sehr unangenehm, dass sie meinen freien Willen lahmlegen und mich von sich abhängig machen wollte, erst emotional, dann sexuell. Alles passierte auf ganz subtile Weise, langsam und kaum auffallend. Eines Abends versuchte sie, mich zu sexuellen Handlungen zu verführen, und es kostete mich nicht wenig, dieser Versuchung zu widerstehen.

Als ich mit der Zeit ihre Pläne durchblickte, beschloss ich, den Kontakt abzubrechen, um kein weiteres Risiko einzugehen. Sie war mir schlichtweg unheimlich. Nach einem gemeinsamen Konzertbesuch fragte sie mich fröhlich, was wir nun noch machen wollten. Mit festem Blick schaute ich sie an und sagte ihr, dass ich ihre Art und Weise, wie sie mich behandelte, nicht weiter billigen würde, und nichts mehr mit ihr zu tun haben wollte. Daraufhin ließ ich sie stehen und zog meines Weges. Das fiel mir nicht leicht, aber ich hatte in diesem Augenblick eine für mich geradezu starke intuitive Gewissheit, dass dieser Schritt notwendig war, um meinen Seelenfrieden nicht zu verlieren, und fand deshalb auch die Kraft dazu. Sie meldete sich nie wieder bei mir.

Was mir damals nicht bekannt war, ist die Tatsache, dass ich durch den Kontakt zu Eva und ihren Reiki-Praktiken dem »Okkulten« – und damit dem Bösen in Person – schon Tür und Tor zu mir geöffnet hatte, auch wenn ich sie nie eine dieser Rituale direkt über mich ausführen ließ. Jahre später forschte ich nach. Meine Recherchen ließen mich aufhorchen und erschreckten mich sehr: »Okkultismus« bedeutet nämlich »Geheimlehre« und beinhaltet Lehren und Behandlungsmethoden, durch die dem Menschen angeblich Macht über sein Schicksal, über die Materie und über seine Umgebung verliehen wird. Einige bekannte Praktiken sind Pendeln, Gläserrücken, Astrologie, Hellsehen, Spiritismus, Magie, Zauberei und besagtes Reiki. Letzteres ist ein okkult-magisches Ritual der Geistheilung. Die ganze Methode basiert auf fernöstlichem Hintergrund, und erhebt den Anspruch, die Wurzel der Erkrankungen bei Menschen, Tieren und Pflanzen zu heilen und damit den Weg zu »Harmonie« und »Erleuchtung« freizulegen. Reiki ist eng verbunden mit der Irrlehre von der Reinkarnation. Darüber hinaus besteht die Gefahr einer starken Abhängigkeit vom Lehrenden, dem »Meister« bzw. der »Meisterin«. Meine damalige Intuition, dass ein Kontaktabbruch zu meinem Schutz notwendig und sinnvoll gewesen war, bestätigte sich. Denn ich erfuhr, dass die angeblichen Erfolge auf körperlich-psychischem Gebiet bei den Menschen, die sich dem Reiki-Ritual unterziehen, negative Langzeitfolgen für Geist und Seele bewirken, die oft erst nach langer Zeit im Rückblick und im richtigen Kausalzusammenhang erkannt werden können.

Das Wort »Okkultismus« wird heute oft synonym mit dem Begriff »Esoterik« gebraucht. Esoterik ist keine Religion, sondern eine gebräuchliche Sammelbezeichnung für von der Anzahl her kaum mehr überblickbare Strömungen, Lehren und Praktiken, die alle im weitesten Sinne etwas mit religiösen, spirituellen und weltanschaulichen Fragen zu tun haben. Dabei werden religiöse und kulturelle Vorstellungen sowie Denkrichtungen aus verschiedenen historischen Epochen miteinander vermischt. Der Gott der Bibel und die Bibel selbst werden dabei abgelehnt oder umgedeutet und infrage gestellt. Der christliche Glaube unterscheidet sich demnach in wesentlichen Punkten vom esoterischen Weltbild. Das Gedankengut wie auch die Praktiken des Okkultismus und der Esoterik sind demzufolge mit den Grundsätzen des christlichen Glaubens unvereinbar!

Zur damaligen Zeit gab es noch weitere Berührungspunkte mit dieser Problematik. Ich hatte eine wirklich sehr liebenswerte Freundin, nicht Partnerin, die etwas älter war als ich. Sie hieß Christiane, war ebenfalls lesbisch und sportlich unterwegs. Mit zwei Jahren war sie Vollwaise geworden, da ihre Eltern bei einem Autounfall ums Leben gekommen waren. Mit Tränen in den Augen berichtete sie mir, dass sie bis zu ihrem achten Lebensjahr immer darauf gewartet hatte, dass ihre Eltern sie eines Tages aus dem Kinderheim abholen würden. Erst zu diesem Zeitpunkt machte ihr das Heimpersonal klar, dass ihre Eltern schon lange tot waren. Von diesem Trauma erholte sie sich wohl nie, auch wenn sie, eigenen Angaben zufolge, etwas später Aufnahme in einer guten Pflegefamilie gefunden hatte. Christiane war gläubig und betete, genau wie ich, um den mütterlichen Schutz zur Gottesmutter. Das verband uns sehr stark. Wir hatten eine wirklich innige Freundschaft und unterstützten einander in den Aufs und Abs unserer kleinen Lesbenwelt.

Aus mir nicht bekannten Gründen befasste sie sich mit dem »Pendeln«. Ich nahm das keinesfalls ernst. Dennoch drängte sie, mich einmal von ihr »überpendeln« zu lassen. Nur dunkel erinnere ich mich noch an das Metallstäbchen, das irgendwie vor meinem Körper in ihren Händen hin und her pendelte, habe aber keinerlei Erinnerungen mehr an ihre Interpretationen der Pendelbewegungen. Aus reiner Neugier, gepaart mit ein wenig Höflichkeit, ließ ich sie gewähren. Ich hatte keine Ahnung, was das Pendeln bedeutete, und war vertrauensselig, da Christiane ein hilfsbereiter Mensch war. Vermutlich dachte auch sie nicht im Traum daran, dass wir uns durch das Anwenden dieser manipulativen Methode unbekannten Kräften oder Mächten auslieferten, anstatt unser Vertrauen nur auf Gottes liebende Fürsorge zu setzen. Mit der Zeit fiel mir auf, dass Christiane in eine Art Abhängigkeit des Pendels geriet, da sie nicht einmal mehr kleinere Entscheidungen treffen wollte, ohne vorher »darüber gependelt zu haben«.

Sie legte zudem großen Wert auf Horoskope. Auch daran glaubte ich nicht. Wenn ich zuweilen Horoskope las, dann eigentlich nur deshalb, um mir meine Überzeugung zu bestätigen, dass diese nicht nur ein echter Nonsens sind, sondern noch weniger taugen als jede Bauernregel. Fragte man mich im Zuge der üblichen Stammtisch-Sternzeichen-Gespräche nach meinem Aszendenten, antwortete ich mit einem Grinsen auf dem Gesicht: »Augustiner Edelstoff«, das ist der Name meines Münchner Lieblingsbiers.

Als Nächstes überredete mich Christiane, gemeinsam mit ihr eine Astrologin aufzusuchen, die ihr »für die Zukunft einmal die große Liebe aus den Sternen herausgelesen hatte«, die aber bis dato noch im Universum unterwegs zu sein schien. In einem halb-dunklen Zimmer empfing uns eine freundliche, ältere Dame und bat uns, Platz zu nehmen. Sie nahm meine Daten auf: Geburtsdatum, Ort, Geburtsstunde und das Wetter zum Zeitpunkt der Geburt. Letzteres wusste ich natürlich nicht. Intensiv studierte sie diverse Karten mit Sternbildern und sonstige geheimnisvoll anmutende Schaubilder und Atlanten. Anschließend tat sie mir ihre Erkenntnisse und Analysen kund und kündigte mir eine in fernerer Zukunft eintretende, wundervolle, ein Leben lang haltende lesbische Beziehung an, ohne jedoch irgendwelche genaueren Erklärungen darüber machen zu können. Ihre Angaben waren mir viel zu ungenau und unvollständig, sodass ich diesen Hokuspokus nicht weiter ernst nahm. Es war genauso nichtssagend und unverbindlich wie es Horoskope üblicherweise sind – allgemein gehaltene Aussagen, d. h. es kann alles oder nichts eintreffen – außer man klammert sich daran, und es kommt dadurch zu einer »sich selbst erfüllenden Prophezeiung« oder zu einem »Placebo-Effekt«. Da ich damals gut verdiente, war für mich das Honorar zwar nicht schmerzhaft teuer, aber mir schien, ich hätte es besser in einen schönen Abend mit meinem Aszendenten investiert.

Heute bin ich zuweilen sehr überrascht über sich als treu bezeichnende Christen, die ihre Lebenssituationen lieber unter Zuhilfenahme von Horoskopen zu lösen versuchen, anstatt ihr Vertrauen auf Jesus und seine helfende und heilende Liebe zu setzen. Oft habe ich solche Personen als so selbstsicher auftretend erfahren, dass sie mich bei einem zarten Hinweis auf ihren Aberglauben mit einem mitleidigen Gesicht anblickten, so als wäre ich »eine arme Irre, die nicht einmal weiß, dass es ja schon zu Zeiten Jesu Sterndeuter gegeben hat und eine nach dem Mondkalender gestylte Haarfrisur viel besser gelänge als bei Nicht-Beachtung dieser bereits in der Entstehungsgeschichte von Himmel und Erde extra erwähnten Sterne und Planeten ... «

Aus alledem habe ich gelernt, dass es wichtig ist, zu schauen, »wess' Geistes Kind« jemand ist. Wachsamkeit und Aufklärung sind gefragt. Gar kein so leichtes Unterfangen. Ganz besonders deutlich wurde mir das vor Augen gestellt in Zusammenhang mit einem Verhältnis, das ich mit einer bisexuellen Masseurin hatte. Sie hieß Isabelle. Als wir uns kennenlernten, war sie kurz davor zu heiraten, verliebte sich aber in mich. Wir verspürten beide eine starke sexuelle Anziehung. Sie hatte laut ihren eigenen Aussagen viel mit »Spiritismus«, d. h. mit Geister- und Totenbeschwörungen, zu tun und demnach schon reichlich okkulte Praktiken vollzogen. Mich interessierte das zwar keineswegs, dennoch fühlte ich mich, wenn ich bei ihr zu Hause war oder von ihr massiert wurde, wie gebannt, gelähmt und in meinem freien Willen eingeschränkt. Damals erkannte ich aber den Zusammenhang nicht. In meiner vor allem auf die Befriedigung des Sexualtriebes ausgerichteten Denk- und Verhaltensweise nahm ich diese Unklarheit, Unsicherheit und Einschränkung meiner Freiheit in Kauf. Doch nach ein paar Monaten beendete ich die Liaison, denn Isabelle ging mir mit ihrem Doppelleben samt ihrer Aufdringlichkeit auf die Nerven. Ich ärgerte mich über mich selbst und bereute, mich überhaupt auf eine solche Verbindung eingelassen zu haben. Noch heute befällt mich ein ungutes Gefühl, wenn ich an diese Frau denke.

Ich habe zwar esoterische und/oder okkulte Praktiken nie ernst genommen oder selbst ausgeführt, bin aber durch die geschilderten Umstände dennoch damit in Berührung gekommen. Auf diese Weise habe ich deren negative Effekte unbewusst und ungewollt in mich hinein gelassen, wodurch mein Gewissen verformt wurde, wie ich nach und nach feststellen konnte. Dadurch ist es mir immer schwerer gefallen, Gut und Böse zu unterscheiden, und die Hemmschwelle für moralisch verwerfliche Gedanken und Handlungen ist von Mal zu Mal geringer geworden.

V. Tiefer geht's nicht

Auch wenn es merkwürdig klingen mag, so hatte ein Fahrrad-unfall für mich durchaus einen charmanten Aspekt, schaffte er doch die Voraussetzung dafür, dass ich meinen Lebensweg nicht mehr unreflektiert einfach so weitergehen konnte. Auf dem Rückweg von einem Bundesligamatch im Olympiasta-dion kam ich mit dem Fahrrad in eine Straßenbahnschiene und wurde katapultartig zu Boden geschleudert. Ich atmete erst einmal tief durch. Meinem Schutzengel sei Dank, hat-te ich unmittelbar vor der Abfahrt meine dicke Jacke in den Rucksack gestopft, sodass mich dieser engelgleiche Airbag davor bewahrte, mit dem Kopf auf die Schienengleise aufzu-schlagen. Noch auf dem Boden liegend, hörte ich schon das Bimmeln einer herannahenden Tram. Ich entwirrte meine Beine von dem ziemlich verbogenen Fahrgestell, klaubte mei-ne geschundenen Knochen zusammen und bemühte mich, so schnell wie möglich das Feld zu räumen. Ich hatte arge Prellungen an Fuß und Schienbein, allerhand Abschürfungen und was es sonst noch bei solchen Stürzen zu bejammern gibt. Alles in allem zu wenig fürs Krankenhaus, jedoch zu viel für einen Büroalltag. Ich pflegte also meine Blutergüsse und kühlte mich von innen und außen ab.

Nach den ersten Ruhetagen kamen mir auf einmal quälende Gedanken: »Beim Fahrradfahren wurde ich jählings gestoppt, und zwar so heftig, dass ich nicht mehr weiterfahren konnte. Hat das was zu bedeuten? Und wenn ja, was? Habe ich viel-

leicht einen Hirntumor und Gleichgewichtsprobleme? – Blödsinn. Bin ich überarbeitet und unkonzentriert? – Überarbeitet
schon, aber das ist ja nichts Neues, und die letzten Wochen
waren relativ normal. Ist mein Fahrrad nicht in Ordnung? –
Nein, alles wird doch regelmäßig gewartet. Aber warum knal-
le ich denn gleich so auf, dass ich nicht zur Arbeit kann? Wer
oder was wollte mich aufhalten? Und vor allem, warum? … «
Zuerst wurde ich stutzig, dann immer nachdenklicher, bis
mich ganz langsam unendliche Traurigkeit und tiefe Depressivität überkamen.

In einem kurzen Anflug von Freude schien ich die Antwort zu finden: »Das ist einfach nur eine fette Midlife-Crisis.«
Erleichterung machte sich breit, während ich erst einmal gemütlich auf dem Balkon Platz nahm. Die Abendsonne lachte
mich an. Ich gönnte mir ein Gläschen Prosecco und redete
in großväterlicher Pose auf mich ein, dass dies ganz normal
wäre und zu einem guten Reifeprozess dazu gehörte. Ich
nahm einen großen Schluck und spürte so etwas wie Gelassenheit. Bald fühlte ich mich wie ein weiser, alter Mann im
Körper einer mittel-jungen Frau, die nur ein bisschen überarbeitet war und deswegen die Sinnhaftigkeit ihrer Existenz
hinterfragte. Nichts, was einem Angst machen müsste. Dennoch war ich unruhig, und mit einem Mal blubberten wie die
Perlen im Prosecco-Glas erneut die Fragen aller Fragen nach
oben: »Bin ich eigentlich glücklich? Was bin ich? Wer bin ich?
Und vielmehr: Was ist meine tiefste Sehnsucht?«

Lange sann ich nach, fand jedoch keine Antwort. Mittlerweile war es dunkel, und die nächtliche Sommerkühle hatte
mich längst nicht nur von außen erfasst. Eiseskälte packte

mich. Tränen liefen mir übers Gesicht. Ich wollte mich erheben, doch die Last meiner Leere hielt mich im Liegestuhl
niedergedrückt. »Wo bist du, Liebe? Wo ist die Person, die
mich liebt und die ich liebe? Mein Herz droht zu verbluten.
Hilfe!«, schrie ich von meinem Balkon. Mein Blick schweifte
umher und blieb bei dem schönen Kirchturm hängen, von
wo sich kürzlich jemand hatte in die Tiefe stürzen wollen.
»Oh, wie gut kann ich den verstehen. Ob der geliebt war und
jemanden zum Lieben hatte?«

Ich sackte innerlich zusammen. »Wozu all die Kämpfe
und Krämpfe? Wozu all das Leid, wenn mich sowieso niemand liebt? – Klar doch, ich weiß schon, dass meine Familie mich liebt, selbstverständlich, und dafür bin ich wirklich
sehr dankbar. Und meine Freunde, ich meine die wahren, die
lieben mich auch, sicher, die haben immer zu mir gehalten,
und als die diversen Beziehungen aus waren, haben sie mich
liebevoll aufgefangen. Und das bereits seit so vielen Jahren.
Ist das vielleicht keine Liebe? – Natürlich ist das Liebe und
was für eine!« Ich beruhigte mich ein wenig und fühlte mich
nur noch halb so elend. Vor dem Einschlafen ging es jedoch
munter weiter: Schmerzvoll wurde mir klar, dass mein Leben nicht nur keinen Sinn hatte, sondern vielleicht nie einen
haben würde. Ich stellte fest, dass ich wertvolle Zeit verplem-
pert hatte, und mir schien, dass es jetzt, mit achtunddreißig
Jahren, eigentlich schon viel zu spät war, um meinem Leben
noch einen Sinn zu geben. Ich hatte keine Kraft und auch
keine Lust mehr auf dieses Leben. Träne um Träne durch-
nässte mein Kopfkissen … Wie ein Horrorfilm liefen die
Erinnerungen an einige erst kurz zuvor erlittene, seelische

Verwundungen vor meinen Augen ab. Es waren gerade einmal drei Monate vergangen seit dem Aus mit der Frau, die ich einst als die »Liebe meines Lebens« erachtet hatte.

Die Rede war von Maricarmen. Sie war eine gut aussehende, bisexuelle Kolumbianerin, die ein paar Jahre jünger war als ich. Mit ihrem südamerikanischen Temperament und einigen meine Neugier weckenden Allüren hatte sie mich gleich in ihren Bann gezogen. Wir sprachen Englisch miteinander, da sie erst seit kurzem in Deutschland weilte. Sie lebte mit ihrem Freund Roland zusammen, der ihre Bisexualität und infolgedessen unsere Beziehung duldete. Maricarmen hatte ihn in Kolumbien kennengelernt. Nachdem sie sich von ihrem gewalttätigen Ehemann hatte scheiden lassen, fand sie in dem »netten, deutschen Mann« vor allem die finanzielle Absicherung, die ihr so wichtig war, und konnte auf diese Weise endlich dem sozial schwachen Milieu ihrer Heimatstadt entkommen.

Wenn Roland für mehrere Tage beruflich unterwegs war, kam Maricarmen zu mir nach Hause. Demnach entschied sie, wann wir uns trafen und für wie lange. Unsere Zweisamkeit war geprägt von einer enormen gegenseitigen emotionalen Abhängigkeit, die wir zunehmend sexualisierten. Wir »spielten« Mann und Frau, und sie fand Freude an einer devoten Rolle und dementsprechenden Sexspielen. Zunächst schien alles prima zu laufen. Wir hatten viele schöne gemeinsame Stunden. Ich fühlte mich wohl in ihrer Gegenwart, und ihr exotisches Äußeres reizte mich sehr. Immer wieder beteuerte sie mir ihre große und tiefe Liebe. Auch ich hatte starke Gefühle und war noch nie zuvor derart in jemanden verliebt gewesen. Daher glaubte ich fatalerweise, dass unsere Beziehung etwas mit Liebe zu tun hätte, und unterlag so dem Trugschluss, dass sie eines Tages die Beziehung mit Roland beenden würde.

Wenige Wochen, nachdem wir ein Paar geworden waren, offenbarte sie mir, dass sie Roland »aus rein finanziellen Gründen« heiraten würde, dass ihr aber ansonsten die Ehe nichts bedeutete und das Ganze völlig irrelevant für unsere Partnerschaft sei. Ich war geschockt, wie gelähmt und ratlos. Dennoch konnte ich die Beziehung nicht sofort beenden und ließ zunächst alles weiterlaufen wie bisher. Auf Dauer war jedoch das Dreiecksverhältnis zwischen Roland, ihr und mir unerträglich und ich machte mit Maricarmen Schluss. Doch einige Tage danach rief sie mich um Mitternacht an und sagte mir unter Tränen, dass sie sich extra das Rosenkranzgebet im Internet heruntergeladen und »für unsere Liebe gebetet« hätte. Sie war katholisch, praktizierte ihren Glauben aber ebenso wenig wie ich. Eigentümlicherweise hatten wir beide dennoch große Sehnsucht nach einer persönlichen Beziehung mit Gott und sprachen wie schon zuvor auch in jener Nacht über Gott und die Liebe: Wir waren überzeugt davon, dass Gott auf gar keinen Fall etwas gegen die Liebe hätte. Und da wir irrtümlich glaubten, dass unsere lesbische Beziehung wahre Liebe wäre, konnte unsere Beziehung demnach gar nicht anders als von Gott gewollt, gebilligt und gesegnet sein. In diesem, jeder Vernunft widersprechenden Denken gefangen, ließ ich mich breitschlagen und kam wieder mit ihr zusammen. So ging es einige Male hin und her.

Mit der Zeit wurde die emotionale und sexuelle Abhängigkeit zwischen uns noch stärker. Maricarmen bedeutete mir sehr viel, ich wollte mit ihr mein Leben verbringen und bot ihr sogar an, gemeinsam mit ihr in Kolumbien eine neue Existenz aufzubauen. Sie war alles für mich, und ich vernachlässigte ihr zuliebe viele freundschaftliche sowie familiäre Verpflichtungen. Sie nutzte jedoch meine Blindheit aus: Zunächst einmal ließ sie sich finanziell von mir aushalten, genoss unsere abwechslungsreichen Freizeitaktivitäten und lernte auf meine Initiative hin Deutsch. Anschließend versprach sie mir, sich rasch eine eigene Arbeit suchen zu wollen, um von Roland unabhängig zu sein und ihn dann schon bald verlassen zu können. Allerdings kam ich rasch dahinter, dass alles nur gelogen war. Mit diesen ausgeklügelten Finessen hielt sie mich bei der Stange. Aus dem Bett ihres Ehemannes stieg sie in das meinige und schwor mir, nichts mehr mit ihm zu haben. Ich fragte sie des Öfteren, warum sie dann noch die Spirale trug. Es kam jedoch keine Antwort. Sie log mir direkt ins Gesicht, und ich wusste es. Wie tief war ich gesunken! Jede ihrer Demütigungen und Lügen schoss pfeilscharf in mein Herz und hinterließ tiefe Wunden. Über viele Monate ging das so weiter. Meine Freunde machten sich große Sorgen, denn ich war wie »ausgewechselt«. Auch hatte ich ziemlich abgenommen, und die dunklen Ränder unter den Augen ließen mich aussehen wie der Tod auf Urlaub. Ich litt furchtbare Seelenqualen, war aber nicht in der Lage, mich von Maricarmen zu trennen.

Mein Gewissen macht Überstunden

Meine Umnachtung ging so weit, dass ich eines Tages sogar eine »Geschlechtsumwandlung« von einer Frau zu einem Mann in Erwägung zog. Nichts von alledem, was ich aus meiner sündhaften Vergangenheit bislang niedergeschrieben habe, ist mir so peinlich und unangenehm wie der Bericht über diese größte, selbst verschuldete Gottesferne, die ich je in meinem Leben erfahren habe. Alles begann mit harmlosen Rollenspielen zwischen Maricarmen und mir, bei denen ich die männliche Position innehatte und sie »das Weibchen« war, was ganz ihrem Naturell entsprach. Die in meinem beruflichen Umfeld längst erprobte Männerrolle war mir wie auf den Leib geschnitten. Wir bereicherten unseren Theaterauftritt durch ein mannigfaltiges Portfolio aus heimischer Kleiderkammer und Schminkset. Von außen betrachtet, war ich für meine Partnerin »der perfekte Mann«, hatte – im Gegensatz zu ihrem Ehemann – noch Haare auf dem Kopf und war beim Akt zärtlich und einfühlsam.

Aber mit der Zeit spürten wir beide, dass eben alles nur ein Spiel war. Anstatt es einfach dabei zu belassen, wurden wir in unserer gegenseitigen sexuellen Anziehung so fehlgeleitet, dass Maricarmen eines Tages den Wunsch äußerte, ich sollte doch mal über eine Geschlechtsumwandlung nachdenken. Spontan lehnte ich das ab, denn es schien mir schlicht zu weit zu gehen. Dennoch reizte mich der Gedanke, und ich fragte mich, ob es vielleicht irgendwelche Aspekte geben könnte, über die ich einmal nachsinnen sollte, wie z. B. das Körperliche und den Sex. Ersteres erschien mir zunächst weniger begehrenswert. Und im Bereich unseres Sexlebens war ein Nachdenken ohnedies überflüssig, da wir bereits Sex mit Gummipenissen oder sonstigen Phallus-ähnlichen Artikeln praktizierten, und meine Holde auch so zu einem erfüllten Orgasmus kam.

Trotzdem fühlte ich mich aufgewühlt und begann, in Gedanken eine Umwandlung nachzuvollziehen: »Mein Busen soll einfach abgeschnitten werden? Aha. Aber vielleicht bekomme ich dann bald eine Glatze, obwohl ich noch nicht einmal vierzig bin? Werde ich beim gleichen Job mehr Geld verdienen? Habe ich automatisch mehr Muskelkraft? Und kann ich mir einen Bart stehen lassen? … « Die letzten beiden Ideen reizten mich, denn ich erinnerte mich nur allzu gut daran, wie Kräfte raubend es gewesen war, bei den vielen Umzügen die schweren Kisten schleppen zu müssen oder die Möbel ab- und aufzubauen. Die Möglichkeit, mir einen Bart wachsen lassen zu können, fand ich spannend. Schon als Kind hatte ich mir beim Baden einen Schaumbart gemacht und mich danach angeregt im Spiegelschrank betrachtet. Je mehr ich mich in diese Materie vertiefte und tatsächlich eine Umwandlung erwog, umso weiter entfernte ich mich von Gott, meinem Schöpfer. Das machte sich vor allem bemerkbar in innerer Kälte und einer mir bis dato unbekannten Empathielosigkeit. Ich war wie tot, gefühllos, kümmerte mich nicht mehr um mir liebe Personen und hatte zudem einen stark eingeschränkten Blick für die Realität.

Schließlich begann ich mit der Internet-Recherche über eine »Geschlechtsumwandlung« und die damit verbundenen operativen Eingriffe, Hormonbehandlungen und die diversen therapeutischen Begleitmaßnahmen. Schnell wurde mir klar, dass der Begriff »Geschlechtsumwandlung«, der umgangssprachlich verwendet wird, genau genommen total absurd ist, denn die Chromosomen, die unter anderem das Geschlecht als Erbinformation beinhalten, werden überhaupt nicht verändert. Es handelt sich dabei um chirurgische Eingriffe und medikamentöse Behandlungen, die auch als »geschlechtsangleichende Maßnahmen« bezeichnet werden.

Als ich im Jahr 2003 zum ersten Mal die für mich in hohem Maße ekelerregenden Bilder einer solchen »körperlichen Geschlechtsanpassung bzw. -angleichung« sah, erbrach ich mich fast auf die Tastatur. »Und das soll mich dann zu einem Mann machen? Ein unansehnlicher Pseudo-Penis mit einer künstlichen Handpumpe zur Erektionssteuerung, dessen Fleischmasse aus meinem Arm und/oder Oberschenkel geformt wird und sichtbare hässliche Narben hinterlassen würde und den ich vor dem Akt erst mal per Pumpe zum Stehen bringen muss? Und an dessen Spitze wird dann, mit etwas Glück, meine ehemalige Klitoris so dran gebastelt, dass sie mir voraussichtlich einen Super-Orgasmus beschert. Dazu vielleicht ein Bart und ein paar Muckis mehr … «

Die Details des operativen Eingriffs schockten mich sehr, weil ich damit nicht gerechnet hatte. Je mehr ich darüber nachsann, desto schlechter ging es mir. Denn mir wurde klar, dass mein jetziger Zustand als Frau, auch wenn ich mich nicht vollkommen damit identifizieren konnte, auf jeden Fall das geringere Übel war, als nach einer Operation dann nicht einmal ein »richtiger, echter Mann zu sein. Und überhaupt, wie würde meine Familie damit umgehen? ›Hallo, Mama, hier ist … äh … ‹ Wie würde ich dann heißen wollen?

War nicht etwa mein Name wie auf mich zugeschnitten?« Selbstverständlich war er das, und ich wusste das alles ganz tief in mir. Anschließend stellte ich mir den Geschlechtsakt vor. Danach das Urinieren neben anderen Männern auf einer Bahnhofstoilette. Des Weiteren einen Umkleideraum im Sportklub und zum Abschluss die gemischte Sauna. Kalter Schweiß rann mir über den Rücken.

Mein Gewissen machte Überstunden … Unaufhörlich klagte es mich an, mich selbst unglücklich machen zu wollen. Als ich nämlich konkret darüber nachsann, das mir von meinem Schöpfergott in seiner Weisheit und Liebe zugewiesene weibliche Geschlecht durch eine Operation zu »ändern«, war es so, als ob jemand in meiner Seele das Licht ausschalten würde, und zwar für immer und ewig. Niemals zuvor und niemals danach habe ich mich so weit entfernt und im wahrsten Sinne des Wortes so von Gott getrennt gefühlt! Wie nie zuvor spürte ich tief in mir, dass Satan – auch bekannt als »der Böse« oder als »Diabolos«, d. h. Durcheinander-Bringer – meine Gefühle und Gedanken verdrehte, mich verwirrte und immer mehr in seine Schlingen zu verwickeln suchte. Mich auf so fundamentale Anpassungen meiner Person, ja meines ganzen Wesens, einzulassen, erschien mir daher wie ein Höllentrip ohne Rückfahrticket. Verstärkt wurde dieses Empfinden noch durch die Tatsache, dass eine »Geschlechtsumwandlung« meist irreversibel ist, da der Ausgangszustand später nicht mehr wiederhergestellt werden kann.

Welche Folgen das hätte haben können, kam mir eines Tages lebendig vor Augen: Bei einem der Besuche in meinem Lieblings-

Lesben-Lokal machte ich eine schockierende Entdeckung. Ich sah einen so genannten »Transmann«, also eine Frau, bei der schon der »Geschlechtsumwandlungsprozess zum Mann« vollzogen worden war. Wir kannten uns flüchtig, hatten hin und wieder locker miteinander geplaudert, aber seit über einem Jahr waren wir uns nicht mehr begegnet. Beinahe wäre ich an »ihr« vorbeigegangen, so »ent-stellt« sah »sie« aus. Die Entstellung betraf dabei jedoch nicht vorrangig die äußeren Merkmale »ihrer« Umwandlung, wie den Bartwuchs und die nicht mehr vorhandenen Brüste. Nein, es waren vielmehr »ihr« Inneres, »ihre« Ausstrahlung und »ihr« Auftreten, die sich so verändert hatten.

Mit halb offenem Mund grüßte ich »sie« bzw. ihn und fragte wie ferngesteuert, wie es ihm ginge. Er berichtete von den Hormonbehandlungen und Operationen und dass er mit dem Verlauf ganz zufrieden wäre. Dann machte er eine kurze Pause und schaute sich verlegen um. Es fiel mir schwer, seinen Worten Glauben zu schenken, denn sein tieftrauriges Antlitz und der leere Blick überzeugten mich nicht davon, dass er an seinem Wunschziel angekommen war und sich wohlfühlte. Er schien mir hilflos und verloren, von unendlicher Einsamkeit umgeben. Bei allem Wohlwollen konnte ich mich nicht des Eindrucks erwehren, dass er sich mit seiner Zufriedenheitsaussage nur selbst Mut zusprach und seine Handlung rechtfertigen wollte.

Wie schon früher als Frau, so war er auch diesmal allein unterwegs. Ich blickte ihn voller Mitgefühl an und fragte mich: »Was ist bloß geschehen? Warum hat sie das getan? Was hat sie sich davon erhofft?« Gerne hätte ich ihn in den Arm genommen und an mich gedrückt, denn er tat mir aufrichtig leid. Das ganze Sein dieses Menschen – aus meiner Sicht trotz der »geschlechtsangleichenden Operation« nach wie vor geprägt vom Wesen einer Frau – schien mir dermaßen aus den Fugen geraten, dass ich keine Worte fand. Und das lag keineswegs daran, dass ich ihn zunächst als Frau kennengelernt hatte und mir nun alles ein wenig ungewöhnlich vorkam. Noch dazu war ich ja selbst dabei, den gleichen Schritt in Erwägung zu ziehen. Nein, in der Tat war diese einstige Frau »wie umgewandelt«. Sein sanfter Blick, seine kleinen Hände, die sich fast verstohlen an seinem zarten Milchbart festzuhalten versuchten, und seine viel zu helle Stimme passten nicht zu dem, was er vorgab zu sein. Nichts, einfach gar nichts, war an seinem Platz.

Während ich mich anstrengte, mir meinen Schock nicht anmerken zu lassen, sagte er noch ein paar belanglose Dinge, aber ich konnte ihn nur anschauen und fassungslos vor ihm stehen. Mitten in einem Lesben-Lokal stand eine Frau vor mir, die ein Mann geworden war, aber allem Anschein nach nur äußerlich. Ich wünschte ihm alles Gute und verabschiedete mich. Danach habe ich ihn nie mehr wiedergesehen.

Trotz dieser für mich schockierenden und verwirrenden Begegnung konnte ich noch immer keine Entscheidung treffen. Der Diabolos gaukelte mir ständig – in Form massiver Gedankenangriffe – vor, wie schön doch der sexuelle Akt mit Maricarmen wäre, wenn ich ihr dabei meinen eigenen Penis reinstecken könnte anstatt den Dildo aus dem Sexshop. Und ganz sicher würde sie dann endlich ihren Ehemann verlassen, denn auch ich verdiente gutes Geld, und schließlich bräuchte sie ja nicht zwei Männer. Momente voller Blindheit.

Kampf um die Wahrheit

Außer mit Maricarmen und mit Kathi sprach ich mit niemandem darüber. Ohne dass ich es damals bewusst hätte
beschreiben können, waren die Beweggründe wohl folgende:
Ich wollte gewissermaßen selbst Schöpfer sein und glaubte,
alles besser zu wissen als jener, der mich als Frau geschaffen
und mir – meinem Empfinden nach – damit nur Mühsal und
Beschwer zugefügt hatte. Denn als Kind war ich wütend auf
Gott gewesen, weil er mich als Mädchen gemacht hatte, wo
ich doch viel lieber ein Junge gewesen wäre, da ich als Junge
wahrgenommen, angenommen und geliebt wurde. In der Pubertät musste ich zur Frau werden, aber ich wollte keine Frau
sein! Und so boten mir schließlich das Ausleben meiner homosexuellen Orientierung sowie meine berufliche Tätigkeit
eine gute Gelegenheit, das Frau-Sein weitestgehend zu ka-
schieren. Denn als Lesbe konnte ich am besten ein Mann sein,
obwohl ich eine Frau war. Und nachdem ich dieses mühsame
Lebenskonstrukt über dreißig Jahre gelebt hatte, tauchte nun
jene Frau auf, die mir mit ihrer Idee, endlich ein Mann sein zu
können, völlig den Kopf verdrehte. Dadurch witterte ich Hoffnung, dass ich vielleicht doch noch von meinem Unglück, ein
weibliches Wesen zu sein, erlöst werden und als Mann leben
könnte, »als der ich mich doch schon immer gefühlt hatte!«

Auch wenn ich mich zu dieser Zeit nicht einmal ansatzweise darum scherte, inwieweit eine »Geschlechtsumwandlung« mit der gottgewollten Ordnung konform ging bzw.
ob sie mit der kirchlichen Morallehre in Konflikt stand, so
quälten mich dennoch meine Gedanken. Ich war hin- und
hergerissen. Doch dann lief mein Gewissen zur Hochform

auf: Ich spürte nach einem monatelangen, inneren, unerbittlichen Kampf, dass ich als Frau geschaffen war und eine Frau bin, auch wenn ich alle möglichen Verhaltensweisen angenommen hatte, die gewöhnlich einem männlichen Wesen zu eigen sind. Auch wenn ich in meiner Kindheit und zu Beginn meiner Pubertät gerne ein Junge bzw. Mann gewesen wäre, dann aber doch, bitte, bereits von meinem ganzen Wesen her, d. h. schon als solcher geboren und nicht später irgendwie »zusammengeflickt«. Vor allem spürte ich im Verlauf dieser intensiven Auseinandersetzung mit mir selbst tief im Inneren, dass es jemanden gibt, der mich so liebt, wie ich geschaffen worden bin, als Mädchen, als Frau. Und dieser jemand ist Gott, mein Schöpfer höchstpersönlich. Das war eigentlich das allerwichtigste Argument – und so entschied ich mich gegen eine »Geschlechtsumwandlung«!

Gerne möchte ich an dieser Stelle betonen, wie sehr Jesus um mich gekämpft hat. Nun weiß ich sicher, dass diese Lebensphase wohl die umkämpfteste von allen war, denn hier ging es um mein ganzes Wesen und um seine Schöpfung. Hier ging es nicht mehr nur um Ehebruch und Unzucht, Wollust und homosexuellen Lebensstil, nein, hier ging es ums Ganze! Es war nicht nur irgendein Kampf, nein, es war der Kampf zwischen Gut und Böse, um mich, um meine Seele. Nach all diesen Erfahrungen bin ich zuversichtlich, dass Gott nie aufhört, um seine Kinder zu kämpfen, und dass wir – sofern wir ihn als unseren Schöpfergott nicht bewusst ablehnen – niemals verloren gehen, weil er uns trägt und immer wieder weiter hilft, wenn wir uns an ihn wenden.

Es liegt mir fern, Menschen zu beleidigen oder gar zu verletzen, die sich aufgrund einer Fehlentwicklung oder bestimmter medizinischer Notwendigkeiten, nach Krankheit oder Unfall einer geschlechtsangleichenden Operation unterzogen haben! Ebenso wenig möchte ich Menschen verurteilen, die sich aus anderen Gründen für einen solchen Weg entschieden haben! Aber ich sehe mich in der Pflicht, darauf hinzuweisen, dass – wäre es nach mir gegangen – ich mich bereits im Alter von vier Jahren ganz eindeutig zu einer »Geschlechtsumwandlung« entschieden hätte. Auch mit elf und noch mit dreizehn Jahren hätte ich die Entwicklung zum Mann bevorzugt. Das könnte nun, vierzig Jahre später, nicht mehr rückgängig gemacht werden, obwohl ich zwischenzeitlich mein Frau-Sein entdeckt und mit Freude angenommen habe.

Warum schauen wir Menschen von heute so wenig auf die Wurzeln einer solchen Geschlechtsidentitätsstörung? Ist es denn nicht wichtig, zu erkennen, wie diese entstanden ist, wann und warum sie sich in der Folge gegebenenfalls sogar zu einer Störung entwickelt hat und wie diese Ursprungswunden geheilt werden können? Ich vermute, weil wir oft meinen, es besser zu wissen als derjenige, der uns geschaffen hat.

Gott will nichts anderes als unser Bestes. Daher ist dennoch Heil und Heilung durch Gott möglich, und zwar auf der geistseelischen Ebene des Menschen, auch wenn bereits eine – auf leiblicher Ebene meist irreversible – »Geschlechtsumwandlung« erfolgt ist. Denn Gott schenkt auch in scheinbar völlig verfahrenen Situationen noch Heil und Zuversicht für einen Neubeginn.

Nach knapp einem Jahr unserer Beziehung reiste ich mit Maricarmen für einen Monat nach Südamerika. Ich lernte einen Teil ihrer Familie kennen und konnte dadurch besser die große Existenzangst verstehen, unter der sie litt und die sie motiviert hatte, aus ökonomischen Gründen eine Ehe einzugehen. Sie hatte nämlich panische Angst, keine Arbeit zu haben und auf der Straße leben zu müssen, wie es vielen ihrer Landsleute ging. Wir reisten auch nach Brasilien. Einige Tage verbrachten wir in Rio de Janeiro und nahmen an einem großen Samba-Wettbewerb teil. Eines Morgens fuhren wir auf den dem Zuckerhut gegenüberliegenden Berg »Corcovado« hinauf und genossen den wunderbaren Ausblick über die Stadt samt ihren schönen Sandstränden. Nach einer Weile setzte ich mich am Fuße der weltberühmten Christusstatue nieder. Von unten blickte ich an diesem imposanten, mit Sockel knapp vierzig Meter hohen Monument hinauf und verweilte in dem trotz seiner Größe zarten und gütigen Gesicht. Ich brachte Jesus mein ganzes Herzeleid dar, hatte ich doch mittlerweile genau erkannt, dass die Beziehung mit Maricarmen nicht von Gott gewollt und somit weder gut noch heilsam war. Zudem spürte ich tief im Inneren, dass wir nach unserer Rückkehr auseinandergehen würden, ja müssten. Auch wenn es eigenartig klingen mag, diese Erkenntnis brachte mir dennoch eine gewisse Erleichterung. Mit Tränen erfüllten Augen blickte ich immer wieder auf die Christusfigur und fühlte mich von den ausgebreiteten Armen wie sanft emporgehoben und ins Herz Jesu versenkt. Ich spürte mich von Jesus ermutigt und flehte ihn an, mir zu helfen, den richtigen Weg zu finden. Maricarmen wusste nichts von meinem Herzens-Gebet und dachte, ich wäre einfach nur ergriffen.

Aus Südamerika zurückgekehrt, sah es zunächst danach aus, dass sie sich für mich entschieden hätte. Ich holte sie samt Gepäck und Hund bei Roland ab. Einen Tag später, während ich im Büro war, setzte er sie jedoch dermaßen unter Druck, dass sie ängstlich nachgab und wieder zu ihm zurückkehrte. Was danach folgte, könnte man getrost als einen weiteren Teil von »Der Rosenkrieg« verfilmen. Roland ließ sie auf Psychopharmaka setzen, woraufhin sie eine so drastische Bewusstseinsveränderung erfuhr, dass sie weder imstande war, klar zu denken, noch zu handeln. Als wir uns Wochen später zum letzten Mal gegenüber standen, blickte ich einer völlig zugedröhnten Frau ins Gesicht, die ich fast nicht wiedererkannte. Meine Versuche, sie aus diesem Gefängnis zu befreien, scheiterten, da ihr Ehemann alle Rechte hatte. Zwei Monate danach rief sie mich an, noch immer unter dem Einfluss psychoaktiver Substanzen stehend, und schrie ins Telefon, dass sie mich hasste.

Die Beziehung mit Maricarmen hatte nur etwas länger als ein Jahr gedauert, doch schien sie mich fast das Leben zu kosten. Ich war achtunddreißig, als diese und zugleich meine letzte lesbische Beziehung in die Brüche ging. Mehr als zehn Jahre später recherchierte Maricarmen nach mir im Internet und sandte mir eine E-Mail. Sie entschuldigte sich für ihr Verhalten, das sie damit begründete, dass die ganze Situation damals für sie nicht leicht gewesen wäre. Sie schrieb noch, dass ich sehr wichtig für sie gewesen wäre. Ich antwortete ihr, dass ich ihr mittlerweile vergeben hätte und auch sie um Vergebung bitten würde für mein Verhalten. Wir wünschten einander alles Gute und konnten versöhnt unseres Weges gehen.

155

TEIL 2

Himmelfahrtskommando

VI. Wie geht lieben?

Ich liebe den Sommer und die Sonne. An einem heißen Augusttag im Jahr 2004, einige Monate nach dem chaotischen Beziehungsende mit Maricarmen, war es jedoch alles andere als sonnig in mir. Beim Aufwachen umfing mich eine derart tiefe Verzweiflung und Ohnmacht, wie ich sie noch nie zuvor erlebt hatte. Mein Herz raste, mein Mund war trocken und die Tränen liefen mir übers Gesicht. Atemnot erfüllte mich mit Angst. In meinem Schlafzimmer stand die heiße Luft, als ob mich ein unsichtbares Flammenmeer zu verschlingen drohte. Draußen war es gleißend hell, doch in mir tobte die Dunkelheit. Ich konnte mich nicht bewegen, jede Faser meines Körpers schmerzte derart, als wollte sie damit ihre Existenz bezeugen. Ich war wie gelähmt, innen wie außen. Wirre Gedanken schossen mir durch den Kopf, wie eine Armee des Wahnsinns machten sie die letzten Hoffnungskrieger zunichte und fällten in Sekundenschnelle das scheinbar unumstößliche Urteil: »Ich muss mein Leben beenden! Dieses Leben hat keinen Sinn mehr, nein, genau genommen hat es noch nie einen Sinn gehabt!«

Es folgte ein kurzes Verschnaufen, so als ob die Lösung gefunden wäre. Erleichterung. Die Anspannung ließ nach, jedoch nur für einige Augenblicke. Dann begann der Ansturm erneut. »Wie soll ich das tun? Was werden meine Familie und meine Freunde dazu sagen? Was wird mein Chef über mich denken?« Fragen über Fragen quälten mich. Ich dachte nach. »Nein, Blödsinn, das entspricht nicht meiner Einstellung. Auch wenn mein Leben sinnlos ist, so möchte ich nicht einfach so für immer verschwinden. Selbstmord ist doch nur was für Verlierer … « Mein Körper verkrampfte sich und mein Hirn schien sich in brodelnde Lavamassen aufzulösen, die nirgendwo abfließen konnten. Die Verzweiflung wuchs. Ohnmacht fesselte mich. Ich hatte ein Problem und zum ersten Mal in meinem Leben fand ich definitiv keine Lösung dafür. Diese Ratlosigkeit überraschte mich.

Auf einmal meldete sich die Stille zu Wort: Ohne zu wissen, auf wessen Befehl, schien die Armee des Wahnsinns für einen Augenblick ihre Kampfhandlungen einzustellen. Und genau in diesem Moment spürte ich instinktiv meine allertiefste Sehnsucht: »Ich sehne mich nach einem echten, wahrhaften, glücklichen Leben!« Totenstille.

Plötzlich, wie aus heiterem Himmel, erkannte ich ohne jeden Zweifel die in mir verankerte höchste Autorität allen Lebens: Gott, meinen Schöpfer! Dieses Erkennen war so stark und ungetrübt, dass ich die Wahl meines Ansprechpartners nicht anders hätte treffen können, als direkt mit Jesus zu reden. Das war nun nicht gerade selbstverständlich. Jedoch war trotz meiner Ferne zur Kirche und zu allem, was man unter Frömmigkeit verstehen könnte, die Leitung zum Himmel noch nicht komplett gekappt, und so klagte ich Jesus meine missliche Lage. Da ich für einen Selbstmord zu stolz war, bot ich ihm mein Leben im Austausch für ein unheilbar krankes Kind an. Jesus ließ nicht auf sich warten und erhörte auf geradezu charmante Weise mein Gebet, aber ganz anders, als ich mir das vorgestellt hatte …

Ich war noch nicht einmal geduscht, als es an meiner Wohnungstür klingelte. Zwei hübsche junge Frauen strahlten mich an und versuchten, mir in einem mit starkem österreichischen Akzent durchsetzten Hochdeutsch zu verdeutlichen, dass sie gerne mit mir »über Gott und die Kirche« sprechen würden. Zumindest waren das die einzigen beiden Brocken, die ich ansatzweise verstehen konnte. Da ich mein Leben bereits dem Tod geweiht und somit für diesen Tag keine weiteren, nennenswerten Events mehr geplant hatte, lud ich die sympathischen Gotteskriegerinnen auf einen kolumbianischen Kaffee ein. Selbstbewusst nahmen sie auf meinem Sofa Platz und kamen mir vor wie eine lustige Mischung aus Zeugen Jehovas und Tupperware-Vertreterinnen. Ohne auch nur den Bruchteil einer Sekunde zu verschnaufen, begannen sie wie aus dem Maschinengewehr scheinbar antrainierte Einführungsparolen auf mich abzufeuern. Ich ließ sie gewähren, teilte uns erst mal in aller Ruhe den viel zu stark gebrauten Kaffee aus und machte es mir in meinem Sessel bequem.

Etwas verwundert ob des dynamischen Einstiegs blickte ich die beiden fragend an und versuchte redlich, die mir entgegen sprudelnden Gesprächsfetzen einzufangen und in eine mir wie auch immer bekannte Sprache einzuordnen. Es war mühsam, und die morgendliche Sommerhitze samt dem Koffeinschub trieben zudem meinen Blutdruck in die Höhe. Eigentlich wollte ich an diesem Tag sterben und mich nicht noch großartig abmühen. Aber auf gewisse Weise hatten diese beiden Frauen etwas, das mich von Anfang an berührte: Sie hatten ein unglaubliches Strahlen im Gesicht, und ihr ganzes Wesen war von Freude durchdrungen. Das machte mich neugierig. Sie schienen etwas Kostbares zu besitzen, dessen Existenz mir längst vergangene Zeiten meines Lebens in Erinnerung brachte. Ich wollte unbedingt herausfinden, welcher Schatz das war. Darüber hinaus faszinierte mich ihr unermüdlicher Einsatz, auch wenn ich zunächst nur Bruchteile dessen verstand, was sie mir einzuhämmern versuchten. Offen gestanden konnte ich die Rothaarige so gut wie gar nicht verstehen. Später stellte sich heraus, dass sie aus Osttirol war. Die Blonde schien dagegen dem mir längst vertrauten bayrischen Akzent etwas näher zu kommen, obwohl man in ihrer oberösterreichischen Heimat vermutlich eine Ähnlichkeit leugnen würde. Die beiden ergänzten sich gut, die eine fast unbeirrbar vorpreschend und die andere eher ruhig überlegend und jedes Wort gut abwägend. Langsam begann ich zu verstehen, worüber sie redeten: über Gott. Und über die Kirche.

Über Gott wollten sie also sprechen. Damit hatte ich kein Problem. Aber über die Kirche zu reden, missfiel mir ziemlich. Ich machte ihnen in wenigen und sehr deutlichen Worten klar, dass ich lesbisch wäre und den amtierenden Papst Johannes Paul II. wegen der kirchlichen Sexualmoral längst zu meinem Erzfeind erklärt hätte. Fast ein wenig triumphierend ergänzte ich noch, dass ich aufgrund der Haltung der Kirche zur Homosexualität schon vor einigen Jahren aus der Kirche ausgetreten wäre. Bums, das hatte erst mal gesessen. Ich fühlte mich, als hätte ich gerade den ersten Satzball verwandelt.

Meine Gegenüber ließen sich davon jedoch nicht beeindrucken. Mit großer Klarheit und einer fast respektvollen Zurückhaltung erläuterten sie mir die kirchlichen Grundsätze zur Homosexualität und brachten den Papst als Wächter dieses Schatzes zurück ins Spiel. Ich war überrascht, wie gut diese beiden doch noch so jungen Gläubigen die Lehrsätze des katholischen Glaubens beherrschten und mit wie viel Inbrunst sie ihre Kirche verteidigten. Davor hatte ich größten Respekt, und ich fühlte mich sogar ein wenig peinlich berührt, auch wenn ich keineswegs ihre Ansichten teilte.

So unterbrach ich zunächst einmal die Fachsimpelei und fragte, woher sie kämen und ob sie in einer Jugendgruppe organisiert wären, wohl ahnend, dass sie sich bereits vor meiner Wohnungstüre dazu geäußert haben mussten. Höflich wiederholten sie ihr Vorstellungssätzchen und erklärten mir, dass sie Mitglieder der österreichischen »Legion Mariens« wären, einer weltweit tätigen, katholischen Laienorganisation, der vor allem die Verkündigung des Glaubens und der Liebe Gottes für alle Menschen am Herzen liegt. Im Rahmen einer Jugend-Wallfahrt waren sie mit einer Gruppe nach München gekommen und ausgerechnet in der zu meinem Wohnblock gehörenden Pfarrei gelandet.

Ohne mir auch nur im geringsten etwas anmerken zu lassen, begann ich plötzlich tief im Innern zu verstehen, dass sich Jesus meine morgendlichen Klagerufe zu Herzen genommen haben musste. Natürlich hatte ich nicht damit gerech-

160

net, dass er mir gleich eine ganze Gesandtschaft – noch dazu aus Österreich – senden würde. Diese himmlische Aufmerksamkeit ergriff mich sehr, auch wenn ich das vor den beiden Legionärinnen nicht zugeben oder eingestehen wollte. Schon im selben Augenblick begann es im Innern wieder zu brodeln: »Jesus, ich will sterben, und außerdem bin ich noch immer entsetzlich enttäuscht von dir und deinem ganzen Verein, genannt Katholische Kirche. Da ist bestimmt was faul an dieser Aktion, da bin ich mir sicher. Die Sache hat doch hundertprozentig einen Haken!«

Ich unterdrückte erst mal die langsam in mir wachsende Freude und kehrte mit ernster Miene zu meinen beiden Gesprächspartnerinnen zurück, die mir gerade etwas von der Liebe Gottes erzählen wollten. Nach knapp zwei Stunden war ich völlig erschöpft und gab mich geschlagen: Ich nahm ihr Angebot an, mich am nächsten Tag mit dem sie begleitenden Priester zu treffen und die Haltung der Kirche genauer unter die Lupe zu nehmen. Sie schenkten mir noch eine silberfarbene Medaille mit einer Darstellung von Maria, der Mutter Gottes, und erzählten mir voller Ehrfurcht die beachtliche Geschichte rund um diese so genannte »wundertätige Medaille«. Danach verabschiedeten sie sich frohgemut.

Am nächsten Tag sprach ich mit dem Priester, einem Ordensmann namens Pater Christian. Er gab mir, wenn auch sehr liebevoll, so doch auf nüchterne Art und Weise einen kurzen Abriss über die »Lehre der Katholischen Kirche zum Thema Homosexualität«. Es war ein aussichtsloses Unterfangen, denn genau genommen suchte ich die Liebe und das Leben,

Frieden und Freude sowie ein Heim für meine Seele und wollte mich nicht mit irgendwelchen Regeln und Geboten auseinandersetzen. Enttäuscht zog ich von dannen und warf Jesus an den Kopf, dass ich – wenn überhaupt noch einmal – dann nur noch als Touristin eine Kirche betreten würde. Ich war sauer auf alle und fühlte mich um die Option für ein glückliches Leben betrogen.

Auf dem Heimweg kamen mir die beiden jungen Frauen freudestrahlend entgegen und fragten mich, wie das Gespräch mit Pater Christian gelaufen wäre. Ich verlieh meinem Unmut Ausdruck und wollte keine weiteren Worte mehr wechseln. Sie gaben jedoch nicht auf, und mit der gleichen Inbrunst wie am Vortag luden sie mich zu einer wenige Tage später stattfindenden Jugendmesse ein. Ich lehnte dankbar ab und verschwand in meiner Wohnung. Mir war elend zumute. Die kurze Hoffnung, die ich – ohne zu wissen, wie und warum – am Tag zuvor in mir aufflackern gespürt hatte, schien durch das Gespräch mit dem Priester völlig zerstört worden zu sein. »Und warum soll ich überhaupt noch darüber nachdenken? Ich will ja sowieso sterben, und zwar jetzt!« knallte ich Jesus vor den Bug und wischte mir die Tränen der Wut aus dem Gesicht.

Dennoch ließ mich diese Jugendbande nicht zur Ruhe kommen. Auf mir unerklärliche Weise hatten sie mich gepackt, berührt und ergriffen. Jedes Mal, wenn ich an meiner Wohnzimmerkommode vorbeiging, nahm ich die kleine, ovale Medaille in die Hand, schaute sie kurz an, legte sie dann aber schnell wieder weg, verstohlen umherblickend, ob mich auch niemand bei dieser Aktion ertappt hatte.

»Vielleicht ist ja was dran an der ›Sache Jesus‹. Prinzipiell glaube ich schon, dass er mich liebt. Ich weiß zwar nicht genau, warum er mich in seiner Kirche haben will, aber vermutlich hat er sie auch nicht umsonst gegründet. Vielleicht muss denen in der Kirche endlich mal jemand sagen, dass sie die Regeln für Schwule und Lesben ändern müssen, da sie damit völlig altmodisch und prüde unterwegs sind. Möglicherweise braucht mich Jesus ja exakt für diese Spezial-Aufgabe … « Solche Gedanken kamen mir hoch und wechselten sich mit den folgenden ab: »Was ist nur los mit mir? Ich glaube, die haben mir einen Floh ins Ohr gesetzt, diese Ösis. Ich muss jetzt endlich mein Lebensende planen und kann mich nicht länger mit diesen jungen Leuten und ihren verstaubten Ideen auseinandersetzen. Und überhaupt, was denken die sich denn, wer sie sind? Mich hier als ›nicht normal‹ abzustempeln und mir obendrein noch was von Keuschheit zu erzählen. Das ist ja echt das Allerletzte … «

Das Ganze schien mir völlig irreal zu sein. Hatte ich mich gerade dem Tod geweiht, so sah ich mich nun einer Horde verrückter Kirchenfans gegenüber, die mich mit ihren Katechismus-Sätzchen und Moralpredigten bombardierten. Aber auf eigenartige Weise waren diese jungen Leute samt ihren Begleitern liebevoll militant, und so ließ ich mich auf weitere Gespräche mit ihnen ein, wich allerdings nicht von meiner bisherigen Grundhaltung ab.

Die Jugendmesse fand am Samstagabend in der Kirche unweit meiner Wohnung statt. Auch wenn ich in einer ersten Trotzreaktion die Einladung abgelehnt hatte, so fühlte ich mich durch die Begegnungen der vergangenen Tage dennoch nicht ganz abgeneigt, daran teilzunehmen. Allerdings hatte ich ausgerechnet für diesen Abend bereits mehrere, durchaus reizvolle Einladungen meiner Freunde aus der Homo-Szene erhalten, sodass es mich nicht wenig kostete, eine Entscheidung zu treffen. Immer wieder wurde ich hin- und hergerissen. Als es Zeit war, mich fertig zu machen, entschied ich mich für eine Grillparty bei meinen Freunden und ging duschen.

Doch dann passierte etwas Eigenartiges: Auf eine mir bislang unbekannte Weise verspürte ich eine unglaubliche Sehnsucht nach zärtlichen Liebkosungen und Geborgenheit. Es war so, als ob ich mein Herz ganz weit geöffnet und auf Ströme von Licht und Liebe gewartet hätte. Ohne zu wissen, warum und wieso, landete ich anstatt beim Grillfest pünktlich zum Messbeginn in der Kirchenbank. Ich erinnerte mich an ein altes Sprichwort: »Der Mensch denkt und Gott lenkt!« Auch wenn ich ein sehr mulmiges Gefühl hatte und mir aufgrund meines Lebensstils dort gewissermaßen sehr deplatziert vorkam, so überwog dennoch die Hoffnung, von der Lebensfreude und Herzlichkeit der jungen Leute etwas abzubekommen.

Während der Messfeier kamen mir die Tränen, denn ich verspürte ein starkes Verlangen, Jesus nach so vielen Jahren wieder in der Kommunion zu empfangen. Natürlich war mir klar, dass das wegen meines homosexuellen Lebenswandels und aufgrund meines Kirchenaustritts nicht rechtens war. Als alle – außer mir – zum Kommunion-Empfang nach vorne gingen, zerbrach mir fast das Herz. Denn trotz aller Wut und Enttäuschung über meinen desolaten Zustand, den ich zu einem großen Teil auch Gott anlastete, spürte ich im Kern meines Daseins, dass weder ich selbst noch sonst jemand mich von meinem großen Leid erlösen konnte. Jede noch so gut gemeinte, liebevolle Tat meiner Freunde war lediglich wie ein buntes Pflaster gewesen, das meine blutende Wunde der Einsamkeit und Sinnleere jedoch weder stillen noch heilen hatte können. Tief in mir spürte ich, dass mir menschlicher Beistand nicht mehr weiterhelfen würde, und so begann ich, die himmlische Rettung anzurufen. Inständig bat ich Jesus um Hilfe aus meiner ausweglosen Situation.

Nach der Jugendmesse luden mich die Legionäre in das Pfarrheim ein, und nach einem kleinen Snack drängten mich einige von ihnen sehr liebevoll, mit ihnen die so genannte »Vesper«, eine liturgische Form des kirchlichen Abendgebetes, zu beten. Ich zierte mich zunächst ein wenig, ließ mich dann aber doch darauf ein und hatte große Freude dabei, auch wenn ich nicht mehr wusste, wer ich überhaupt war und wie mir geschah. Danach gingen wir auf ein Eis und plauderten ungezwungen über Gott und die Welt.

Am nächsten Morgen besuchte ich sogar mit ihnen die Sonntagsmesse. Im Anschluss daran beteten wir wieder gemeinsam, diesmal ein morgendliches Lobgebet, was mir erneut große Freude bereitete. In den darauf folgenden Tagen trafen wir uns meist am Abend zum Gebet in der Pfarrkirche, bevor wir den Tag in einem lockeren Plausch über Glaubens- und Lebensfragen in einer guten bayrischen Bierkneipe ausklingen ließen. Es war vor allem die Glaubensfreude dieser jungen Truppe, die mich faszinierte und mich an meine früheren, positiven Glaubenserfahrungen als Kind und Jugendliche erinnerte.

Ich hatte Lunte gerochen und wollte mehr wissen. So sprach ich mit einem der Begleiter fast die ganze Nacht hindurch über Gott und meine Sehnsucht nach einem Leben in wahrer Liebe. In diesem Gespräch wurde der Same für eine wundervolle Freundschaft gelegt. Ich bezeichne sie gerne als Gottesgeschenk, da schon bald darauf aus diesem Begleiter mein bester Freund Jakob geworden ist, mit dem ich seitdem durch dick und dünn gehe.

Zum Abschied schenkte mir die Gruppe eine kleine Bibel. Auf der Innenseite unterschrieben sie und malten mir einen »geistlichen Blumenstrauß« mit Gebeten, die sie für mich beten wollten. Das war mir völlig neu, und ich freute mich sehr darüber. Jakob, Pater Christian und einige der Begleitpersonen boten mir an, mit mir in Kontakt zu bleiben. Das war äußerst wichtig für mich. Sie ermutigten mich auch, das Morgen- und Abendgebet fortan täglich zu beten, und ich stimmte frohen Mutes zu.

Ich dachte nicht mehr daran, mein Leben zu beenden, und spürte – wenn auch zunächst nur intuitiv – dass ich die Antwort auf meine existenziellen Fragen nur von dem bekommen konnte, der mich geschaffen hatte: Gott. Des Weiteren erkannte ich, dass mir das regelmäßige Beten dabei helfen würde, sicherer durch die Stromschnellen des Lebens zu gelangen und so dem Strudel meiner bisherigen Ausweglosigkeit zu entkommen.

Einige Tage später – ich lag gerade in der Badewanne und freute mich auf eine bevorstehende Bundesligapartie des FC Bayern München im Olympiastadion – rief mich ein flüchtiger Bekannter an. Ich hatte ihn in der Woche zuvor bei einem der Treffen mit der Jugendgruppe kennengelernt. Da er wusste, dass ich beruflich mit der Computerei zu tun hatte, fragte er mich, ob ich ihn zu einem bayrischen Kloster begleiten und den ehrwürdigen Schwestern bei der Installation eines Scanners helfen könnte. Ich lehnte ab, da mir das Fußballspiel wichtiger war. Wir plauderten noch kurz, und ich kehrte zu meinem Schaumbad zurück.

Plötzlich schoss es mir wie ein Pfeil ins Herz: Ich erinnerte mich an eine Textpassage in einem kleinen Heftchen, das mir die Legionärinnen gerade erst geschenkt hatten. Dort stand, dass wir stets wachsam sein sollten, damit wir in scheinbar alltäglichen Lebenssituationen Jesus nicht einfach unbemerkt bzw. unbeachtet an uns vorbeigehen lassen. Diese Metapher bedeutet im Grunde nichts anderes, als aufmerksam und nicht gleichgültig gegenüber einem Geschenk oder einer Bitte von Jesus zu sein. Und das schien mir nun genau eine solche Situation gewesen zu sein. Ich schwang mich aus der Wanne, sprang in meine Kleider und wählte mir die Finger wund, bis ich endlich den sichtlich erstaunten Mann an der Strippe hatte. Kurz darauf holte er mich ab, und wir fuhren ins Kloster.

Es war Mitte August, am Tag vor Maria Himmelfahrt. Zum ersten Mal betrat ich die »Heiligen Hallen« eines Klosters. Im Sprechzimmer warteten wir voller Neugier und blickten auf ein Eisengitter, das – durch einen Vorhang geschützt – uns zunächst keinen Einblick ins Innenleben des Klosters gewährte. Auf einmal wurde der Vorhang mit Schwung zur Seite geschoben und eine fröhliche Schwester begrüßte uns herzlich. Wir stellten uns kurz einander vor. Während ich den Computer auf Vordermann zu bringen versuchte, erzählte sie von Jesus und strahlte nur so dabei. Ihr ganzes Wesen, ihre Sprache und ihr bescheidenes Auftreten zeugten von einer innigen Liebe zu ihm. Das begeisterte mich ungemein und traf mich im Innersten meiner Seele.

Irgendwann hatte ich den Scanner erfolgreich installiert, und wir zogen – vollbepackt mit einem bunten Korb voller Obst, Gemüse und Kräutersträußchen – von dannen. Diese liebe Ordensfrau war ein weiteres Gottesgeschenk für mich, denn fortan begleitete sie mich mit Rat und Tat und vor allem mit ihren Gebeten. Ich verdanke ihr sehr, sehr viel, hat sie mich schließlich über Jahre hinweg auf meinem geistlichen Weg gestützt, geschult und geführt. Wäre ich an jenem Nachmittag ins Fußballstadion gegangen, hätte ich sie vermutlich nie kennengelernt und Jesu Geschenk für mich unbeachtet an mir vorbeiziehen lassen …

Lebenslügen

In den darauf folgenden Wochen merkte ich zunehmend deutlicher, dass mein altes Leben als Lesbe nicht mehr zu mir passte. Dabei war es keineswegs so, dass ich zu diesem Zeitpunkt mit der kirchlichen Lehrmeinung einverstanden war oder auch nur ansatzweise daran dachte, wieder in die Kirche einzutreten. Zunächst verkehrte ich weiterhin mit meinen homosexuellen Freunden und ließ mir meinen beginnenden inneren Wandel äußerlich nicht anmerken. Ich zog mich aber immer mehr zurück, um mich nicht selbst zu gefährden, denn ich wusste sehr wohl, dass ich rasch eine verbindliche Entscheidung treffen musste: »Will ich wie bisher meine homosexuelle Neigung ausleben, oder bin ich bereit, diesen Lebensstil aufzugeben?«

Des Weiteren wurde mir immer klarer, dass die berufliche Karriere keinen geringen Tribut verlangte und mich trotz allen Einsatzes auf Dauer nicht befriedigen konnte. Als ich entschlossen war, täglich zu beten, indem ich in einfachen Worten vertrauensvoll mit Jesus und zuweilen auch mit Maria sprach, verschwanden nach und nach die Schatten meiner Lebenslügen.

So nahm ich bald darauf das Angebot von Pater Christian an, mich von ihm während einiger Tage der Stille in einem österreichischen Kloster seelsorgerlich begleiten zu lassen, um mir über meinen weiteren Lebensweg Gedanken zu machen. Es war Ende September, und die schon leicht bunt gefärbten Wälder säumten den Straßenrand. Doch in mir war alles grau, denn bereits auf dem Hinweg merkte ich deutlich, dass ich mein ganzes Leben würde ändern müssen. Je näher ich dem Kloster kam, umso mehr verkrampften sich meine Eingeweide ob der bevorstehenden Konfrontation mit dieser Wahrheit, die ich in mir längst schon gewusst, bislang aber noch nicht zu denken oder auszusprechen gewagt hatte.

In diesen Tagen war die Stille sehr laut, und zum ersten Mal war ich wirklich bereit hinzuhören. Mehrmals täglich traf ich mich mit Pater Christian, und er gab mir gute Hilfestellungen, um mich meiner Wahrheit zu stellen. Denn wie jeder gläubige Homosexuelle war auch ich als Lesbe mit dem schmerzhaften Konflikt konfrontiert, dass die katholische Lehre den homosexuellen Lebenswandel als »sündhaft« erachtet. Da ich die Gründe nicht zur Gänze verstand, bat ich Pater Christian bei einem der nachmittäglichen Gespräche, mir die kirchliche Sichtweise näherzubringen. Schon bei unserer ersten Begegnung in München hatte er den »Katechismus der Katholischen Kirche« erwähnt, und nun fragte ich ihn, was es damit auf sich habe. Er erklärte mir, dass der Katechismus ein verbindlicher Leitfaden für Katholiken in Glaubens- und Lebensfragen ist. Dann fuhr er fort, dass in den darin abgefassten Passagen zum Thema Homosexualität gesagt wird, dass das bloße Vorhandensein einer homosexuellen Neigung in sich nicht sündhaft ist. Aus genau dem Grund sei dort auch klar und deutlich verankert, dass Menschen wie ich mit Respekt zu behandeln wären und nicht wegen ihrer sexuellen Orientierung diskriminiert werden dürften.

Ich staunte nicht wenig, als ich das hörte, war ich doch bislang davon überzeugt gewesen, dass die Kirche alle Schwulen und Lesben von vorneherein als Sünder abstempelt und ausgrenzt. Pater Christian klärte mich auf, dass die Lehre der Kirche niemals den Sünder, immer aber die Sünde verurteilt. Dies bedeute, dass jemand, der bloß homosexuelle Gefühle hat, noch keine Sünde begangen hätte. Wie war es also um mich bestellt? Er legte mir dar, dass ich demnach zwar nicht wegen meiner lesbischen Neigung, jedoch sehr wohl durch das Ausführen homosexueller Praktiken gesündigt hätte. Ich fasste es für mich so zusammen: »Homosexuell sein ist keine Sünde, aber homosexuell leben schon.«

Mit weit aufgerissenen Augen blickte ich ihn an und wollte unbedingt die entsprechenden Stellen im Katechismus lesen. In Ruhe schlug er das wohl mehrere hundert Seiten umfassende Buch auf und zeigte mir einen Absatz über Homosexualität, in dem es unter anderem heißt, dass »*homosexuelle Handlungen in sich nicht in Ordnung sind. Sie verstoßen gegen das natürliche Gesetz, denn die Weitergabe des Lebens bleibt beim Geschlechtsakt ausgeschlossen. Sie entspringen nicht einer wahren affektiven und geschlechtlichen Ergänzungsbedürftigkeit. Sie sind in keinem Fall zu billigen.*« Meine Stirn legte sich in Falten. Ich fühlte mich blutleer. Immer wieder blickte ich auf die Textstelle. Dann las ich weiter und erfuhr, dass ich als praktizierende Lesbe dazu gerufen wäre, meinen Lebensstil zu ändern und hinkünftig ein »keusches«, d. h. sexuell abstinentes Leben zu führen. Leise wiederholte ich diese schmerzhafte Erkenntnis, welche für mich nicht mehr und nicht weniger bedeuten würde, als auf eine lesbische Partnerschaft für immer verzichten zu müssen. Pater Christian nickte sanft, und sein warmherziger Blick zeigte mir, dass er an meinem Leid Anteil nahm. Ich seufzte und wollte alles erst einmal verdauen. Ziemlich betrübt kehrte ich in mein Gästezimmer zurück und zerbrach mir den Kopf ob des Gehörten.

Kurz vor Sonnenuntergang schnappte ich mir den Mantel und drehte eine Runde an der frischen Luft. »Kann es denn nicht sein«, so fragte ich mich aufgeregt, »dass Gott in der Bibel die Lesben und Schwulen schlichtweg nur zu erwähnen vergessen hat? Oder verzichtete er vielleicht der Einfachheit halber nur darauf, homosexuelle Beziehungen explizit als eine weitere Schöpfungs- oder Ehevariante zu benennen und anzubieten? Oder hat er womöglich meine Neigung nicht gekannt? Hat nicht etwa Gott selbst mich so gemacht, d. h. gibt es möglicherweise so etwas wie eine angeborene oder genetisch veranlagte Homosexualität? Oder wenn mein homosexuelles Begehren so falsch und sündhaft ist, warum ändert Gott dann nicht mein Hirn und meinen Unterleib? Und wieso muss mich das überhaupt interessieren, denn die Ehe mit einem Mann ist für Frauen wie mich sowieso undenkbar, warum lässt er mich nicht einfach in Ruhe mein Ding leben? … Und wieso soll ich eigentlich nicht zur Kommunion gehen dürfen? Ich habe doch nichts getan! Die Frauen, mit denen ich zusammen war und mit denen ich geschlafen habe, waren immerhin zumeist meine Partnerinnen, denen ich – mit wenigen Ausnahmen – in Treue ergeben war. Wo oder was ist denn das Problem?«

Es war ein starker, dumpfer Schmerz im Tiefsten meiner Seele. Ich schleuderte den stummen Aufschrei »Warum bin ich lesbisch?« meinem Schöpfer, meinen Eltern und einigen anderen Personen entgegen. Immer wieder dieses warum, aber ebenso die vorwurfsvolle Frage: »Gott, warum hast du denn keine Ehe für schwule und lesbische Paare vorgesehen, geschweige denn erlaubt?«

Der Gedanke, dass Gott selbst mich »nicht richtig gepolt«, das heißt, mit einer »fehlgebildeten« sexuellen Orientierung geschaffen haben könnte, oder, wenn auch nicht geschaffen, dann zumindest doch zugelassen hat, dass ich so geworden bin, und mir dann aber andererseits verbietet, mit dieser Neigung glücklich zu werden, machte mich wütend: auf meinen

Schöpfer und auf alle Menschen, die von mir ein Leben ohne Partnerin und in sexueller Abstinenz verlangten! Ich fühlte mich ungerecht behandelt. So hallten viele Fragen, Vorwürfe und Gedanken zu Gottes »Schöpfungsordnung« in meinem verstörten und verwirrten Geist und in meiner verletzten Seele wider. Qualvolle Fragen, unsagbarer Schmerz und ein heftiges Ringen mit Gott, meinem Erfinder.

Erst nach und nach wagte ich es ganz vorsichtig, mich auf einen ehrlichen Blick in die Vergangenheit einzulassen. Dabei saß ich entweder stundenlang auf dem Zimmer oder ging ausgiebig spazieren und suchte mir anschließend ein ruhiges Plätzchen im Grünen, um mein Leben Revue passieren zu lassen. Nach knapp einer Woche gelang es mir, meine Gedanken besser zu bündeln und Bilanz zu ziehen: Obwohl in meinem Naturell schon seit Kindertagen ein akribisches Hinterfragen grundgelegt gewesen war und ich das Thema »Homosexualität und Gott« demnach recht profund hätte angehen müssen, war ich dennoch schlicht und ergreifend sehr lange nicht dazu bereit gewesen. Und zwar deshalb nicht, weil ich ganz genau gewusst hatte, dass ich dann mein Leben hätte anders gestalten müssen. Und das hatte ich nicht gewollt! Ja, ganz einfach, ich hatte mein Leben als Lesbe nicht ändern wollen, obwohl ich durch viele schmerzhafte Begebenheiten einsehen hätte müssen, dass es nicht der richtige Weg gewesen war! Doch warum hatte ich es nicht ändern wollen?

Der Grund war eine Mischung aus Existenzangst, im Sinne von »Ich will nicht allein leben«, und purer Gewohnheit gewesen. Auch hatte ich meine Freunde und Bekannten nicht verlieren wollen, die fast alle homosexuell gewesen waren. Und überdies hatte es einen gewissen Touch des »Anders-Seins« gehabt, was perfekt meiner rebellischen Haltung entsprochen hatte. Es waren also zugleich Existenzangst, Verlustangst, Bindungskonstellationen, sowie Trotz und Rebellion gewesen, die mich davon abgehalten hatten, mich auf eine ehrliche Konversation mit meinem Gewissen einzulassen und eine Änderung meines Lebenswandels ins Auge zu fassen.

Aber all diese Gründe waren nicht ansatzweise so schwerwiegend gewesen wie mein Hochmut, der mich in seiner Grenzenlosigkeit zu meinem Irrweg verleitet hatte. Ich war umhergeirrt und hatte keinen Plan gehabt, wohin die Reise ging. Stolz, Arroganz und Besserwisserei waren die Richtungsgeber auf meinen Abwegen gewesen. Abgründe hatten sich aufgetan, und ich war fröhlich, frei und wenig fromm hineingestürzt. Ich hatte mich einfach nicht mit Gottes Regelwerk für ein glückliches Leben beschäftigen wollen. Demzufolge hatte ich Gottes Plan des Glücks für mich weder erkennen noch verstehen können und hatte meinen sündhaften, mir selbst und anderen schadenden Lebensstil weiter gelebt und dadurch eine Umkehr verhindert. Denn, um umzukehren, muss man erst einmal stoppen, und zugeben, dass die Richtung möglicherweise nicht stimmen könnte.

Dabei hatte mich stets eine seltsame innere Unruhe erfasst, besser gesagt, sie hatte mich regelmäßig überfallen. Mein Gewissen hatte immer wieder angeklopft und sich zu Wort gemeldet. Zuweilen hatte ich diesem treuen Kameraden die Tür geöffnet und ihn für einen kurzen Plausch hereingelassen. Sein Thema war aber immer die gleiche Leier gewesen, nämlich, dass Gott mich liebt, zu mir kommen, mir den rechten Weg zeigen und mich glücklich machen wolle. Meist hatte ich weder Lust noch Nerven gehabt, mich darauf einzulassen.

Ich war dabei dem Grundübel aller Zeiten auf den Leim gegangen: Ich hatte so sein wollen wie Gott, indem ich mein Leben nach meiner Lust und Laune selbst bestimmte. Denn wenn ich wirklich und ehrlichen Herzens hätte wissen wollen, warum Gott lesbische und schwule Beziehungen in seiner Schöpfungsordnung weder erwähnt noch vorgesehen hat, dann hätte ich mich auch mit besagter Ordnung für alles Geschaffene auseinandersetzen müssen. Und dazu wäre nun mal ein Blick in die Bibel, insbesondere auf den Schöpfungsbericht und auf die eindeutigen Worte Jesu über die intime Verbindung zweier Menschen, die »Fähigkeit zur Ehe« sowie die »Berufung zur Ehelosigkeit« unerlässlich gewesen. Aber ohne Demut und Liebe zum Leben ging das nicht.

Anstatt auf das zu warten, was Gott mir schenken und womit er mich am Leben erhalten wollte, hatte ich mir andere Früchte gesucht und selbst definiert, was essbar ist und was nicht – Adam und Eva lassen grüßen … Auf diese Weise hatte ich mir meine eigene Ordnung geschaffen, die mir viel menschlicher und moderner erschienen war als das, was Gott für uns Menschen vorgesehen hat. Und obendrein hatte ich dann noch die Tatsache ignoriert, dass Gott nur Gutes für mich will, mich jedoch ohne meine Zustimmung nicht retten kann, wenn ich ihm – bewusst und aus voller Absicht – den Rücken zukehre und ihn ablehne. Er hat uns nun mal als Menschen mit einem freien Willen und nicht als Marionetten geschaffen und achtet das demnach auch.

Nachdem ich mein »Entdecke-deine-Lebenslügen«-Puzzle fertiggestellt hatte, heulte ich mir die Augen aus dem Kopf, denn ich erkannte ganz deutlich, dass ich alles, ja, alles, aufgeben, loslassen und zurücklassen musste, was mir bisher lieb und teuer gewesen war. Ich war mir jetzt sicher, dass ich aufhören musste, meine lesbische Neigung auszuleben. Auch gestand ich mir zum ersten Mal ein, dass mir in den vergangenen Jahren die Kirche als Gemeinschaft Gleichgesinnter gefehlt hatte und dass ich Jesus nicht von seiner Kirche trennen konnte.

All das war weder ein rein emotionaler noch ein rein rationaler Prozess, sondern vielmehr ein tief in und von meinem Gewissen ausgelöster Erkenntnisprozess, der nach einem längeren Ringen Verstand, Vernunft und Gefühl zu einer unauflöslichen, unbestechlichen Einheit zusammenführte und die Entscheidung zu meiner Umkehr gebar! In der Folge brachte dies auch größten Frieden und Freude in mir hervor – trotz des starken Abschiedsschmerzes in dem Loslass-Prozess. So entschied ich mich, wieder in die Kirche einzutreten, meine Vergangenheit im Rahmen einer »Lebensbeichte« der göttlichen Barmherzigkeit anzuvertrauen und fortan einen sexuell abstinenten Lebensstil zu führen. Erleichtert ob der getroffenen Entscheidung kehrte ich wieder nach München zurück.

Waschanlage

Da ich seit fünfundzwanzig Jahren nicht mehr gebeichtet hatte, entschloss ich mich, meine Lebensbeichte intensiv vorzubereiten, und zog mich aus diesem Grund für weitere stille Tage an einen bayrischen Bergsee zurück. Zunächst einmal

176

versuchte ich, mir in Erinnerung zu bringen, was eigentlich eine Sünde ist bzw. was daran so schlimm ist. Dazu reflektierte ich, was mir P. Christian über dieses Thema mit auf den Weg gegeben hatte: »Was ist die Sünde? Sie ist ein Verstoß gegen das Gute und entfernt dich von Gott. Sie ist das Werk des Bösen und fügt deiner Seele Schmerz und Schaden zu. Dabei befleckt sie deine Seele und verletzt sie. Jede Sünde ist hässlich, denn sie entstellt die Schönheit der Liebe. Die Sünde ist eine Folge der Erbsünde, durch welche die Neigung zum Bösen geboren wurde. Gott will nicht, dass du oder sonst irgendein Mensch sündigt.«

Anschließend erforschte ich weitestgehend schematisch meine Sünden. Zu diesem Zweck betrachtete ich chronologisch all meine lesbischen Beziehungen, die damit verbundenen Ehebrüche und sonstigen Exzesse, sowie die familiären, beruflichen und freundschaftlichen Verbindungen und die mir jeweils dazu in Erinnerung kommenden negativen Begebenheiten.

Wohl wissend, in welche Abgründe ich meine Seele versenkt und wie sehr ich meinen Leib beschmutzt hatte, belastete mich obendrein die Tatsache, dass ich damit auch anderen großen Schaden zugefügt hatte. Denn die Sünde schadet in mehrfacher Hinsicht, nämlich dem, der sündigt, und denjenigen die davon direkt oder indirekt betroffen sind.

Darüber hinaus fiel mir die Erforschung der so genannten »Unterlassungssünden« recht schwer, d. h. all dessen, was ich an Gutem unterlassen hatte, wie z. B. Werke der Nächstenliebe oder ein Wachsen in den Tugenden. Mit jeder Stunde wurde die Liste meines Sündenregisters länger. Ich musste keineswegs angestrengt nachdenken. Nein, mein Gewissen hatte längst schon alles verzeichnet, ich musste nur bereit sein, meine Sünden zu benennen und sie niederzuschreiben. Ich fühlte mich schuldig, und ich war schuldig! Manchmal wurde mir beim Rückblick geradezu schlecht, und ich musste erst einen Spaziergang am See machen, bevor ich mit meiner Gewissenserforschung fortfahren konnte. Es war wie »Einmal Hölle und zurück!«

Besten Wissens und Gewissens schrieb ich all das auf, was mir in dieser aufrichtigen, brutalen und intensiven Auseinandersetzung in Geist und Sinn gekommen war. Nach drei Tagen hatte ich die Liste endlich fertiggestellt. Dabei machte ich mir nicht so viele Sorgen, dass sie nicht komplett sein könnte, da von vornherein klar war, dass ich mich unmöglich an alles würde erinnern können, was ich in einem Vierteljahrhundert verschuldet hatte. Stattdessen vertraute ich fest auf das, was mir Pater Christian für die Vorbereitung mit auf den Weg gegeben hatte: Jesus vergibt uns in der Beichte immer ganz, d. h. alles. Die Voraussetzung dafür ist, dass wir ehrlichen Herzens unser Gewissen erforscht, unsere dabei aufgedeckten Sünden bereut, benannt und bekannt haben und uns vornehmen, sie nicht wieder zu begehen. Und als Bonuszugabe schenkt uns Jesus dann noch, dass er nicht nur alles vergibt, sondern auch alles vergisst und uns bei der Wiedergutmachung hilft.

Trotz der mühsamen und durchaus qualvollen Auseinandersetzung mit meiner sündhaften Vergangenheit, überwog deshalb die große Vorfreude auf diese göttliche Reinigungs- und Läuterungsaktion. Ich blickte zuversichtlich auf den Tag, an dem ich den schweren Rucksack meiner Lebenssünden für immer loswerden konnte und machte mich von der idyllischen Seenumgebung wieder auf den Heimweg.

Pater Christian bot mir an, dass ich bei ihm die Beichte ablegen und danach den »formellen Akt« vollziehen könnte, um wieder in die Kirche einzutreten. Anfang November fuhr ich dazu von München in das österreichische Kloster. Es war an einem Wochenende, daher ergab sich die wunderbare Gelegenheit, meinen Wiedereintritt nicht nur im kleinen Kreis einer klösterlichen Gemeinschaft, sondern feierlich im Rahmen einer Heiligen Messe offiziell vollführen zu können.

Als große Unterstützung empfand ich, dass mich, wie schon zuvor, auch zu diesem Vorhaben eine der Legionärinnen namens Heidi begleitete, die ich in München kennengelernt hatte. Sie hatte sich seitdem meiner fürsorglich angenommen und mir immer wieder durch Gebet und Gespräche geholfen, die notwendigen Schritte zu erkennen und umzusetzen. Heidi erklärte sich bereit, während meiner Beichte für mich in der Kirche zu beten. Das war mir eine große und wichtige Hilfe.

Am Vormittag war es dann soweit, und ich legte meine Lebensbeichte ab. In einem kleinen Besprechungszimmer traf ich mich mit Pater Christian, der mich mit einem gütigen Blick empfing. Wir nahmen an einem runden Tisch Platz. Er zündete eine Kerze an und sprach ein kurzes Gebet zum Einstieg. Zunächst war es mir äußerst peinlich und kostete mich nicht wenig Überwindung, in aller Ehrlichkeit und ohne Schnörkel meine Missetaten zu bekennen. Abwechselnd rannen mir Tränen und Schweißperlen übers Gesicht.

179

Pater Christian war jedoch ein überaus würdiger Beichtvater und half mir durch seine liebevolle und einfühlsame Art. Auch in Bezug auf die Berührung mit den bereits erwähnten okkulten und esoterischen Praktiken hatte Gott mir die nötige Erkenntnis geschenkt: Eine Reinigung, d. h. Umkehr und Bitte um Vergebung dieser schweren Sünden, war ebenfalls »not-wendig« geworden, um von den Auswirkungen und Spätfolgen der damaligen falschen Entscheidungen frei zu werden. Ich war sehr dankbar, dass es einen Ausweg aus diesem Labyrinth gab und Gottes Liebe und Barmherzigkeit mir einen Neubeginn ermöglichten.

Nach knapp zwei Stunden hatte ich dann alles gesagt, was zu sagen war. Ich schluchzte leise und stammelte, dass mich mein Verhalten reute und ich alle direkt und indirekt Beteiligten von Herzen um Vergebung bitten würde. Als mich Pater Christian nach ein paar hilfreichen Erläuterungen und ermutigenden Worten von meinen Sünden »lossprach«, wurde mir die reinigende, heilende und befreiende Kraft der Beichte, dieses – theologisch gesprochen – »Sakraments der Buße und Versöhnung«, besonders deutlich bewusst: Wie in einem inneren Bild sah ich, wie Gott in den dunklen Keller meiner Seele hinabstieg und den ganzen Dreck herausholte. Dabei reinigte er alles auf wundersame Weise, und ich wurde mit Licht und Wärme durchflutet. Was für eine Befreiung, was für eine Freude! Zum Abschluss bat mich Pater Christian, als Wiedergutmachung und zur Danksagung bei nächster Gelegenheit eine Wallfahrt nach Altötting zu machen.

Freudestrahlend eilte ich nach der Beichte zu Heidi und umarmte sie voller Dankbarkeit. Der erste Schritt war geschafft! Was für eine Erleichterung! Ich war in einer anderen Welt angekommen und spürte seit Jahrzehnten wieder, was es bedeutet, wahrhaftig lebendig zu sein. Ich strahlte, und der sonnige Novembertag bot alles auf, um mein Strahlen auch von oben zu verschönern.

Dem Himmel so nah

Am Abend kam dann der große Augenblick, wieder in den Schoß der Katholischen Kirche zurückzukehren. Vor der Heiligen Messe gab mir Pater Christian das Formblatt mit dem skizzierten Ablauf für den Wiedereintritt: Demgemäß sollte ich meinen Glauben und meine Bereitschaft, wieder der katholischen Glaubensgemeinschaft anzugehören, öffentlich vor der versammelten Schar der Messbesucher bekennen. Als ich den Text las, fühlte ich auf einmal ein großes Unwohlsein und ein Gefühl der Angst, sodass ich das Ganze schon abblasen oder zumindest auf einen anderen Tag verschieben wollte. Aber die vielen Gebete derer, die mich in München aufgesucht und seit dieser Zeit auch andere um ihr Gebet für mich ersucht hatten, waren stärker und ließen nicht zu, dass ich einen Rückzieher machte. Mit einem Mal spürte ich förmlich die hilfreiche Kraft dieser Gebete, die mich zu Jesus und in seine Kirche zurückbrachten.

Heidi und Jakob standen links und rechts neben mir, während ich feierlich meinen Wiedereintritt »gelobte«. Die ganze Gemeinde klatschte danach, und ich war wie im Himmel. Endlich durfte ich Jesus in der Kommunion empfangen. Auch wenn ich viel zu aufgewühlt und ergriffen war, um dieses große Geschenk wirklich realisieren zu können, so war es mir doch sehr heilig. Vor allem dankte ich Gott von Herzen für all die Menschen, die mich bis dahin begleitet hatten.

Was danach folgte, vermag ich nicht in Worte zu fassen: Wieder nach München zurückgekehrt, war ich drei Tage lang in einen unglaublichen und für mich nicht beschreibbaren Jubel eingehüllt. Ich verstand mit meinem ganzen Sein die Worte Jesu: *»Ich sage euch: Ebenso wird auch im Himmel mehr Freude herrschen über einen einzigen Sünder, der umkehrt, als über neunundneunzig Gerechte, die es nicht nötig haben umzukehren.«* (Lk 15,7). Mir schien, dass der ganze himmlische Hof in, über, unter und neben mir, ja einfach überall zugegen war und in einem nicht enden wollenden Lobgesang Gott für die Wunder pries, die er an mir vollzogen hatte. Der Himmel stand offen, und ich war dem Himmel so nah …

Es war wie ein Vorgeschmack auf das, was uns, so hoffe ich, im Ewigen Leben im Reich Gottes erwarten wird. Niemals zuvor und bis heute nicht mehr habe ich einen solchen Jubel und eine mich dermaßen durchdringende Freude erlebt. Nichts und niemand konnte mir die Gewissheit nehmen, dass es Gott und den Himmel gibt. Noch während ich dem unvergleichlichen Wonnegefühl frönen durfte, nahm ich mir schon fest vor, diesen innigen Liebes- und Gottesbeweis niemals zu vergessen, um in zukünftigen Momenten der Dunkelheit und Zweifel gewappnet zu sein. Und in der Tat half mir in den folgenden Jahren die Erinnerung an dieses für mich himmlische Ereignis über viele Hürden und Ärgernisse hinweg.

Fuß fassen

Nach diesen beeindruckenden Ereignissen fiel es mir zunächst sehr schwer, mich auf mein bisheriges Umfeld einzustellen, sowohl auf beruflicher Ebene als auch in Bezug auf meine Freunde und Bekannten aus der Homo-Szene. Ich arbeitete mit Hochdruck daran, eine Lösung zu finden, wie und wo ich meinem neuen Leben Raum geben konnte. War mir zwar klar, dass ich München verlassen musste, so hatte ich doch erst einmal als Zwischenstation eine geeignete Bleibe ausfindig zu machen, um in Ruhe die nächsten Schritte zu planen und nach und nach meine Zelte in München abzubrechen.

Der Himmel fügte es, dass einer der Legionäre jemanden suchte, der sich in einem abgelegenen Bergdorf seines kleinen Wochenendhäuschens annahm, da er über die Wintermonate verreisen wollte. Alles ging bestens vonstatten, und ich durfte für drei Monate dort mein Quartier beziehen. Außer meiner Familie wusste zunächst niemand von meinem Vorhaben.

Während ich den schneereichen Beginn des Jahres 2005 in dem heimeligen, nur mit einem kleinen Ofen beheizten Holzhaus verbrachte, durchlebte ich einen äußerst schmerzhaften, aber schlussendlich auch heilsamen Prozess. Denn ich musste meine Vergangenheit, so gut es ging, hinter mir lassen, oder besser gesagt loslassen und meine neue Lebensplanung in Angriff nehmen. Natürlich war ich starken Versuchungen ausgesetzt, meine Umkehr rückgängig zu machen. So hatte ich gerade meine Auszeit begonnen, als mich mein damaliger Manager anrief. Er bot mir genau den Job an, der mich auf die höchste Stufe meiner IT-Karriereleiter gebracht hätte und den ich schon seit Längerem als Wunschjob ins Auge gefasst hatte. Ich musste mich entscheiden. In der Stille erkannte ich erneut, dass ich aus ganzem Herzen alle Gebundenheiten loslassen musste, die mich in meinem alten Leben gefangen hielten, da ich sonst nie wirklich frei werden würde. Schließlich lehnte ich das Stellenangebot ab.

Auch wenn sich Pater Christian, Jakob und einige freundliche Menschen, die ich im Zuge meines dortigen Aufenthaltes kennengelernt hatte, redlich bemühten und mir in vielen Situationen liebevoll zur Seite standen, so fehlte mir doch eine fundierte, zielgerichtete und vor allem tägliche Begleitung. Das betraf sowohl seelsorgerliche und therapeutische als auch zwischenmenschliche Belange. Überdies begegnete ich leider niemandem, der an einem einfachen, aber regelmäßigen freundschaftlichen Austausch und gemeinsamen Freizeitaktivitäten interessiert gewesen wäre. Im Grunde war ich in diesem nicht einmal dreihundert Einwohner zählenden Kuhkaff weitestgehend auf mich alleine gestellt, und oft war der Briefträger die einzige Person, mit der ich ein paar Worte wechseln konnte. Gottlob gab es aber einige Kilometer entfernt eine kleine Gemeinschaft von Ordensschwestern, die sich meiner sehr einfühlsam annahmen. Immer wieder luden sie mich zum Gespräch samt einem köstlichen Mittagessen ein und halfen mir so, die Tränentäler nicht ganz alleine durchschreiten zu müssen.

Gott ließ meinen Befreiungskampf zu und konfrontierte mich auf diese Weise direkt mit meinem Inneren. So durchlitt und durchlebte ich eine intensive Zeit des Abschieds und der Trauer, der Ungewissheit und Sorge, der Existenzangst und

Perspektivlosigkeit, der Glaubensprüfung und Seelennot, der Gebetsschule und Erkenntnis, der Berufungssuche und Vorfreude. Wie bei einer Zwiebel legte ich Schale um Schale frei und erkannte dadurch noch besser, auf welchen Pfaden ich bisher gewandelt war und wie ich nun ein neues Leben – basierend auf dem Fundament meines Glaubens – beginnen konnte. Kam ich in meiner Armut und Trostlosigkeit jeweils an meine Grenzen, geleitete mich Jesus auf seine Art – etwa durch einen liebevollen Zuspruch in meinem Herzen oder ein schönes Naturerlebnis – sanft und sicher immer weiter auf den Weg zu einem sinnerfüllten Leben …

Wie viele Neubekehrte verspürte auch ich den großen Drang, anderen von meinem komplizierten Weg mit und zu Gott zu erzählen. Unbedingt wollte ich so etwas wie eine »Botschafterin der Liebe und des Friedens Gottes« werden. Deshalb bemühte ich mich um eine Anstellung in einer kirchlichen Institution. Es kam zu einem vielversprechenden Bewerbungsgespräch, dem weitere, jedoch sehr mühsame und zähe Verhandlungen folgten. Jesus prüfte meine Geduld und mein Vertrauen. Erst am allerletzten Abend meines mehrmonatigen Aufenthaltes bekam ich die mündliche Zusage für diesen neuen, zunächst auf ein Jahr befristeten Arbeitsplatz.

Erleichtert kehrte ich nach München zurück, um dort für immer meine Zelte abzubrechen. Erneut kam es aber zu Problemen mit meinem neuen Arbeitgeber, sodass ich in der Luft hing und nicht wusste, ob es nun tatsächlich zu einer Anstellung kommen würde oder nicht. Meine Nerven lagen blank. Ich entschloss mich, auf Gott zu vertrauen, und kündigte trotz allem meine sichere Arbeitsstelle, sehr zum Leidwesen meiner Vorgesetzten und Kollegen. Diese konnten meine Entscheidung nicht nachvollziehen, da ich noch nicht in der Lage war, im Detail über meinen Lebens- und Gesinnungswandel, geschweige denn über meine Bekehrung zu sprechen. Kurz danach verabschiedete ich mich, im Rahmen meiner Geburtstagsfeier, von meinen Freunden und Bekannten. Verständlicherweise waren sie verwirrt, verunsichert und viel zu überrumpelt, um überhaupt irgendetwas dazu sagen zu können. Schließlich begründete ich mein Vorhaben damit, mich nach einer sowohl beruflich als auch privat stressigen Zeit neu orientieren zu wollen und dafür Abstand zu meinem bisherigen Umfeld zu suchen. Zu diesem Zweck würde ich auf einige neu geschlossene Freundschaften in Österreich zurückgreifen können.

Ab diesem Zeitpunkt ließ ich den Kontakt zu meinen Freunden und Arbeitskollegen – mit Ausnahme von Kathi – einschlafen. Einige meiner homosexuellen Freunde, insbesondere Christiane, versuchten noch eine Zeit lang, mich zu erreichen, äußerlich wie innerlich, aber ich konnte und wollte – trotz des immensen und überaus schmerzhaften Verlustes – diese Bindungen nicht mehr länger aufrecht erhalten. Es hätte keinen Sinn gehabt, da wir nicht mehr alle zusammen in der Szene, jedoch vor allem nicht mehr in der gleichen Gesinnung hätten unterwegs sein können. Mein Leben hatte eine Kehrtwende erfahren, und nun hatten wir kein gemeinsames Ziel mehr. Sie konnten meinen Weg nicht verstehen, vielleicht auch, weil ich ihn nicht genauer zu erklären vermochte. Obendrein hegte ich Bedenken, dass sie mich umstimmen könnten. Mein neues Leben war jedoch eine sehr wertvolle Perle, die ich in Händen hielt, und meine Hände schienen mir noch nicht stark genug, diesen Schatz zu sichern.

Endlich bekam ich die definitive Zusage für den Job in der kirchlichen Institution und machte mich mit einem lachenden und einem weinenden Auge an die Umzugsplanung. Meine Familie war zwar überrascht über meinen neuen Weg, da ich aber in den Jahren zuvor bereits mehrfach Job und Wohnort gewechselt hatte, hielten es die meisten Familienmitglieder vermutlich eher für eine meiner üblichen Anwandlungen. Wie schon einige Male davor, so bat ich auch diesmal meine Schwestern samt Anhang um Hilfe.

Mein Schwager Paul ist ein Goldstück, und ohne ihn hätte ich keinen meiner Umzüge gemeistert. Wie immer organisierte er den benötigten LKW und machte sich mit Vera auf die Hunderte von Kilometern lange Reise. Meine älteste Schwester Monika kam zusammen mit meinem Schwager Werner im Kombi samt Anhänger. Annika und ihr Mann konnten diesmal nicht mithelfen. Ich ließ eigens die Parkzone vorm Haus absperren. Es war Fronleichnam, und wir machten wahrlich eine Vielzahl von Prozessionen mit Möbeln, Umzugskisten, Kleinkram, Kleidern, CDs, Lampen, Küchengeräten, Musikinstrumenten und was sonst noch alles bei einer Wohnungsauflösung anfällt. Dankenswerterweise nahmen meine Geschwister alles entgegen und teilten den Hausstand je nach Bedarf in der ganzen Familie auf. Am Nachmittag war endlich alles verstaut, und ich war sehr erleichtert.

Werner, ein groß gewachsener und manchmal ein wenig rau wirkender Mann, hatte sogar Tränen in den Augen, als ich mich von ihm verabschiedete. Jahre später erzählte er mir einmal, dass er meinen Schritt sehr bewundert hatte. An diesem Tag ist wohl jedem der Abschied schwergefallen, war doch mein neuer Lebensmittelpunkt in Österreich nun noch weiter entfernt von meiner Heimat. So trennten sich unsere Wege und ich brach, wenn auch zunächst noch ein bisschen traurig, so dennoch zufrieden, glücklich und von allen Altlasten befreit, mit nur einer Autoladung persönlicher Gegenstände nach Österreich auf. Kurz darauf, im Sommer 2005, begann ich meine neue Arbeit und versuchte fortan, meinen Weg mit Jesus in seiner Kirche zu gehen.

VII. Die nackte Wahrheit

Auch wenn man vielleicht vermuten könnte, dass nach meiner Bekehrung alles eitel Sonnenschein für mich war, so gestalteten sich die ersten Jahre danach jedoch eher als eine anstrengende Abenteuerreise auf der Suche nach Liebe und Wahrheit. Mit knapp vierzig ganz von vorne zu beginnen, ist mir dabei, äußerlich betrachtet, nicht so schwergefallen. Allerdings musste ich mich zuerst an mein neues österreichisches Umfeld mit seinen regionalen Mentalitätsunterschieden gewöhnen, war mir als Deutsche doch noch vieles unbekannt, vor allem der Gebrauch heimischer Begriffe.

Zunächst ließ ich mich in einem schönen, burgenländischen Dorf nieder und wohnte zur Untermiete in einem einfachen Zimmer mit Bad und gemeinsamer Küche. Auch wenn in dem Haus niemand sonst ansässig war, so war es dennoch eine sehr große Umstellung für mich. Doch dieser gewöhnungsbedürftige Lebensstil hatte durchaus einen gewissen Hauch von Abenteuer und half mir, den Blick für das Lebensnotwendige zu schärfen und mich ausnahmslos auf meinen neuen Weg einzustellen. Schnell lernte ich, auf zuvor als notwendig und unerlässlich erachtete materielle Güter und Annehmlichkeiten zu verzichten, ebenso auf lieb gewonnene Hobbys, wie z. B. den Besuch eines Fußball-Bundesliga-Spieles. Die dadurch frei gewordene Zeit nutzte ich, um meine Vergangenheit noch weiter aufzuarbeiten und mein Glaubensleben zu vertiefen.

Auf gewisse Weise fühlte ich mich zuweilen wie eine Pubertierende, die einerseits ihre bisherigen Bindungen hinter sich lassen will und muss, aber andererseits noch gar nicht weiß, wohin die Reise eigentlich geht. Ich schämte mich für mein Vorleben samt all der Peinlichkeiten und Exzesse und hätte es am liebsten mit allem, was dazugehörte, ausgelöscht. So entsorgte ich akribisch nahezu alle Fotos ehemaliger Partnerinnen, Freunde und Bekannter aus der Homo-Szene und behielt nur ein paar salonfähige Exemplare als Erinnerungsstücke. Mein Hang zum Extremen hinderte mich erneut, langsam zu machen und mit Sanftmut und Gelassenheit auf die Vergangenheit zu blicken. Dabei hatte mir doch Jesus längst alles verziehen, aber offensichtlich hatte ich mir selbst noch vieles vorzuwerfen. Immer wieder kamen üble Erinnerungen hoch und unterbanden mein Bemühen, mich so anzunehmen, wie ich bin: ein Mensch mit Fehlern und Schwächen, der aber trotzdem geliebt ist.

Im Büro versuchte eine altgediente, höfliche und engagierte Arbeitskollegin, mich in die Tiefen der jahrzehntelang gewachsenen Organisationsstruktur jener kirchlichen Institution einzuführen, in der ich seit kurzem mit Managementaufgaben betraut war. Ich fühlte mich wie auf einem anderen Planeten: Meine in der IT-Welt erlernte, selbstverständlich auf Effizienz und Profit ausgerichtete Arbeitsweise konnte ich nicht einmal auch nur in Ansätzen beibehalten, da ich damit bei der Mehrheit der Belegschaft auf Widerstand stieß. Die Kollegen wollten in den Meetings erst mal gemütlich bei einem »Kaffeetschi« – mit allen alles – besprechen und danach, natürlich nicht sofort, dem Herrn Direktor eine Entscheidungsvorlage unterbreiten. Die Bandbreite der Themen erstreckte sich dabei von der Duftnote des zu besorgenden »Häuslsprays« bis hin zu strategisch wichtigen Fundraising-Kampagnen. Es war ein wenig gewöhnungsbedürftig, aber mit einer großen Portion Humor ausgestattet, versuchte ich, den Wiener Schmäh samt diverser »Spompanadeln«, auf deutsch-deutsch Mätzchen, über mich ergehen zu lassen.

Nach einem halben Jahr wurde mir die eineinhalbstündige Anreise ins Büro zu aufwändig, und so zog ich Anfang 2006 vom Burgenland nach Wien in eine schöne, moderne und schnuckelige Zweizimmerwohnung. Überhaupt brauchte ich noch sehr viel Zeit für mich allein, um meine neu geschenkte Identität als geliebtes Kind Gottes immer besser kennenlernen, annehmen und leben zu können. Deshalb machte ich in meiner spärlichen Freizeit kaum Anstalten, mein soziales Netzwerk zu erweitern bzw. die wenigen, neu geknüpften Kontakte aufrechtzuerhalten. Das erwies sich im Laufe der Zeit aber als nachteilig, denn dadurch konnte ich nicht richtig ankommen, geschweige denn Wurzeln schlagen. Ich war sehr einsam.

Ohne es zu merken, fiel ich deshalb bald darauf wieder in mein altes Leistungsmuster zurück und hängte mich voll in den Job. Auch wenn es mir längst nicht mehr um Karriere oder gar Anerkennung ging, so war ich dennoch in diesem über viele Jahre erlernten Muster gefangen, meine Einsamkeit mit äußeren Aktivitäten füllen zu wollen. Wenigstens das Konsumieren fiel diesmal als Option aus, da ich gerade mal so viel verdiente, um einigermaßen über die Runden zu kommen.

Auch wenn ich Gott zwar grundsätzlich vertraute, so wankte ich doch das eine oder andere Mal. Eines Tages betete ich eine

Novene – das ist ein neuntägiges Fürbitt-Gebet – zur mittlerweile heiliggesprochenen Mutter Teresa von Kalkutta. Es war ein Tag im Advent. Ich zündete mir zwei kleine Teelichter an und versuchte im frühmorgendlichen Halbdunkel, den Gebetstext zu lesen. Deshalb nahm ich die Worte nur ganz langsam über die Lippen auf und leitete sie behutsam weiter an mein Herz. Plötzlich erleuchtete etwas mein Inneres wie ein heller Schein: Es war die klare Erkenntnis, dass ich an der Liebe Gottes zu mir gezweifelt hatte. Ich war völlig platt, war ich doch immerhin nun schon einige Zeit als Frischbekehrte recht fromm unterwegs. Es war wie ein Schock: Wie konnte ich nur daran zweifeln, dass Jesus mich liebt?

Hatte man mich gefragt, ob Gott auch einen Schwerverbrecher lieben würde, so schwoll mir die Brust an. Voll des Lobes für unseren Schöpfer erklärte ich meinem Gegenüber all das über Gottes Liebe, was je nach Erkenntnisstand gerade in mir am Wirken war. Und das war stets der unerschütterliche Glaube, dass Gott zwar keinesfalls die Sünde, aber in jedem Fall selbst den schwersten Sünder, den schlimmsten Verbrecher, den unverhohlensten Kinderschänder, den korruptesten Börsenmakler, den hochmütigsten Fußballstar, den … , die … , uneingeschränkt und ohne Bedingungen oder Abstriche liebt. Ich machte nur eine Ausnahme: mich selbst. Es war ungefähr so, als ob ich proklamierte: »Gott liebt bedingungslos alle seine Geschöpfe!« Unbewusst jedoch hämmerte direkt danach eine Art Fehlprogrammierung folgende Festlegung in meine Seele ein: »Gott liebt jeden, außer dich!« Dieses Zweifels war ich mir lange nicht bewusst gewesen.

Diese Erkenntnis war aber erst der Anfang eines längeren Denk- und Verwandlungsprozesses, denn es meldeten sich nach und nach noch andere Zweifel zu Wort. Über einen längeren Zeitraum entdeckte ich, dass ich insgesamt in folgende Zweifel verstrickt war: An Gottes Liebe für mich, d. h. dass er mich unendlich und bedingungslos liebt; an Gottes Allmacht und Fürsorge, d. h. dass er sich um mich und meine Belange sorgt und mich versorgen kann; an Gottes Barmherzigkeit, d. h. dass er mir alle meine Sünden vergibt und sie auch vergisst; an Gottes weisem Ratschluss, d. h. dass er besser weiß als ich, was das jeweils Beste für mich ist; an Gottes Güte, d. h. dass er nur Gutes für mich will und mir immer wohlgesonnen ist; an einem Platz für mich in Gottes Reich, d. h. dass ich es, trotz meines bisherigen Lebens, in den Himmel schaffen kann. Und schlussendlich zweifelte ich noch an Gottes Führung und Fügung, d. h. dass er mich führt, anleitet und mir den richtigen Weg zeigt und dass er in jedem Fall mein Heil will und mich nicht zu etwas beruft, was meinem Wesen und Naturell entgegengesetzt ist.

Da der erste Zweifel an Gottes Liebe auch die anderen Zweifel mit im Schlepptau hatte, war es besonders wichtig gewesen, diesen ersten zu erkennen und zu entlarven. Durch die mir geschenkte Einsicht lernte ich, alle Zweifel wahrzunehmen, und das war schon die halbe Miete. Mir dämmerte, dass ein Zweifel wie Rost ist und so lange an der Seele nagt, bis sie brüchig ist und keinen Halt mehr hat. Rost entfernt man jedoch nur mit großer Mühe, und je länger man damit wartet, umso mehr muss man entfernen. Meine Zweifel waren eine Versuchung des Bösen, der mich irreleiten und entmutigen wollte. Deshalb musste ich jeden Zweifel an der Wurzel packen, d. h. ihn direkt beim Aufkommen bekämpfen, und beharrlich daran arbeiten, dass er nicht im Verborgenen weiter keimen und seine zerstörerischen Kräfte zur Entfaltung bringen konnte.

Dabei half ich mir durch viele bewusste, konkrete Glaubensakte, wie durch das Gebet und eine häufigere Teilnahme an der Heiligen Messe während der Woche, sowie durch die Betrachtung des Lebens Jesu. Darüber hinaus las ich des Öfteren in den Biografien von Heiligen – aus lang vergangenen Zeiten oder aus den letzten zwei Jahrhunderten – die ihre für mich ermutigenden und faszinierenden Glaubenserfahrungen, aber auch ihre Kämpfe bis ins Detail schilderten.

Viel Stütze und Licht fand ich, wenn ich mich mit all meinen Sorgen und Nöten an die Gottesmutter wandte. Das dazu benötigte Handwerkszeug lernte ich vor allem bei den regelmäßigen Treffen mit den Mitgliedern der Legion Mariens, von denen ich einen Teil bereits in München kennengelernt hatte, sowie auf Weiterbildungsseminaren und Einkehrtagen in Stille. Mit der Zeit wurde der Rosenkranz zu einem Lasso, an dem ich mich festhielt, und mit dem mich Maria immer wieder einfing, wenn ich davonzugaloppieren drohte …

Durch diese kleinen Schritte kam ich langsam aber sicher zu der Überzeugung, dass Jesus auch dann für mich gestorben wäre, wenn ich als einziger Mensch auf der ganzen Welt leben würde, so unendlich und im wahrsten Sinne des Wortes »un-fass-bar« groß ist seine Liebe. Immer wieder sagte ich mir dazu passende Worte Gottes aus der Bibel direkt ins Herz. Nach und nach erfassten diese Gedanken und Worte mein Inneres und erfüllten mich mit Sicherheit, Frieden, Dankbarkeit und Freude. So schwanden allmählich meine Zweifel. Meine Beziehung zu Jesus vertiefte sich in dieser Zeit enorm. Von Tag zu Tag konnte ich seine führende und helfende Hand deutlicher wahrnehmen, auch wenn ich zunächst seine Hilfe nicht immer annehmen wollte und oft glaubte, es besser zu wissen.

Interessanterweise bezweifelte ich nie die Richtigkeit meiner Umkehr, auch wenn der Aufbruch aus München und die viel zu abrupte Verabschiedung von meinen Freunden nicht ohne Herzeleid vonstattenging. Wenn ich hin und wieder neue Bekanntschaften knüpfte, so freute mich das sehr, denn aufgrund meines dürftigen, sozialen Netzwerks war ich weitestgehend auf mich allein gestellt. Andererseits war das wiederum von Vorteil, lernte ich dadurch, mich einzig auf Gott zu verlassen und erst einmal alles mit ihm zu besprechen. Mit der Zeit brannte ich jedoch darauf, endlich anderen von meinem Weg zu erzählen, hielt mich aber dennoch eher bedeckt, intuitiv spürend, dass ich noch einen langen Weg vor mir haben würde und weiterer Heilung bedurfte.

Klartext oder einfach mal die Klappe halten

Nach meiner Umkehr bestand eine meiner größten Herausforderungen darin, mich nicht von »falschen Propheten« und »verirrten Hirten« irreführen zu lassen. Denn leider verwirrten mich Theologen, Seelsorger und Beichtpriester oft mit ihren, wenn auch vielleicht gut gemeinten, aber objektiv unwahren Äußerungen, »dass Homosexualität veranlagt sei«, »dass es neben der Heterosexualität noch weitere, gottgewollte Schöpfungsvarianten gebe« oder »dass es keineswegs sündhaft sei, homosexuelle Praktiken auszuüben, solange man nur in einer treuen und liebevollen Beziehung miteinander lebe«. Solche und andere sich klar gegen die katholische Lehrverkündigung richtende Aussagen hatten massive Auswirkungen auf meinen Umkehrprozess.

Vor allem aber schürten sie in mir als homosexuell empfindende Person die bewusste oder unbewusste Hoffnung, dass das Ausleben meiner Neigung doch irgendetwas Gutes in sich enthalten und somit kein sündhaftes Verhalten darstellen würde. Auf diese Weise wurde ich immer wieder dazu verführt, meine Umkehr rückgängig machen zu wollen oder zumindest ständig darüber nachzugrübeln, ob es nicht vielleicht doch gottgewollt und gesegnet sei, als Lesbe zu leben. Dabei hätte Letzteres nicht nur laut katholischer Lehre, sondern vor allem auch nach meinen ureigensten Erkenntnissen bedeutet, in der Sünde zu verharren, und meine Augen für Jesus Christus, die einzige und ganze Wahrheit, zu verschließen.

Offenbar sind sich jene Hirten nicht darüber im Klaren, welch großen Schaden sie mit der Relativierung einer schweren Sünde anrichten und wie sehr sie dadurch umkehrwillige und hilfesuchende Menschen vom rechten Pfad abbringen können, wie es auch fast schon bei mir geschehen wäre. Denn die aus diesen Erfahrungen resultierenden Kämpfe und Krämpfe habe ich selbst auf bitterste Weise durchlitten: Zuerst zweifelte ich an der göttlichen Schöpfungsordnung. Dieser Zweifel war der Schlimmste, da er zwischen Schöpfer und Geschöpf einen zunächst verborgenen, aber umso tieferen und länger anhaltenden Zwiespalt gesät hat. Infolgedessen zweifelte ich an Gottes Wort in der Heiligen Schrift und somit implizit am Vorhandensein einer einzigen und zugleich allein gültigen Wahrheit.

Damit einhergehend zweifelte ich aufgrund der unterschiedlichen Auslegungen des kirchlichen Lehramtes sowohl an dessen Wahrhaftigkeit als auch Verbindlichkeit und nahm innerlich immer wieder Anstoß daran. Und je mehr die verschiedenen Hirten- und Theologenlager ihre Interpretationen in aller Öffentlichkeit breittraten und somit die Lehre als nicht endgültig und als durchaus noch zu diskutierende hinstellten, umso mehr schloss ich daraus, dass sich die Gelehrten wohl selbst nicht ganz einig sind. Die lehramtlichen Richtlinien erhielten dadurch eher den Anschein eines Entwurfes als den eines verbindlichen Charakters. Des Weiteren kam die quälende und damals für mich nicht zu beantwortende Frage auf, ob und inwieweit die Lehre dann überhaupt vom Heiligen Geist inspiriert ist. Ich kam nicht zur Ruhe, suchte und grübelte ständig weiter, da mich die Aussagen dieser Irrenden zu hoffen verleiteten, dass Gott vielleicht doch noch irgendwo ein Homo-Hintertürchen offengelassen hat. Nach einigen Jahren war ich sogar kurz davor, wieder aus der Kirche auszutreten.

Diese Konflikte sowie die alltägliche, beruflich bedingte Auseinandersetzung mit der Kirche als Institution ließen mit der Zeit meinen anfänglichen Enthusiasmus etwas abflauen. Aber schon bald tröstete ich mich einerseits damit, dass wir allesamt Menschen sind und somit ein jeder mit seinen Schwächen und Problemen zu kämpfen hat. Andererseits machte es mir Mut, mich nun im selben Boot mit ebenfalls

Kämpfenden und Strauchelnden zu wissen, die alle das gleiche Ziel hatten: ein erfülltes Leben in Liebe und Freude, und zwar für immer und ewig.

Leider wird noch immer die Barmherzigkeit Gottes – durch das schon zum Standard-Repertoire ranghöchster Hirten gehörende Respekt- und Toleranz-Gesülze sowie Gradualitäts-Hin-und-her-Gerede – in ein falsches Licht gerückt. Obendrein fordern mehrere Oberhirten mittlerweile die Segnung von Homo-Paaren. Einige sind sogar für eine kirchliche Akzeptanz gelebter Homosexualität bis hin zur Zulassung der »Ehe für alle«. Leider findet diese zeitgeistkonforme Haltung inzwischen auch in Pastoralkonzepten, offiziellen Diözesanmedien und Bildungsveranstaltungen ihren Niederschlag. Hier wird im Bereich des Glaubens eine Einstellung sichtbar, die man im weltlichen Umfeld dem sogenannten »Gutmenschen« zuordnet: Dieser ist »politisch korrekt« und »einfühlsam«, lehnt aber vor allem die ihm nicht genehmen Gebote des natürlichen und offenbaren Sittengesetzes ab.

All das führt zu einer großen Verunsicherung. Infolgedessen kann ein gläubiger Homosexueller heutzutage durchaus zu dem Schluss kommen, er könne getrost seine Homosexualität praktizieren, wenn er nur ausreichend positive Aspekte wie Treue, Fürsorge und Nächstenliebe in seine Beziehung mit einfließen lasse. In diesem Zusammenhang sei erwähnt, dass es keinen Widerspruch zur göttlichen Schöpfungsordnung darstellt, wenn zwei homosexuelle Menschen in einer selbstlosen und nicht-sexuellen Weise freundschaftlich unter einem Dach zusammenleben, sich gegenseitig helfen und füreinander da sind. Ein respektvoller, einfühlsamer und liebevoller Umgang ist nämlich auch ohne sexuelle Handlungen möglich.

Als den Hirten von Gott anvertrautes Mitglied der Herde wünsche ich mir von den Verantwortlichen Sicherheit im Glaubenswissen, Standfestigkeit, Ehrlichkeit und Mut zum Klartext, um mich daran festhalten und orientieren zu können. Ich würde mich freuen, wenn die Hirten der Katholischen Kirche die Wahrheit beim Namen nennen würden! Mir ist es deshalb sehr wichtig, täglich für jene zu beten, die mit der Lehre und Glaubensverkündigung betraut sind, und aus tiefstem Herzen all denjenigen Personen zu danken, die treu zur Lehre der Kirche ihren Dienst verrichten und dafür oft völlig zu Unrecht inner- wie außerkirchlich angefeindet werden. Diese Wahrheitskämpfer sind mir eine große Stütze, leuchtende Vorbilder und machen mir Mut und Hoffnung!

Rette sich, wer kann

Damals als praktizierende Lesbe kämpfte ich vor allem um mein eigenes Ich, aber keineswegs für die gesellschaftliche Akzeptanz gleichgeschlechtlicher Beziehungen. Für Letzteres fühlte ich mich im Laufe der Jahre aufgrund des starken öffentlichen und politischen Drucks der Gender-Ideologen stillschweigend und zunehmend instrumentalisiert, denn ich wurde als homosexuell empfindende Frau automatisch zu den Verfechtern der »Gender-Ideologie« gezählt, obwohl ich deren Gedankengut nie geteilt habe und heute erst recht nicht teile. Da möglicherweise nicht jedem Leser bekannt ist, was sich hinter alledem verbirgt, möchte ich an dieser Stelle ein paar Worte darauf verwenden.

Allgemein steht der Begriff »Ideologie« für »Weltanschauung«, d. h. für ein bestimmtes Weltbild. Begründer von Ideologien wollen der Wirklichkeit ihr Theorieschema aufzwingen. Die »Gender-Ideologie«, auch »Genderismus« genannt, beruht auf der Annahme, dass es neben Männern und Frauen noch weitere »Geschlechtervarianten« gäbe. Der Gender-Begriff beschreibt in Abgrenzung zum biologischen Geschlecht (englisch »sex«) das soziale Geschlecht (englisch »gender«), das alle von der Gesellschaft und Kultur geprägten Merkmale, die der sozialen Rolle von Mann und Frau zugeschrieben werden, enthält.

Dabei postuliert die Gender-Ideologie, dass das »soziale Geschlecht« mit dem »biologischen Geschlecht« zwar übereinstimmen könne, aber nicht müsse. Die Gender-Ideologie behauptet außerdem, dass das geschlechtliche Erleben, ja letztlich das Geschlecht selbst, von der Biologie und dem Körper des Menschen unabhängig sei; es sei ausschließlich sozial anerzogen bzw. erlernt und damit prinzipiell für jeden frei veränderbar und frei wählbar. Genderisten lehnen die grundlegenden Unterschiede zwischen Mann und Frau ab. Darüber hinaus halten sie jede sexuelle Orientierung – heterosexuell, homosexuell, bisexuell und transsexuell – für gleichwertig und auslebenswert. Des Weiteren soll jeder Mensch selbst bestimmen können, ob er Mann oder Frau oder beides zugleich oder etwas dazwischen sein will.

Menschen, die aufgrund von Chromosomenabberationen kein eindeutiges Geschlecht haben oder Menschen, die Schwierigkeiten haben, sich mit ihrem Geschlecht zu identifizieren, wären demnach keine Ausnahmen, welche die

Regel bestätigen. Sie wären im Gegenteil Opfer einer herabwürdigenden Vorstellung von Geschlechtlichkeit und einer diskriminierenden Gesellschaft, welche überwunden werden müssten. Nach der Vorstellung der Gender-Ideologie wären diese Menschen wahlweise Vertreter eines postulierten »Dritten Geschlechts« oder noch weiterer angenommener »Geschlechtervarianten«. Menschen, die sich dagegen zur Zweigeschlechtlichkeit bekennen, wären dann entweder »heteronormativ«, d. h. repressive Unterdrücker ihrer aus der Norm fallenden Mitmenschen, oder »transphob«, also psychisch angstgestört, oder sie übten »Hate-Speech«, Hass-Rede, aus, um einen noch aktuelleren Begriff zu verwenden.

Bei der Gender-Ideologie geht es keineswegs nur um ein theoretisches Modell, sondern um strategisch geplante Praxis und politische Aktionen – das »Gender-Mainstreaming« –, um das Gender-Gedankenkonstrukt in allen gesellschaftlichen Bereichen zu verankern und die so genannte »diskriminierungsfreie Gesellschaft« zu erreichen. Wesentliche Ziele sind dabei: die Abschaffung der Geschlechterdifferenz, d. h. der bipolaren Geschlechtlichkeit, sowie die Aufhebung der besonderen Stellung und Bedeutung der traditionellen Ehe und Familie – als Verbindung von Mann und Frau mit (eigenen) Kindern. Auch wenn die grundsätzlich angestrebte Gleichberechtigung zwischen Mann und Frau wichtig ist und durchaus ihre Berechtigung hat, so ist dennoch das Begehr, absolute Gleichheit zwischen Mann und Frau herzustellen, meines Erachtens sinnlos und unrecht. Denn die Geschlechter sind nicht einfach gleichartig, im Gegenteil: Ihre Verschiedenheit dient dazu, einander optimal zu ergänzen und zu unterstützen. Gott hat den Menschen als sein Abbild geschaffen, und zwar als Mann und Frau. Als solche sind Mann und Frau schon immer gleichwertig, ebenbürtig und haben die gleiche personale Würde.

Ein Teil der Gender-Mainstreaming-Strategie findet auch im ideologiebedingten Missbrauch der deutschen Sprache ihren Niederschlag. Das zeigt sich im Kampf um die verpflichtende Einführung des »Gendersterns« und des »Binnen-I« sowie in der bereits erfolgten sprachlichen Neuschöpfung von zumeist unverständlichen oder irreführenden Begriffen, wie z. B. »Geschlechtervielfalt«, sowie in der Abwandlung von ursprünglichen Begriffsbedeutungen, wie z. B. »Geschlechtsidentität« – bisher bezogen auf das biologische Geschlecht – nun verstanden als subjektives Zugehörigkeitsgefühl zu einem sozialen Geschlecht, das mit dem biologischen Geschlecht übereinstimmen kann, aber keineswegs muss. Sogar in Ämtern und Behörden hat der »gendergerechte« Wortschatz bereits die Verwaltungssprache verändert, mit Begriffen wie »Elter 1« und »Elter 2« statt Vater und Mutter, »Studierende« statt Studenten, »Flanierzone« statt Fußgängerzone, um nur einige wenige zu nennen.

Längst finden sich die ideologischen Lehrsätze in den sexualpädagogischen Bildungsplänen von Schulen und Kindergärten wieder. Darüber hinaus hat das Gender-Mainstreaming bereits vor vielen Jahren, national wie international, folgenschwer in Universitäten, weiteren Bildungseinrichtungen, Konzernen und öffentlichen Institutionen, politischen Organen und nicht zuletzt auch in immer mehr christlichen Kirchen Einzug gehalten.

Warum auch bei der Gender-Ideologie die bekannte negative Konnotation des Ideologie-Begriffs angemessen ist, zeigt sich an der Tatsache, dass keine ihrer Kernaussagen wissenschaftlich belegt ist. Zudem lassen Genderisten wissenschaftliche Studien und Forschungsergebnisse der naturwissenschaftlich orientierten Geschlechterforschung vielfach unbeachtet, die die evolutionsbiologischen Grundlagen von Geschlechtsidentität sowie naturgegebene Unterschiede zwischen Mann und Frau behandeln.

Interessanterweise sind sich die Genderisten selbst nicht einig. So werden beim Thema Geschlechtsempfinden und Homosexualität gegenläufige Argumentationen in der »Nature«-Diskussion (Anlage: Gene) versus »Nurture«-Diskussion (Umwelt: Erziehung) verfolgt: Beim Thema Geschlechtsempfinden wird gesagt, Biologie sei irrelevant und die Umwelt bestimme das Geschlecht; bei der sexuellen Orientierung wird gesagt, dass die Umwelteinflüsse (Erziehung, Missbrauch etc.) irrelevant seien und alles genetisch determiniert sei.

Vielmehr ist es aber so, dass sowohl biologische als auch umweltbedingte Faktoren – wie familiäres, soziales und kulturelles Umfeld – die Entwicklung einer Geschlechtsidentitätsstörung (Geschlechtsdysphorie) oder einer homosexuellen Orientierung beeinflussen können, wie es auch bei mir der Fall war. Es mag durchaus eine genetische Disposition (Neigung) im Sinne einer anlagebedingten Anfälligkeit geben, welche die Entwicklung einer homosexuellen Orientierung begünstigen kann. Beachtenswert ist, dass eine genetische Determination (Festlegung) von Homosexualität wissenschaftlich nicht belegt werden konnte. Das vielzitierte »Homo-Gen« gibt es also nicht, was bedeutet, dass niemand homosexuell veranlagt ist. Ob eine homosexuelle Orientierung sich tatsächlich manifestiert, ist demnach abhängig von vielen verschiedenen Umweltbedingungen, denen der Einzelne ausgesetzt ist und wie er diese, bewusst oder unbewusst, individuell wahrnimmt und auf sie reagiert.

Nun könnte man meinen, all das sei nicht so wichtig. Leider ist es aber so, dass die weit verbreitete Homo-Gen-These von vornherein jeglichen Blick auf die wahren Ursachen und Wurzeln einer homosexuellen Orientierung als hinfällig und überflüssig erscheinen lässt. Darüber hinaus bietet sie Betroffenen die Möglichkeit, die Verantwortung für ihr sexuelles Handeln vollständig an die eigenen Gene abzutreten. Infolgedessen entscheiden sich Befürworter dieser These entweder dafür, den homosexuellen Lebensstil gutzuheißen, oder ihn als unabänderliches Schicksal anzunehmen. Bei gläubigen Menschen führt die Annahme der These dann oft dazu, Homosexualität als »von Gott gewollt« und somit als »natürlich« oder schlicht als »eine weitere Schöpfungsvariante« einzustufen. Oft führt das auch zur Ablehnung der Tatsache, dass ein homosexuell empfindender Mensch zu einem bestimmten Zeitpunkt seines Lebens eine homosexuelle Identität gewählt und sich darauf festgelegt hat!

Es ist also wichtig, zwischen den homosexuellen Gefühlen, die sich entwickelt haben, und der homosexuellen Identität, die gewählt wurde, zu unterscheiden. Letzteres kann mittels eines bewussten oder unbewussten Entscheidungsprozesses erfolgt sein. Die Anerkennung der eigenen Festlegung ist

aber eine wesentliche Voraussetzung dafür, um – sofern gewünscht – die einmal getroffene Entscheidung zu widerrufen
und mittels geeigneter Therapie- und Begleitmaßnahmen eine
Abnahme oder Veränderung der homosexuellen Neigung an-
streben zu können.

Im Jahr 1973 hat die Amerikanische Psychiater-Vereinigung
Homosexualität aus ihrem Krankheitskatalog gestrichen,
und seither zählt Homosexualität nicht mehr zu den psychischen Erkrankungen. Somit gibt es seit dieser Zeit nur noch
wenige wissenschaftliche Untersuchungen über Ursachen-
und Therapiemöglichkeiten von Homosexualität. Allein nur
darüber nachzusinnen, kann einem schon den Vorwurf der
»Homophobie« einbringen. Dabei sind in einer Gesellschaft,
die homosexuell empfindenden Menschen das Ausleben ihrer Neigung nicht nur nahelegt, sondern, wie mir scheint,
geradezu aufzwingen will, die Leidtragenden und Diskrimi-
nierten vor allem die Menschen, die sich eine Änderung oder
zumindest Abnahme ihrer homosexuellen Empfindungen
wünschen und dazu gerne und freiwillig eine Therapie oder
Beratung in Anspruch nehmen möchten.

Viele LGBT-Aktivisten, seien sie zugleich Befürworter
der Gender-Ideologie oder nicht, bekleiden auf nationaler
wie auch internationaler Ebene hohe Ämter in Politik und
Wirtschaft und kämpfen für die Durchsetzung der »LGBT-
Agenda« bzw. »Gay Agenda«. Darunter versteht man ein
politisches Programm, durch das die Moralvorstellungen
der öffentlichen Meinung zu einer Pro-Homo-/Bi-/Transse-
xualität-Haltung umgestaltet werden sollen und eine Pro-

LGBT-Gesetzgebung erwirkt werden soll. Ein umfangreiches Lobby- und Eventprogramm könnte dabei den Anschein erwecken, dass der Bevölkerungsanteil sich selbst als homosexuell bezeichnender Menschen immens groß sei. Umfrageergebnisse nennen zwar Zahlen um die zehn Prozent, die aber als erhöht angesehen werden müssen, denn sowohl die Machart einiger Umfrage-Studien als auch die Seriosität einiger Quellen erweisen sich als problematisch.

Leider ignorieren viele LGBT-Aktivisten und zunehmend auch die gesetzgebenden Organe völlig zu Unrecht, dass Menschen, die sich gegen das Ausleben ihrer Homosexualität entschieden haben, dies aus triftigen Gründen tun. Selbstverständlich muss auch ihnen das Recht zustehen, ihr Leben selbst zu gestalten. Dennoch stoßen diese Betroffenen in Politik und großen Teilen der Gesellschaft auf wenig Verständnis, obwohl sie ihre Homosexualität als konflikthaft bzw. als nicht zu sich gehörend – als »ichdyston« – erleben und sich eine Veränderung wünschen. Sie leiden doppelt, denn zum Einen will man ihre eigene Leiderfahrung schlichtweg nicht wahrhaben und zum Zweiten strebt man an, ihnen jedwede Unterstützung zu entziehen. So gibt es seitens der LGBT-Agenda und diverser Interessenverbände ein ständiges Bestreben, Therapien für Menschen mit ungewünschter Homosexualität gesetzlich verbieten zu lassen.

Es sei angemerkt, dass kein Mensch zu einer Therapie gezwungen werden darf, aber dass sehr wohl jeder die Möglichkeit und Freiheit haben muss, therapeutische Hilfe in Anspruch nehmen zu können und zu dürfen. Bei allem gebotenen Respekt und tiefen Mitgefühl für Menschen, bei denen es in der Vergangenheit im Zuge einer inadäquaten oder unsachgemäß durchgeführten Therapie zu entsetzlichen Fehlern gekommen ist, muss hier dennoch differenziert werden: Es gibt gut entwickelte, themenspezifische Therapieformen und bereitwillige, mit der Thematik vertraute und erfahrene Therapeuten. Letztere medial ausschließlich als grausame »Homo-Heiler« zu verschreien und die Therapiemethoden ungeprüft einem Horror-Szenario gleichzusetzen, ist weder lauter noch hilfreich. Es ist unfassbar, dass wir nach Vollendung des letzten Jahrhunderts mit seinen totalitären Systemen vermehrt auf eine Rechtsordnung zusteuern, die hilfesuchenden Menschen eine Therapie verweigert. In einigen Ländern ist es sogar schon verboten und bei Zuwiderhandlung unter Strafe gestellt, Therapien für Menschen, die sich eine Abnahme ihrer homosexuellen Neigungen wünschen, auch nur anzubieten geschweige denn zu vollziehen.

Die Homo-Lobbyisten fordern zwar vehement von allen Menschen Toleranz und Respekt für ihren Lebensstil, sind aber ihrerseits selten dazu bereit, andere Meinungen und Auffassungen zu tolerieren geschweige denn Andersdenkenden Glaubensfreiheit zu gewähren. Das geht mittlerweile schon so weit, dass sie katholischen Christen die Gerichtsbarkeit auf den Hals jagen, sobald diese die offizielle Lehre der Kirche über Homosexualität kundtun und vertreten.

Auch mir ist bereits von Genderisten und LGBT-Interessengruppen das Recht abgesprochen worden, eine überzeugte und noch dazu glückliche Ex-Lesbe sein zu können und öffentlich dazu stehen zu dürfen. Zudem muss jemand wie ich im deutschsprachigen Raum mittlerweile schon befürchten, vom Gesetzgeber und diversen Internet-Plattformen einen Maulkorb verpasst zu bekommen. Presse- und Meinungsfreiheit werden offenbar nur noch bei einer Pro-Gender-Ideologie- und Pro-LGBT-Haltung garantiert.

Ich habe bereits ausreichend Erniedrigungen, Beleidigungen, anonyme Drohanrufe, Verleumdungen, aggressive Beschimpfungen auf offener Straße, Morddrohungen und eine ganze Reihe anderer Demütigungen auf der Liste meiner Lebens- und Lesben-Erfahrungen zu verzeichnen. Schon allein darüber könnte ich ein Kapitel schreiben. Aber keine Diskriminierung als lesbisch lebende Frau war so schlimm wie die, welche mich ereilte, nachdem ich diese Lebensweise abgelegt hatte – leider sogar sehr oft auch innerhalb der Kirche. Demnach gibt es Menschen, die meine Umkehr nicht verstehen können oder wollen und mich davon abzuhalten versuchen, auch andere zu einem Leben nach den Geboten Gottes und seiner Kirche einzuladen. Mittlerweile bin ich niemandem mehr böse, weiß ich doch, dass zumeist vor allem Angst, Unwissenheit und Wut über das Unverständnis der Andersdenkenden hüben wie drüben die Protagonisten von ungerechtem Handeln sind.

Ordnung ist das ganze Leben

Bei meiner Beschäftigung mit der kirchlichen Lehrmeinung und den biblischen Texten zum Thema Homosexualität bin ich immer wieder über bestimmte Begriffe, wie »göttliche Schöpfungsordnung«, »Heilsplan«, »ungeordnete Lebensform« und andere, gestolpert, mit deren Bedeutung ich mich

über fast zehn Jahre mal mehr, mal weniger intensiv auseinandergesetzt habe. Gerne schreibe ich meine Gedanken hier-
zu nieder, da sie mir während und nach meinem Umkehrprozess geholfen haben, mich als kleines Menschenkind im
großen Kosmos besser zurechtzufinden.

Zunächst einmal habe ich mich als gläubige Christin gefragt, was eigentlich die »Schöpfung« ist und wer darin welche Rolle spielt. Da gibt es Gott, den »Schöpfer«, und die
»Geschöpfe«, d. h. die Menschen, die Tiere und Pflanzen,
die Natur mit ihren Naturkräften, das Universum etc. Immer
wieder habe ich mir die biblischen Schöpfungsberichte und
die Worte Jesu vor Augen gehalten. Dabei habe ich erkannt,
dass alles Gute von Gott kommt, dass er Liebe ist und Liebe
schafft und dass er Ursprung und Ziel allen Lebens ist.

Dann wurde mir bewusst, dass Gott alles nach seiner Ordnung geschaffen hat. Diese »göttliche Schöpfungsordnung«
ist die Grundlage für das Heil des Menschen. Da sie von Gott
kommt, ist sie vollkommen und enthält nichts Ungeordnetes.
Alles, was nach dieser Ordnung geschaffen ist, muss demnach auch nach ihr leben, um nicht in Unordnung zu geraten.
Alles, was sich gegen diese Ordnung richtet, richtet sich folglich auch gegen das Heil des Menschen. Und jedes Geschöpf,
das sich dieser Ordnung bewusst entzieht und widersetzt –
und das kann nur der Mensch als freies, vernunftbegabtes
Wesen – kann nicht zu einem Leben in Fülle gelangen. Das
Leben dieses Menschen fällt aus der göttlichen Schöpfungsordnung heraus und wird »ungeordnet«. Dies hat zur Folge,
dass ebenso seine Handlungen ungeordnet werden, wenn er
nicht all dem Ungeordneten widersagt, dem er zugeneigt ist.

So weit, so gut. Allerdings habe ich im Zuge meiner Lebensstilveränderung trotz obiger Erkenntnisse ziemlich lange gebraucht, um noch besser zu verstehen, warum die homosexuelle Lebensform als solche ungeordnet ist. Meine diesbezügliche Auseinandersetzung lässt sich in folgendem Gedankengang zusammenfassen: Die Schöpfungsordnung ist ein Geschenk Gottes an den Menschen. Sie dient ihm zum Heil und zum Segen, solange er sich nicht gegen diese Ordnung auflehnt. Das »Heil« besteht in der liebenden Verbindung zwischen Schöpfer und Geschöpf und den Geschöpfen untereinander. Gottes Heilsplan ist Friede, Freude und Glück für den Menschen.

Mann und Frau sind »Abbild Gottes« und somit Krone der Schöpfung. Ihnen obliegt die »Unterwerfung« der Erde nach Gottes Heilsplan im Sinne von Pflege und Bewahrung der Schöpfung. Neues Leben entsteht aus der Vereinigung von Mann und Frau. Die Ehe dient zum Schutz und zum Erhalt dieser liebenden Vereinigung, deren Ziel und Frucht die Familie ist. Der »Schaffensakt« hat aus diesen Gründen seinen ausschließlichen Platz in der Ehe. Wird er außerhalb der Ehe verübt, entspricht dies nicht der göttlichen Ordnung und dient nicht zum Heil für den Menschen.

Die Familie ist das Band, das alle zusammenhält: Labsal und Freude für die Kleinen, Stütze und Halt für die großen Kinder, liebende Fürsorge für die Alten. Jedes Mitglied der Familie hat seinen Platz und entsprechende ihm zukommende Aufgaben, die es zum Wohle aller erfüllen soll.

Die Geschlechtlichkeit des Mannes ist auf die Frau hin ausgerichtet und die der Frau auf den Mann hin. Ist sie – durch vielfache Gründe – entfremdet, so entsteht eine ungeordnete Neigung. Die Homosexualität ist – unter anderen – *eine* Form der ungeordneten Neigung.

Gottes Barmherzigkeit und sein Angebot zur Versöhnung kommen aber jedem Menschen entgegen, der sich von einer Ungeordnetheit lossagen will. Gottes Liebe heilt und reinigt ihn und hilft ihm, treu nach Gottes Geboten zu leben. Niemand soll sich fürchten, sich an Jesus zu wenden, wie sehr er auch gefangen zu sein scheint in Anhänglichkeiten und Abhängigkeiten. Jesus hat uns eingeladen: »Kommt alle zu mir, die ihr euch plagt, leidet, schwer belastet oder verzweifelt seid. Ich bin euer Retter und Erlöser.«

VIII. Siebenundsiebzig

Kurz nachdem ich Mitte 2005 bei der kirchlichen Institution meinen neuen Job begonnen hatte, wurde ich dort in leitender Position mit dem Management betraut. Diese Aufgabe forderte über vier Jahre mein ganzes Wesen und all meine Kraft. Nach zwei Jahren spürte ich deutlich, dass ich lieber im Bereich der Glaubensverkündigung tätig sein wollte, denn viel zu lange schon hatte ich die Management-Funktion innegehabt, und sie leerte und ermüdete mich zunehmend. Über ein Jahr versuchte ich, mit dem Direktor der Institution einen Konsens zu erarbeiten. Er sagte mir schließlich zu, dass ich in Vollzeit die Organisation von Pilgerreisen auf dem Jakobsweg und von Volontariatseinsätzen in Entwicklungsländern aufbauen könnte. Das entsprach meinem Vorschlag, da ich trotz der vielen anderen Aufgaben nebenher schon damit begonnen hatte. Diese Tätigkeit machte mir große Freude, und nach kurzer Zeit konnte ich bereits die ersten Volontäre vermitteln. Frohen Mutes vertraute ich den Worten des Direktors und wartete auf den Startschuss.

Als ich nach einem weiteren Jahr des regelmäßigen Bittens und Bettelns feststellen musste, dass der Direktor seine Zusagen nicht erfüllen wollte, forderte ich eine klare Entscheidung von ihm. Er war darüber so beleidigt, dass er mir die einvernehmliche Auflösung meines Dienstverhältnisses anbot, was ich unter den gegebenen Umständen dankend annahm. Ich konnte mich des Eindrucks nicht erwehren, dass er mich nur für seine Zwecke ausgenutzt hatte, wollte er doch häufig lieber seinen persönlichen Anliegen nachgehen und mich dazu verwenden, ihm die ganze, unangenehme Management-Arbeit samt der damit verbundenen Verantwortung abzunehmen.

Das Ausscheiden aus dieser Institution war für mich alles andere als angenehm. Bedingt durch die über die Jahre angestauten Kränkungen, den groben Missbrauch meines Arbeitseinsatzes und die damit einhergehenden gesundheitlichen Probleme, war es zu tiefen, seelischen Verletzungen bei mir gekommen. Anstatt Worten des Dankes für die – keineswegs nur aus meiner Sicht – überdurchschnittlich hohe Arbeitsleistung, eine erfolgreich realisierte Umstrukturierung der Betriebsorganisation und die deutliche Steigerung der Spendeneinnahmen, erntete ich seitens des Direktors eine ziemlich üble Nachrede. Es war eine echte Schlammschlacht. Ich möchte mich hier nicht von Schuld freisprechen, denn auch ich habe gut ausgeteilt, um die Angriffe abzuwehren.

Von meinem Weggang im Sommer 2009 waren dann leider ebenfalls andere Mitarbeiter betroffen, und zwar diejenigen, die mit mir in privatem Kontakt standen. Sie wurden entweder hinaus gemobbt oder gekündigt. Ich war offenbar so etwas wie der »Inbegriff des Bösen« geworden. Dieses Verhalten verletzte mich sehr, denn ich hatte mir überhaupt nichts zu Schulden kommen lassen, im Gegenteil: Nur selten hatte ich einen Arbeitstag unter zwölf Stunden gehabt, hatte zudem auf viele Wochenenden verzichtet, meine persönlichen Sozialkontakte und Hobbys auf Null heruntergefahren und mich dabei leider selbst komplett aufgegeben. »Schön blöd!«, ja, das war ich in der Tat. Obendrein wurde ich während dieser ganzen Jahre inner- wie außerkirchlich angefeindet, verspottet, verleumdet und von vielen Gruppen von vornherein, ohne angehört zu werden, ausgeschlossen, nur aufgrund meiner beruflichen Funktion und meiner loyalen Haltung dem Direktor gegenüber. Dieser hatte ebenfalls unter Beschuss gestanden. Über weite Strecken hatten wir all diese Schmähungen gemeinsam getragen, als Team, und deshalb auch freudig. Der Garant dafür war lange Zeit das Gebet mit- und füreinander gewesen.

Es schmerzt mich, das alles niederzuschreiben, denn ich liebe die Kirche. Wir sind aber nun mal alle fehlbar, auch die Heiligen waren nicht ohne Schuld und Sünde. Dennoch frage ich mich zuweilen, wie es sein kann, dass ausgerechnet die Menschen, die anderen die Liebe und Güte Gottes sowie die Schönheit eines Lebens aus dem Glauben an Jesus Christus vermitteln wollen, bei oder gar durch ihre Arbeit so gespalten werden und sich dermaßen in die Haare kriegen? Nun, die Antwort ist einfach für mich: Der Böse, sprich der Teufel, hat kein Interesse daran, dass die »Arbeiter im Weinberg des Herrn« in Frieden und Freude zusammenarbeiten und Menschen zu einer liebevollen Begegnung mit Jesus führen. Es wäre daher wichtig gewesen, stets wachsam zu sein und dem Bösen entschieden entgegenzuwirken.

Und genau daran war es gescheitert: Zum einen war ich mit der Zeit so überarbeitet gewesen, dass ich nicht mehr an der gemeinsamen täglichen Heiligen Messe und der wöchentlichen Anbetung teilnehmen konnte. Anstatt mich gerade dort, wo alle Kraft ist, d. h. bei und durch Jesus selbst, stärken zu lassen, war ich – in falscher Demut – oft bis spät abends im Büro sitzen geblieben, um weiter zu arbeiten. Währenddessen hatte der Direktor in der Kapelle geweilt oder sich mit Bekannten zu einem gemütlichen Abendessen getroffen. Seine immer geringer werdende Unterstützung und die steigende Zahl der Aufgaben hatten mich zusehends erstickt.

Zum zweiten – und das war meines Erachtens letztlich der ausschlaggebende Punkt – hatten wir mit der Zeit das für alle im Büro anwesenden Mitarbeiter und Gäste gemeinsame, wöchentliche Rosenkranzgebet und andere Gebetszeiten ausfallen und schließlich ganz einschlafen lassen, weil zu viel zu tun gewesen war. Eine fatale Fehlentwicklung, die schlussendlich zur Spaltung zwischen dem Direktor und mir und zu all den beidseitig verschuldeten, wenig christlichen Verhaltensweisen geführt hatte. »Kein gemeinsames Gebet = keine Einheit« und »Ende des Rosenkranzes = Ende der Einigkeit«, so in etwa würde ich das wohl heute auf einen Nenner bringen. Noch lange nach meinem Ausscheiden stach es mich im Herzen, wenn ich an dem Bürogebäude vorbeiging.

»Du musst vergeben!« Ich weiß nicht, wie oft ich mir das in den Jahren danach vorgenommen habe. Und zwar laut Jesus »*nicht siebenmal, sondern siebenundsiebzigmal.*« (*Mt 18,22*) Das Siebenundsiebzigmal steht bekanntlich als Platzhalter für unendlich oft, d. h. ich soll jedes Mal und damit auch immer wieder vergeben. So, wie es uns Jesus am Kreuz vorlebte, als er sein berühmtes »*Vater, vergib ihnen, denn sie wissen nicht, was sie tun!*« (*Lk 23,34*) betete und das ausgerechnet im Moment des größten Schmerzes, als man ihm die Eisennägel

215

durch seine Hand- und Fußwurzeln trieb. Das also gehört zum Programm eines Christen: Vergeben. Vergeben. Vergeben. Und zwar bedingungslos …

Viele Stunden und bittere Tränen habe ich investiert, um im Geiste, d. h. in einem fiktiven Gespräch, meinem Ex-Chef alles zu sagen, ihm zu vergeben und auch selbst um Vergebung zu bitten für meine Fehler. So habe ich mich schließlich zu der Entscheidung durchgerungen, aus ganzem Herzen all denjenigen vergeben zu wollen, die mich in jener Zeit verletzt haben.

Mutterherz

Schon als Kind lernte ich eine gewisse Form der Marienverehrung kennen. So erinnere ich mich noch gut an ein Bildstöckchen mit einer schönen Darstellung von Maria mit dem Jesuskind, das mein Vater geschnitzt und in einem nahe gelegenen Waldstück aufgestellt hatte. Wie bereits erwähnt, entdeckte ich im Zuge meiner Bekehrung Maria, die Mutter Jesu, neu und begann, regelmäßig den Rosenkranz zu beten. Eines Tages hatte ich den Wunsch, mich und mein Leben ganz Maria anzuvertrauen, denn nach all meinen Eskapaden schien das für mich der beste und sicherste Weg in den Himmel zu sein …

Während eines Besuches im portugiesischen Marienwallfahrtsort Fatima durfte ich Marias Nähe ganz besonders erfahren. Es war an einem Abend im Juli 2008, nach der Heiligen Messe. Die wunderschöne Marienstatue wurde aus der so genannten »Erscheinungskapelle« getragen, und jeder Pilger hatte eine Kerze in der Hand. Wir sangen das berührende »Ave, Ave, Ave Maria« und zogen über den weiträumigen Platz »hinter Maria« her.

Und plötzlich war da in der großen Menschenmenge eine Lücke, und ich konnte während der ganzen Lichterprozession direkt neben der Statue gehen. Da die Statue von einigen Männern auf den Schultern getragen wurde und somit gut sichtbar hoch über alle Köpfe hinweg ragte, habe ich immer wieder zu ihr aufgeschaut. Ich weiß nicht, wie es dazu kam, aber ich habe an jenem Abend Marias Anwesenheit sehr deutlich, auch physisch fast greifbar, gespürt. Was ich empfand, war so innig, dass ich ganz, d. h. mit allem, was ich bin, ihre geistige Anwesenheit erkannte und in meinem Herzen spürte, wie sie mich an ihre mütterliche Hand nahm. Und mir scheint, dass sie mich seit diesem Augenblick nicht mehr losgelassen hat. An jenem Abend hatte ich den Eindruck, dass Maria mich wissen ließ, dass ihr Herz allen offen steht, die sich vertrauensvoll an sie wenden.

Am Tag danach bekam ich in der Erscheinungskapelle einen Weinanfall und sank fast zu Boden. Ich betete sehr inniglich um die Fürsprache Mariens, dass ich nicht weiter diese Management-Aufgaben ausführen müsste, die ich damals in der kirchlichen Institution innehatte. Denn ich spürte deutlich, dass ich wegen der Überlastung kurz vor dem Zusammenbruch stand. Aus tiefstem Herzen betete ich zu ihr als meiner Mutter, um ihre Unterstützung bei der Lösung der beruflichen Situation und vor allem um die Erkenntnis meiner Lebensaufgabe, d. h. dessen, wozu ich hier auf der Welt bin, meiner wirklichen »Berufung«. Dann bat ich sie noch um Erlösung für Bernadette, meine langjährige Freundin aus Jugendtagen. Sie war an einer psychischen Zwangsstörung und Brustkrebs erkrankt, und für eine Heilung waren leider keine Anzeichen erkennbar.

Drei Wochen später erlag Bernadette ihrem Krebsleiden. Sie wurde zweiundvierzig Jahre alt. Wir hatten uns seit unserem zwölften Lebensjahr gekannt. Trotz ihrer Zwangserkrankung hatte sie einen klaren Blick für die Realität gehabt, und hätte ich öfter auf sie gehört, wäre mir viel Leid erspart geblieben. Sie fehlt mir sehr, denn wir haben einander ergänzt. Es ist nun schon neun Jahre her, dass Bernadette tot ist. Dennoch rinnen mir Tränen übers Gesicht, während ich diese Zeilen schreibe. Fragen über Fragen, Vorwürfe, weil ich wegen meines übermäßigen beruflichen Einsatzes nicht genug Zeit für sie gehabt hatte, sowie größter Schmerz, weil ich sie nicht mehr an ihrem Sterbebett hatte aufsuchen können. Ein dumpfer Schrei …

Schlussendlich hat Maria meine damaligen Bitten erhört, und zwar alle: Meine berufliche Situation löste sich, weil ich dank Gottes Hilfe die Kraft hatte, das Chaos zu beenden, und Bernadette durfte den Weg in die himmlische Heimat antreten und war endlich von ihrem langjährigen Leiden erlöst.

Hammerhart

Siebenundsiebzig Mal sollen wir vergeben. Wie verhält es sich aber mit den Menschen, die genau und sehr wohl wissen, was sie tun, und dabei sogar noch aus voller Boshaftigkeit absichtlich das Böse tun? Nun, auch ihnen müssen wir vergeben, wenn wir wirklich frei werden wollen von quälenden, ungewollt aufsteigenden Erinnerungen oder Alpträumen oder von der oft zwanghaften Fortsetzung dieses Dilemmas durch eigene böse Reaktionen, durch die wiederum andere Menschen zu Schaden kommen. Oder soll das Böse niemals enden? Eine mir gerade ins Bewusstsein gekommene Erinnerung führt mir die Wichtigkeit des Vergebens deutlich vor Augen, jährt sich doch wieder einmal der Tag, an dem mir Schlimmes widerfahren ist.

Es war ein schon recht heißer Frühlingstag im April 2011, als ich mich am Morgen auf den Weg einer neuen Etappe des spanischen Jakobsweges »Via de la Plata« machte. Die Via de la Plata ist einer der ältesten Jakobswege und führt über circa tausend Kilometer von der andalusischen Hauptstadt Sevilla im Süden bis ins nordwestliche Galizien nach Santiago de Compostela. Es ist eine teilweise recht anspruchsvolle Strecke, mit Steigungen und langen Etappen zwischen den Unterkünften. In den Jahren zuvor war ich schon auf zwei anderen Jakobswegen unterwegs und dafür körperlich und auch spirituell gut vorbereitet gewesen. Doch diesmal war es ganz anders. Leer und erschöpft ging ich einfach drauf los, in der Hoffnung, wieder mit neuer Kraft und Freude erfüllt zu werden. In der Einsamkeit und Stille des Weges wollte ich Gottes Stimme hören, denn ich war an einer Etappe meines Lebensweges angelangt, an der ich nicht mehr weiter wusste.

Nach dem Aus in der kirchlichen Institution hatte ich mich zu einer mehrmonatigen Versuchsphase in einem deutschen Karmelitinnen-Kloster durchgerungen. Als ich meinen Entschluss kundtat, standen fast allen die Haare zu Berge, allen voran meiner Familie: »Du und ins Kloster? Und noch dazu in so eines? Du bist ja verrückt. Das schaffst du niemals.« Zu diesem Zeitpunkt war ich jedoch davon überzeugt gewesen, dass mein Leben als klausurierte Ordensfrau, d. h. still und verborgen hinter Klostermauern, nur so zur vollen Erfüllung kommen könnte. Nach sechs Monaten musste ich mir jedoch eingestehen, dass das nicht der richtige Weg für mich war. Alles in mir und an mir streikte. Eine mittlerweile chronische Blasenentzündung half mir, rasch eine Entscheidung zu treffen. Ich konnte und wollte nicht mehr. Ich trat wieder aus. Erst viel später erkannte ich, dass der Wunsch nach einem Klosterleben nur in einer ausgeprägten Sehnsucht nach Stille und Zurückgezogenheit begründet gewesen war.

So kehrte ich im Frühjahr 2011, damals als Mittvierzigerin, vom Kloster zunächst in mein Elternhaus zurück. Meine Mutter, die ich seit meinem Eintritt in den Karmel nur zweimal kurz telefonisch gesprochen hatte, war sehr einfühlsam, auch meine anderen Familienmitglieder, weder etwas fordernd noch fragend. An jenem Abend schrieb ich der Priorin des Klosters, die ich schätzte und lieb gewonnen hatte, dass dieser Tag der traurigste Tag meines Lebens wäre. Dass noch viele, weitaus traurigere Tage folgen sollten, war mir damals nicht bekannt. Ich brauchte erst mal Zeit, um alles zu verdauen und mir in Ruhe Gedanken darüber zu machen, wie es weiterginge. Es war nicht so sehr die Peinlichkeit, dass ich es im Kloster nicht geschafft hatte, sondern eher das Verlangen, ganz viel Abstand zu allem zu gewinnen. Und was wäre dazu für mich besser geeignet gewesen als eine Pilgertour auf einem meiner geliebten spanischen Jakobswege?

Nur eine Woche nach meinem Austritt flog ich also nach Sevilla. Es war Ende März und schon herrlich sonnig, circa zwanzig Grad, optimales Geh-Wetter. In der Früh besuchte ich die Heilige Messe in der Kathedrale und begab mich dann auf den Weg. Mir war ein wenig mulmig zumute ob der nicht vorhandenen körperlichen Kondition. Im Kloster hatte ich in dem knappen Halbjahr meines Postulates zwar sechs Kilo abgenommen, sodass ich zumindest diese nicht mehr mitschleppen musste, aber es gab noch genug Last, innen wie außen. Da ich zeitlich nicht gebunden war und zudem nicht die geringste Ahnung hatte, wie ich auch nur ansatzweise mein Leben gestalten könnte, versuchte ich erst einmal, wieder »in der Welt« Fuß zu fassen. Einiges war mir fast schon fremd geworden, und der für die Südländer typische laute Kommunikationsstil kostete mich zunächst viel Geduld, obwohl mir die spanische Sprache und Mentalität sehr lieb sind. Kilometer für Kilometer kroch ich dahin, schnupperte hin und wieder an den herrlich duftenden weißen Blüten der Orangenbäume, bewunderte die Strahlkraft der Frühlingssonne und ließ mich langsam, aber zielgerichtet, nach vorne treiben. Am ersten Abend fand ich gleich bei einer ortsansässigen Frau einen Pilger-Schlafplatz, und so war der Start recht stressfrei.

Am nächsten Tag pilgerte ich durch einen herrlichen, leicht gebirgig anmutenden Park und kam ganz schön ins Schwitzen. Für Frühling brannte die Sonne schon heftig, und auf der Strecke gab es immer wieder kleinere Bäche, die man entweder irgendwo im Bachverlauf auf abenteuerliche Weise über Äste und Baumstämme kletternd überqueren oder durchwaten musste. Nach einigen Tagen lernte ich frühmorgens einen spanischen Pensionisten kennen, der sich mit mir auf die, laut Pilgerführer, als recht eintönig beschriebene Tagesstrecke begab. Auch wenn ich nur ein paar Brocken Touri-Spanisch sprach, so hatten wir dennoch ausreichend Gesprächsstoff. Wir waren schnell unterwegs, denn bis zur nächsten Unterkunft in einem idyllischen Städtchen lagen circa sechsundzwanzig Kilometer vor uns.

Als wir so beschwingt dahin marschierten, kreuzte plötzlich ein gewaltig schäumender Bach unseren Weg. Beide waren wir zunächst ein wenig ratlos, sahen wir doch keine Möglichkeit, diesen Wasserlauf auch nur halbwegs trocken zu überqueren, was für den Rucksack ein Problem dargestellt hätte. Nach einigen Minuten fand mein Pilgerkamerad einen »Baumstamm«, mit dem wir in Kombination mit ein paar glitschigen, moosbehafteten Steinen unser Glück versuchten. An dieser Stelle war der Bach circa drei bis vier Meter breit und fast zwei Meter tief. Mein tapferer Spanier zog seine Wanderschuhe aus, ließ diese und den Rucksack liegen und schritt, mit den Wanderstöcken die Tiefe des Wassers und die Festigkeit der Steine auslotend, sicheren und halbtrockenen Fußes auf die andere Seite.

Danach warf ich ihm unsere Wanderschuhe hinüber, was keineswegs einfach war, da wir rundherum von schilfigem Sumpfgelände umgeben waren und das Gefühl hatten, dass sich jeden Moment die Erde öffnen und uns für immer verschlingen könnte. Dann warf ich mit aller Kraft und dem Armschwung meines Schutzengels unsere beiden Rucksäcke hinüber, um danach – begleitet von mir bis dahin unbekannten, vollblut-spanischen Anfeuerungsrufen – den Bach zu überqueren. Nach einem riskanten Balanceakt landete ich glücklich in den mich fest packenden Händen dieses zwar schon älteren, aber durchaus sehr sportlichen Mannes. Das war erst einmal geschafft. Erleichterung machte sich auf unseren Gesichtern bemerkbar.

Da es bereits Mittag und kein Schattenplatz in Sicht war, trockneten wir uns nur ganz kurz die Füße ab, schlüpften wieder in die Wanderschuhe und schritten flink von dannen. Da meine Füße durch das eiskalte Wasser ein wenig gefühlsarm waren, bemerkte ich nicht, dass ein kleiner Stein in meine Socke eingedrungen war. Nach einer Weile zierte eine circa vier Zentimeter lange, tiefe Schnittwunde meine Ferse und blutete heftig. Dank der Mithilfe gerade des Weges gekommener Pilger verarzteten wir meinen Fuß notdürftig. Die noch ausstehenden zehn Kilometer versuchte ich, irgendwie zu ertragen. Es tat mächtig weh, aber noch viel mehr quälte mich die Sorge, dass meine Pilgerreise durch diese Verletzung nach nur wenigen Tagen schon zu Ende sein könnte. Endlich an unserem Etappenziel angelangt, schienen wir eine gefühlte Ewigkeit über den harten Asphalt laufen zu müssen, bis ich eine Apotheke fand und mich mit einem ganzen Set aus Desinfektionsmitteln, Salben und Pflastern bewaffnen konnte. Ich bedankte mich bei meinem Begleiter, wir aßen noch zusammen, und er ging am nächsten Morgen weiter. Ich blieb weitere zwei Tage dort, was nicht das Schlimmste war, denn das kleine Städtchen hatte durchaus Flair. So nutzte ich die Zeit, um meine Kleider zu reinigen und, so gut es ging, meinen verletzten Fuß zu schonen.

Danach machte ich mich, wenn auch noch ganz vorsichtig und langsam, jedoch wieder voller Zuversicht auf den Weg.

Ich startete zunächst mit einer kurzen Etappe von nur wenigen Kilometern bis ins nächste Dorf, da die Schnittwunde erst oberflächlich verheilt war und ich das Risiko vermeiden wollte, ganz aufgeben zu müssen. Zudem stand ich nicht unter Zeitdruck. Während des Gehens betete ich den Rosenkranz und dachte über das Vergangene nach. Ich hatte keinen Schimmer, wie es weiter gehen sollte oder könnte, sowohl auf dem Pilgerweg als auch auf meinem Lebensweg. Es störte mich dabei nicht, dass ich allein unterwegs war, ganz im Gegenteil, ich genoss die Einsamkeit auf dem Weg, auch wenn ich mich durchaus über Begegnungen mit anderen Pilgern freute.

Nachdem ich aber schon auf früheren Touren das Flair und den Charme schlafloser Nächte in den üblichen Pilgerherbergen hatte erleben dürfen, hatte ich keine Sehnsucht mehr nach schnarchenden Mitpilgern, Käsefüße-Gerüchen oder um vier Uhr in der Früh panikartig aufstehenden, mit Stirnlampen bewaffneten und tüte-raschelnden Sportwanderern. Ich bevorzugte deshalb einfache Pensionen, Landgasthäuser oder private Übernachtungsmöglichkeiten und liebte die Privatsphäre in den kleinen Einzelzimmern, die immer auf ihre Art eine gewisse Originalität hatten und mich Spanien und seine Regionen kennenlernen ließen.

Morgens musste ich oft erst einmal einige Kilometer zurücklegen, bis ich endlich zu meinem heiß geliebten »Café con leche«, einem Milchkaffee, kam, denn es ist keineswegs selbstverständlich, dass in Spanien die Cafés schon vor acht Uhr geöffnet haben. Meistens aß ich einen Toast mit Marmelade, aber noch lieber nahm ich ein »Bocadillo de jamón serrano«, ein üppig belegtes Weißbrot mit gutem rohen Schinken oder die für Andalusien typische »Tostada con tomate«, getoastetes Weißbrot mit einer leckeren Soße aus Olivenöl, Tomatenfleisch, Salz und Pfeffer. Köstlich. Es gab jedoch auch die nicht so angenehme Variante, dass ich bis Mittag weder an einem Dorf noch an einer Tankstelle vorbei kam und mich mit dem Wasser und Essen vom Vortag begnügen musste, was ich mehr oder weniger geduldig in Kauf nahm, denn es war ja eine Pilgertour und kein Wellness-Wandern.

Nachdem mein Fuß zumindest äußerlich einigermaßen geheilt zu sein schien, nahm ich die nächste größere Etappe in Anlauf. Nach mühevollen Auf- und Abstiegen landete ich in einem kleinen Ort, wo ich in einem alten Landhäuschen ein Zimmer fand. Am Nachmittag kam ein weiterer Pilger, der auch aus Deutschland war, und so tauschten wir munter unsere bisherigen Pilgererfahrungen aus. Da er sehr groß war, dachte ich mir, dass es keinen Sinn machen würde, am nächsten Tag mit ihm gemeinsam weiter zu pilgern, da ich mindestens zwei Schritte hätte machen müssen, während er einen machte. Zudem war ich noch weit entfernt davon, wieder ein normales Tempo gehen zu können, und so verwarf ich diese Idee, was ich später noch bereuen sollte.

In dem Haus war es in der Nacht kalt und feucht, und ich konnte nicht einschlafen. Meine Gedanken drehten sich im Kreis. Scheinbar führten der Klosteraustritt und die damit verbundene Orientierungslosigkeit dazu, dass meine persönliche Christus-Beziehung gestört war. In gewisser Weise machte ich Jesus für den Fehltritt verantwortlich und fühlte mich dadurch von ihm an der Nase herumgeführt, wenn nicht sogar abgelehnt. Ich war hin- und hergerissen und wusste nicht, wo ich hingehörte.

Auch »spürte« ich Jesus schon lange nicht mehr, weder im Gebet noch sonst wie, aber an seiner Existenz zweifelte ich nicht. Dennoch hielt mich meine Perspektivlosigkeit derart gefangen, dass ich keinen klaren Gedanken mehr fassen konnte. Völlige Dunkelheit ergriff mich. In dem viel zu kurzen Bett wälzte ich mich hin und her. Wie ein letzter Hoffnungsschimmer kamen mir immer wieder die ersten Verse des Psalms 23 »*Der Herr ist mein Hirte, nichts wird mir fehlen!*« auf Spanisch in den Sinn: »*El Señor es mi pastor, nada me falta.*« Irgendwann schlief ich dann erschöpft ein. Die ganze Nacht wurde ich von Schweißausbrüchen geplagt, die sich mit Schüttelfrost-Anfällen abwechselten, vermutlich eine Nebenwirkung der Schmerzmittel und Antibiotika, die ich wegen der Fußverletzung zu mir genommen hatte.

In der Früh war ich hundemüde, machte mich aber dennoch frohen Mutes auf den Weg, denn laut Etappenbeschreibung sollte mir eine abwechslungsreiche Strecke in einem großen Naturpark mit Bäumen und Sträuchern, Wäldern und sandigen Pisten bevorstehen. Bei einer Tankstelle nahm ich einen starken Kaffee und kaufte Proviant sowie ausreichend Wasser. Der Park war wunderschön, und die Angaben im Pilgerführer halfen mir, mich auf dem nicht immer klar ausgewiesenen Weg zurechtzufinden.

Es war ein strahlend blauer April-Tag, und schon bald spürte ich die Hitze. Grundsätzlich machte mir die Sonne nichts aus, solange ich nur einen Kopfschutz trug und mich ausreichend mit Sonnencreme versorgt hatte. Bedingt durch die vielen Unebenheiten auf der sandigen Piste, meldete sich jedoch binnen Kurzem meine noch nicht ganz verheilte Ferse. Ich hatte noch mehr als zwanzig Kilometer vor mir, war völlig übernächtigt und überlegte mir bereits, zur Not im Park zu übernachten. Ich begegnete nur kurz einem Pärchen, wir wechselten ein paar Worte, und bald verschwanden sie aus meinem Blickfeld. Der deutsche Pilger, den ich am Vortag kennengelernt hatte, hatte noch geschlafen, als ich losgegangen war, und war noch nicht bei mir vorbeigekommen. Ich trottete, schon leicht schmerzgeplagt, auf einer engen, sandigen Piste dahin, die rechts und links von Ginsterbüschen gesäumt war. Ein herrlicher Duft lag über dem ganzen Park, die Blüten schienen den Frühling willkommen zu heißen und Gottes Schöpfung mit allem zu preisen, was sie zu bieten hatten.

Plötzlich kam mir ein Jeep entgegen. Ich nahm nur kurz Notiz vom Fahrer, der wohl ein Parkwächter oder Arbeiter war. Wenige Minuten später kam von hinten ein Auto. Es war wieder derselbe Jeep. Der Fahrer hielt neben mir an und ließ das Fenster auf der Beifahrerseite herunter. Er fragte mich, wohin ich gehen wollte. Ich antwortete ihm knapp, dass ich bis zum nächsten Ort pilgern wollte. Dann erkundigte er sich, ob ich allein oder mit anderen Pilgern unterwegs wäre. Als ich ihm sagte, dass ich alleine ging, bot er mir an, mich ein Stück mitzunehmen. Im gleichen Moment dachte ich: »Den schickt der Himmel!«, denn wegen meines mittlerweile stärker schmerzenden Fußes war ich über diese Mitfahrgelegenheit mehr als erfreut.

Ich legte meinen Rucksack auf die Rückbank und hievte mich langsam in den hohen Jeep. Der Fahrer musste ortskundig sein, so geschickt, wie er in raschem Tempo den Geländewagen durch Wassergräben und seitwärts abfallende Sandpisten manövrierte. Er stammte aus dem Ort, in dem ich als Nächstes übernachten wollte, so erzählte er. Wegen seines starken, für die südspanische Region typischen Akzentes, konnte ich ihn nur schwer verstehen und musste öfters nachfragen. Er hieß Paco, war geschieden und hatte drei erwachsene Töchter. Ich schätzte ihn auf Mitte vierzig.

Während wir so plauderten, fuhren wir immer wieder an einzelnen Pilgern oder kleineren Gruppen vorbei. Als uns ein Pilgerpaar anhalten und nach dem Weg fragen wollte, reagierte er barsch und ungeduldig. Bei der Gelegenheit fiel mir auf, dass er das Auto von innen verriegelt hatte, was mich zunächst stutzig machte. Aber ich war so dankbar für diese Mitfahrgelegenheit, dass ich mir nichts weiter dabei dachte. Es war auch nicht das erste Mal, dass ich auf dem Jakobsweg bei einem Fremden im Auto mitfuhr, was ich sonst üblicherweise nie mache. Der Park erschien mir endlos lang, und mit jedem gefahrenen Meter stieg die Dankbarkeit, da mein Fuß diese Strecke auf keinen Fall geschafft hätte und mir somit eine Übernachtung unter freiem Himmel erspart bleiben würde.

Nach einer Weile sagte Paco, er wäre ein »pastor«, ein Schafhirte. Sofort erinnerte ich mich frohen Mutes an die vergangene Nacht, bei der mir die Worte des Psalms: »*El Señor es mi pastor.*« Trost gespendet hatten. Mit stolzgeschwellter Brust fuhr er fort, dass ihm in der Nähe eine »Finca«, ein großes

Landgut, gehörte, auf der seine Schafe weideten. Ich erzählte ihm von meiner Freude, wenn ich beim Pilgern an Schafherden vorbeikam. Seine Augen strahlten. Er fühlte sich und seine Arbeit geschätzt. So lud er mich ein, auf seiner Finca die Schafe samt Lämmlein anzuschauen und danach in seinem Landhaus gemütlich einen Kaffee zu trinken. Anschließend könnte er mich in die Stadt mitnehmen, da er dort noch etwas zu erledigen hätte. Dadurch bliebe mir eine weitere Tagesetappe erspart. Das schien mir in Anbetracht meiner körperlichen Verfassung die sinnvollste Variante zu sein. Alles kam mir vor wie eine himmlische Fügung. Da ich die Spanier stets als redselige und gastfreundliche Menschen kennengelernt hatte, dachte ich mir nichts Böses und freute mich auf die willkommene Abwechslung.

Mit der Zeit wurde ich jedoch unruhig, da ich einen guten Orientierungssinn habe und mir die Autofahrt für die zwanzig bis dreißig Kilometer bis zur Stadt schon zu lange vorkam. Auch sollte laut Pacos Angaben seine Finca noch davor auf dem Weg liegen. Als wir länger auf der Autobahn dahin fuhren, war ich einigermaßen irritiert und verspürte ein gewisses Unbehagen, wenn auch nur für einen kurzen Moment, bis wir dann endlich von der Autobahn abfuhren und einen Kreisverkehr passierten. Wieder beruhigt, sah ich mir die Gegend genauer an. Am Horizont fiel mir eine ungewöhnlich geformte Hügelkette auf, nach deren Namen ich mich erkundigte.

Wir fuhren noch eine ganze Weile, bis wir schließlich zu einem größeren Gatter kamen, das den Eingang seiner Finca darstellte. Ich freute mich schon auf die Tiere, aber noch vielmehr auf einen guten Milch-Kaffee. Die Landschaft war wunderschön, eine Mischung aus Feldern und Wiesen. Alles war noch ganz grün und mit unzähligen, kleinen Steineichen durchsetzt. Hier und da weidete eine Schafherde. Immer wieder stieg Paco aus und öffnete weitere Gattertore. Wir passierten tiefe Wassergräben und fuhren minutenlang über den menschenleeren, frühlingshaften Landstrich.

Endlich kamen wir bei einem Flachbau an und stiegen aus. Es war ein Schafstall. Wir gingen hinein, und eine blökende Herde Schafe blickte uns, Futter fordernd, entgegen. In einem kleinen Gehege entdeckte ich die süßen Lämmlein und begann sofort, sie zu streicheln. Als ich Paco etwas über sie fragen wollte, bemerkte ich, dass sich seine Gesichtszüge plötzlich stark, ja sogar unheimlich, verfinstert hatten und dass er extrem nervös war. Überrascht und verunsichert zog ich es zunächst vor, mich nicht zu rühren. Keine zwei Minuten waren vergangen, als er mich lautstark zu gehen drängte. Wir stiegen ins Auto. Ich war wie gelähmt und erstarrt, wollte aber immer noch glauben, dass alles in Ordnung wäre und meine aufsteigenden Angstgefühle dem Mann Unrecht täten.

Aber als ich das Türschloss einklinken hörte, war ich sicher, dass es um mich geschehen war. Mein Lebenserhaltungstrieb bewirkte, dass ich sofort auf Kopfarbeit umstellen konnte, um mich loszumachen von den mich mit aller Gewalt zu strangulieren drohenden Gefühlen der Angst und Ohnmacht. Um jeden Preis musste ich die Situation unter Kontrolle bekommen. Denn wenn mich etwas retten konnte, dann war es das, einen kühlen Kopf zu bewahren.

Wie ein Irrer fuhr Paco los und raste über die freie Grasfläche, bis er auf einmal vor einem kleinen Steineichen-Hain stehen blieb und den Motor ausschaltete. Brutal griff er mir zwischen die Beine, zog mich im Nacken an sich und versuchte, mich zu küssen. Ich nahm meine ganze Kraft zusammen und drückte ihn weg, riss die Autotür auf, schnappte Rucksack und Wanderstock und versuchte, mich zu sammeln. An Fortlaufen war nicht zu denken, nicht mit meinem verletzten Fuß, nicht über kilometerlange Finca-Steppen und erst recht nicht mit einem sex-wütigen Mann im Nacken. Schon stand er neben mir. Ich versuchte, ihn wegzustoßen und Zeit zu schinden.

Sein Gesicht war finster und furchterregend, seine Lippen blutleer. Er war zwar nicht viel größer als ich, aber nun mal ein Mann und noch dazu ein kräftiger Schafhirte. Mit voller Aggression stellte er mir ein Bein und warf mich zu Boden, wobei ich mich schwer am rechten Ellbogen verletzte. Schnell fasste er eine Kordel aus seiner Hosentasche, führte sie ganz geübt hinter meinem Nacken vorbei und fesselte mir vor meinem Gesicht so fest die Hände zusammen, dass ich völlig hilflos war. Dann setzte er sich auf meinen Unterleib und schrie mir vulgäre Ausdrücke entgegen. Er zerrte wild am Reißverschluss meiner Wanderhose und war so gewalttätig, dass ich Schlimmstes befürchtete.

Mein Verstand war trotz des Schocks hellwach, und so konnte ich blitzschnell meine Gedanken in einigermaßen geordnete Bahnen lenken. In Bruchteilen von Sekunden wurde mir klar, dass ich nur dann eine Überlebenschance haben würde, wenn ich ihm zu Willen wäre. Wie ferngesteuert und um Zeit und Kraft zu gewinnen, fügte ich mich meinem Schicksal. Er spürte das, beruhigte sich etwas und durchschnitt mit einem großen Messer, mit dem er mir zuvor nervös vor dem Gesicht herumgefuchtelt hatte, meine Fesseln. Wegen der starken Schmerzen konnte ich mich nur ganz langsam vom Boden erheben und stieg notgedrungen zu ihm ins Auto. Ich überlegte krampfhaft, wie ich unbemerkt mein Handy aus dem Rucksack nehmen könnte. Wir fuhren in das von ihm erwähnte Landhaus. Nie zuvor habe ich so viele Stoßgebete gesprochen! Immer wieder flehte ich den ganzen Himmel an, besonders meinen Schutzengel.

Immer lauter werdend erklang in mir wie ein nicht mehr enden wollendes Echo eine Bibelstelle aus dem alttestamentlichen Buch des Propheten Jesaja, die auf den freiwilligen Opfertod Jesu am Kreuz hinwies: »*Er wurde misshandelt und niedergedrückt, aber er tat seinen Mund nicht auf. Wie ein Lamm, das man zum Schlachten führt, und wie ein Schaf angesichts seiner Scherer, so tat auch er seinen Mund nicht auf.*« (Jes 53,7) Jetzt war also auch ich ein Opferlamm. Wie in keiner anderen Situation meines Lebens konnte ich mich – mit meinem ganzen Sein – in die Lage Jesu versetzen, als er sich freiwillig für uns auf sein Kreuz legen ließ.

In dem Landhaus stank es, alles war voller Dreck und Unrat, einzig die Ratten fehlten, um das Bild des Grauens zu vervollständigen. Als Paco hinaus ging, um Wasser zu holen, damit ich mich waschen sollte, entdeckte ich an der Eingangstür einen großen Vorschlaghammer. Sofort war der Gedanke da: »Das ist meine Rettung, ein Schlag, und ich bin frei!« Ohne mich zu bewegen, blickte ich umher und sah im »Schlaf-zimmer« Stricke von der Decke über das Bett herabhängen. Todesangst überkam mich. Ich starrte auf den Hammer. Er stand griffbereit vor mir: Ein Schlag, der über Leben oder Tod entscheiden würde!

In mir tobte ein Kampf: »Doch was, wenn ich ihn töte, weil ich den Schlag nicht richtig dosieren kann?« – »Egal, Hauptsache, ich überlebe!« – »Nein, das darf ich nicht! Du sollst nicht töten!« – »Aber es wäre Notwehr! Das steht mir zu! Jeder Mensch darf sein Leben verteidigen, zur Not auch mit Gewalt!« – »Jesus hat gesagt: ›Was ihr für einen meiner geringsten Brüder getan habt, das habt ihr mir getan.‹ (Mt 25,40)«

Kalter Schweiß stand auf meiner Stirn. Ein Blick auf den Hammer, dann auf die vermeintlichen Fesseln und zuletzt ein Blick an mir hinab: Auf einmal nahm ich mich wahr, mein Leben, meinen Körper, den ich schon so lange nicht mehr als zu mir gehörig empfunden hatte – und den ich jetzt mit aller Kraft verteidigen musste.

»Jesus, wo bist du?« fragte ich still in meiner Ohnmacht. »Ich bin hier mit dir!« hörte ich in meinem Inneren. »Gut, ich zweifle nicht daran! Ich teile meine Angst mit dir, Jesus, und ergebe mich, so wie Du am Kreuz.« Die Eingangstür knarrte …

Nach dem Akt sprang ich aus dem Bett. Noch nie war ich so schnell aus einem Bett gestiegen. Mit voller Konzentration versuchte ich, Paco gegenüber alles als so normal wie mög-lich erscheinen zu lassen, also meine Angst nicht zu zeigen, sondern mich ihm gegenüber gelassen zu geben. Ich wollte nicht Gefahr laufen, dort gefangen gehalten zu werden, wusste ich doch, dass mich an diesem abgelegenen Ort nie jemand finden würde. Ich hatte nur einen Gedanken: so schnell wie möglich von der Finca wegzukommen. Dann fragte ich Paco, ob er mich wie vereinbart in die Stadt mitnehmen würde. Er bejahte das. Binnen weniger Sekunden zog ich mich wieder an, auch das war ein persönlicher Rekord.

Sofort verließ ich das Dreckloch und versuchte, noch am ganzen Körper zitternd, mir Autonummer, Automarke und Farbe einzuprägen. Keine Chance. Ich konnte nicht. Alles in mir war auf Flucht von diesem einsamen Landstrich programmiert. Als wir ins Auto einstiegen, fragte er mich, ob ich ihn am Abend wiedersehen wollte. Mein Magen verkrampfte sich, und ich war kurz vor dem Erbrechen. Nur mit Gottes Hilfe konnte ich mit ruhiger, fast cooler Stimme sagen, dass wir doch später einmal telefonieren könnten und ich erst mal ganz gemütlich duschen und etwas essen gehen wollte. Ich schien so normal zu wirken, dass er sich beruhigt mit mir auf den Weg machte.

Niemals hätte ich geglaubt, dass eine dreißigminütige Autofahrt so lang sein kann. Als wir endlich die Stadtgrenze erreichten, war ich erleichtert und dachte: »Zur Not kann ich bei langsamem Tempo oder an einer Ampel auch aus dem fahrenden Auto springen, Hauptsache, ich bin frei!« Das erstbeste Hotel, das ich sah, wurde mein angeblicher Aufenthaltsort. Paco fuhr rechts ran, und wir stiegen aus. Als er den Kofferraum öffnete, fragte er, ob er mir für ein abendliches Treffen seine Telefonnummer geben sollte. Ich verneinte, scheinbar cool. Ich wollte nur in Sicherheit sein. Alles lief wie in Zeitlupe ab. Mein Leib zitterte zwar, aber dennoch nahm ich mit fest entschlossenem Blick meinen Rucksack entgegen. Er sagte: »Na gut, dann bis ein andermal.« und fuhr davon. Ich blieb nicht stehen, sondern steuerte mit wankenden Knien auf das Hotel zu und versuchte ein letztes Mal, mir die Autonummer zu merken.

Vergebung entfesselt

Es war schon Mittag und entsprechend heiß. Ich hatte von seinen Küssen einen schauderhaften Geschmack im Mund. Die ganze Zeit ließ ich meinen Kaugummi im Mund und dachte an die Spurensicherung. Ich bestellte mir ein alkohol-freies Bier, ging zur Toilette, sicherte den Kaugummi, trank, noch völlig neben mir stehend, das eiskalte Bier, zahlte und strich stundenlang in der Stadt umher.

Durch den Schock bemerkte ich weder meinen schmer-zenden Fuß noch den stark geprellten Ellbogen oder die an-deren in Mitleidenschaft gezogenen Körperteile. Als ich an ei-nem Ärztehaus vorbeikam, wollte ich mich untersuchen und mir die »Pille danach« geben lassen. Auf keinen Fall wollte ich schwanger werden, und es war mir leider in meiner Not schlichtweg egal, dass die Pille danach nidationshemmend und abtreibend wirkt. Zu groß waren Trauma und Verzweif-lung, als dass ich in dieser Situation zu einer anderen Ent-scheidung fähig gewesen wäre. Ich kämpfte mit meinem Ge-wissen. Da ich jedoch vom Zyklus her keine fruchtbare Phase hatte, schien mir das alles nicht problematisch zu sein, und ich beruhigte mich wieder etwas.

Allerdings ging ich gar nicht ins Ärztehaus, sondern trot-tete zunächst langsam weiter und traf erst nach circa zwei

Stunden im Stadtzentrum ein. Kurz erwog ich, zur Polizei zu gehen, verwarf aber auch das sofort wieder und spielte den Vorfall herunter. Dann dachte ich für einen Augenblick daran, meine Schwester Vera anzurufen, wollte jedoch niemanden beunruhigen, hatte meine Familie mit meiner Klostertour schon genug Sorgen gehabt.

So beruhigte ich mich selbst, baute mich auf und hämmerte mir ein, dass das »eben blöd gelaufen ist, ich aber doch immerhin mit dem Leben davon gekommen bin.« Ich suchte mir ein Hotelzimmer im Zentrum und nahm zwei- oder dreimal hintereinander ein heißes Bad. »Da ich sowieso nicht zur Polizei gehe, ist es nicht erforderlich, irgendwelche Spuren zu sichern.« dachte ich mir. Ich putzte mir lange die Zähne, doch der eklige Geschmack wollte nicht weggehen. Meine Kleider warf ich auf den Boden im Zimmer, denn ich war zu müde, um sie zu waschen. Zudem schienen sie mir kontaminiert, und ich wollte sie nicht wieder benutzen. Ich versuchte, eine kleine Siesta zu halten, aber die Angst vor einer eventuellen Schwangerschaft trieb mich erneut auf die Straße. Ich wollte einfach alle Mittel ergreifen, um jegliche unangenehme Konsequenz aus diesem Gewaltakt zu verhindern. Todmüde suchte ich eine Apotheke auf und versuchte, auf meinem Smartphone den spanischen Begriff für die Pille danach zu finden. Ich stand noch immer stark unter Schock. Als ich dem Apotheker meine Lage erklärte, verwies er mich auf eine andere und gleichzeitig die einzige Apotheke, die die Pille danach im Angebot hatte. Er ermutigte mich auch, zur Polizei zu gehen.

Mittlerweile war es Nachmittag, und ich hatte seit dem kleinen Frühstück nichts mehr gegessen und viel zu wenig getrunken. Wie ferngesteuert und schon leicht dehydriert ging ich den weiten Weg zu der besagten Apotheke und brachte, völlig blass und erschöpft, mein Anliegen vor. Da ich über meinem schwarzen Wandershirt ein goldenes, größeres Brustkreuz trug und einen leiderfüllten Gesichtsausdruck hatte, dachte die Apothekerin offenbar, dass ich so etwas wie eine »gefallene« Ordensfrau wäre, und blickte mich streng an. Sie wies mich darauf hin, dass ich ein Rezept bräuchte. Als ich ihr in stammelnden Worten zu erklären versuchte, dass ich vor wenigen Stunden Opfer einer Vergewaltigung geworden war, wechselte sie die Farbe. Sie händigte mir sofort die Pille danach samt einem Glas Wasser aus und besprach sich mit ihrer Arbeitskollegin. Ich nahm die Medizin zu mir und fühlte mich erleichtert. Das Schlimmste schien ich geschafft zu haben!

Natürlich stand ich massiv unter Schock, und so willigte ich schließlich ein, dass mich eine Mitarbeiterin der Apotheke zur Polizei brachte. Das war großes Glück für mich, auch wenn ich mich bei den Einvernahmen sprachlich sehr schwertat. Die absolute Professionalität sowie der geschulte und von Herzen kommende, fürsorgliche Umgang der Kriminalpolizei-Beamten half mir, diesen ersten Schock und in weiterer Folge auch das Trauma gut zu überwinden. Denn es war die beste Bewältigungstherapie für mich, dass ich in den folgenden zwei Tagen den ganzen Vorfall immer wieder bis in alle Details mehreren Beamten unabhängig voneinander schildern musste.

Noch am selben Abend, nach einer äußerst schmerzhaften gynäkologischen Untersuchung, begaben wir uns auf Täter-

Suche. An die Automarke und die Farbe des Wagens konnte ich mich nicht mehr erinnern. Aber meine Beschreibungen des Täters und die Angaben zum Tatort waren so detailliert, dass mir die Polizei große Hoffnung machte, den Täter bald ausfindig machen zu können. Aufgrund der Erschöpfung konnte ich mich jedoch nicht mehr konzentrieren, und wir mussten unsere Suche erfolglos abbrechen. Die ganze Nacht über hatte ich das Licht an und konnte trotz größter Müdigkeit kein Auge zumachen. Mittlerweile hatte ich Jakob und die Priorin aus dem Kloster, mit der ich mich trotz meines Austritts sehr verbunden fühlte, per SMS informiert. Meiner Familie hatte ich noch nichts berichtet, sie wähnten mich fröhlich pilgernd irgendwo in Spanien.

Am nächsten Morgen holten mich drei Kriminalbeamte ab, und wir gingen erneut auf Tätersuche: Autobahn-Abfahrt für Abfahrt, Kreisverkehr nach Kreisverkehr, Baustelle um Baustelle fuhren wir ab, doch alles schien gleich auszusehen. Die Stunden verrannen. Ich war völlig kaputt und zudem sehr hungrig. Immer wieder seufzte ich ein Stoßgebet und bat Gott um Hilfe, uns den Täter finden zu lassen – wenn schon nicht meinetwegen, dann doch wenigstens zum Schutz anderer Pilgerinnen. Gerade in dem Augenblick, als die Polizisten nach fünf Stunden die Suchaktion für diesen Tag einstellen wollten, entdeckte ich aus den Augenwinkeln jene auffällige Hügelkette, nach deren Namen ich Paco gefragt hatte. Freudestrahlend versuchten wir, den Zugang zur Finca zu finden, aber trotz zahlreicher Anläufe gelang es uns nicht. Die Polizisten waren äußerst geduldig, einfühlsam und souverän.

Immer wieder ermutigten sie mich und ließen nicht locker, nach Details zu fragen, die vielleicht noch als Hinweise dienen konnten. Das Ganze war sehr anstrengend für mich.

Ein Kripo-Beamter hatte schließlich die Idee, ein paar Schafhirten aus der Umgebung zu befragen. Einer von ihnen erkannte in meiner Personenbeschreibung einen ihm bekannten Hirten namens José. Wir befragten noch einen weiteren und erfuhren, dass Paco in Wahrheit jener José war. Er war aber nicht geschieden. Dass er drei Töchter hatte, stimmte immerhin. Dagegen war er nicht der Besitzer der Finca, sondern arbeitete dort als einfacher Schafhirte. Anhand dieser Daten ermittelte die Polizeizentrale in Kürze einen Tatverdächtigen und sandte uns ein Foto, das ich eindeutig meinem Vergewaltiger zuordnen konnte.

Wir nahmen die Fährte auf. Auch wenn ich die Farbe des Autos aufgrund des Schocks falsch in Erinnerung hatte, so hatte ich mir bei der Rückfahrt von der Finca jedoch eine Vielzahl von Details bezüglich der Innen-Ausstattung merken können. Die Polizeibeamten waren in Zivil, und so fielen wir nicht sonderlich auf, als wir uns in einem kleinen Kaff durchfragten, bis ich plötzlich in einer Hauseinfahrt das Auto wieder erkannte. Einer der Polizisten ging mit gezogener Waffe ins Haus, nahm den Täter fest und fuhr gemeinsam mit ihm im Tatauto zurück zur Polizeistation. Später stellte sich heraus, dass sich im Handschuhfach eine Pistole samt Magazin befunden hatte. Nicht auszudenken, was noch alles hätte passieren können. Ich war heilfroh, dass der Täter gestellt war und nicht noch weitere Opfer finden konnte. Wäre das Ganze nicht ein so trauriger Vorfall gewesen, hätte man diese Tour durchaus zu einem Krimi-Drehbuch machen können.

Am darauffolgenden Tag musste ich nach einer gerichts-medizinischen Untersuchung die erste Gerichtsverhandlung über mich ergehen lassen, bei der mir eine Übersetzerin bei-gestellt wurde. Der Täter saß drei Meter hinter mir. Das war zwar sehr unangenehm, aber ich hatte keine Angst vor ihm. Nach der Verhandlung verabschiedete ich mich von dem mir lieb gewordenen Kripoteam, und eine Polizistin begleitete mich noch zum Busbahnhof. Am selben Tag reiste ich nach Madrid weiter. Von dort benachrichtigte ich Vera und flog in der Karwoche in meine Heimat zurück. Meine Schwester und mein Schwager nahmen mich liebevoll auf und sorgten sich sehr einfühlsam um mich. Meiner Mutter ersparte ich den Vorfall.

Nach zwei Wochen beschloss ich, wieder allein eine Etap-pe auf einem anderen Jakobsweg zu pilgern, um Angstzu-ständen und »posttraumatischen Belastungsstörungen« vor-zubeugen. Ich flog an die Mittelmeerküste und pilgerte dort circa siebzig Kilometer – gegen die Angst, gegen das Trauma, gegen die Hoffnungslosigkeit ob meiner ungeklärten Zukunft. Auch wenn ich dabei so manche Angstattacke durchlitt, so freute ich mich dennoch über diesen Schritt.

Erst eineinhalb Jahre später, Ende 2012, fand die endgül-tige Gerichtsverhandlung statt. Leugnete der Täter zu Anfang noch die Tat, so war er jetzt geständig. Die Staatsanwaltschaft plädierte wegen der Schwere der Tat auf elf Jahre Gefängnis und Schadenersatz. José bekam die laut Staatsanwalt dort übliche Mindest-Haftstrafe von sieben Jahren und eine Geld-strafe von mehreren Tausend Euro, die er aber nicht zahlen konnte, da niemand sein zur Versteigerung frei gegebenes Haus kaufen wollte.

Die Tat ist nun schon sechs Jahre her, und ich hatte weder geplant noch daran gedacht, all das niederzuschreiben. Sie-benundsiebzig Mal sollen wir vergeben. Gar nicht so einfach, aber mit einem beherzten: »Ja, ich will vergeben!« öffnen sich die Schleusen der göttlichen Barmherzigkeit, und das leben-dige, reinigende und heilende Wasser erfasst uns, gibt uns tie-fen inneren Frieden und lässt uns wieder mit Zuversicht und Freude nach vorne schauen. Ich habe José verziehen und hege keinen Groll mehr gegen ihn, auch wenn ich nicht gerade mit ihm allein auf einen Kaffee gehen wollte. Den Polizisten bin ich äußerst dankbar. Sie haben Wunderbares geleistet.

Am meisten danke ich aber Jesus. Einst fragte ich ihn, wa-rum er das alles zugelassen hat, und er sagte mir: »Weil ich dich liebe!« Ja, zum einen durfte ich ein wenig mit ihm tei-len, nämlich seine Todesangst in Getsemani sowie die Bereit-schaft, lieber selbst zu sterben als einen anderen Menschen zu töten.

Vor allem aber lernte ich Folgendes, auch wenn mir dies erst Jahre danach bewusst geworden ist: Im Zuge meiner Be-kehrung hatte ich meinen Körper abgespalten, so als ob er nicht zu mir gehören würde, und ich war zuweilen so etwas wie ein »Geistwesen« gewesen. Als solches hat mich Gott aber nicht erschaffen. Durch die Vergewaltigung wurde die-ser von mir selbst auferlegte Keuschheitsgürtel im wahrsten

Sinne des Wortes gesprengt. Ich musste lernen, meine Leiblichkeit und Sexualität in mein ganzes Wesen zu integrieren, selbstverständlich auch weiterhin unter Beibehaltung eines sexuell abstinenten Lebensstils. Das war ein langwieriger und zeitweise sehr schmerzhafter Prozess, den ich aber, trotz allem, was mir zugestoßen ist, nicht missen möchte. Erst dadurch wurde ich – auch in meinen eigenen Augen – zu einem heilen, ganzen und kompletten Menschen, zu einer Frau aus Fleisch und Blut, Seele und Geist.

Im April 2018 wurde der Täter vermutlich entlassen. Ich habe darüber keinerlei Informationen. Ab und zu bete ich für ihn und hoffe, dass Gott auch ihn geheilt hat und dass ihm seine Frau und die ganze Familie verzeihen können. Ich danke Jesus für diese so wichtige Lektion in meinem Leben, dass er mich daraus gerettet und aus diesem Übel etwas Sinnvolles gemacht hat.

IX. Aufräumarbeiten

Im Grunde ist die Zeit danach schnell erzählt: Auch wenn es sich um sehr abwechslungsreiche und kämpferische Jahre handelte, waren sie doch alle einzig geprägt von der Klärung der Fragen: »Was ist meine Lebensaufgabe? Wozu bin ich berufen? Was sind die nächsten Schritte?« Es würde vermutlich einen eigenen Band füllen, diesen Weg im Detail zu beschreiben. Einige Aspekte davon habe ich bereits geschildert. Deshalb hier nur noch so viel: Nach einem insgesamt mehrjährigen Klärungsprozess erkannte ich, dass ich zu einem ehelosen Leben berufen bin, bei dem meine persönliche Christusbeziehung an erster Stelle steht.

Nach dem Scheitern des Experiments als Ordensfrau und den negativen Erfahrungen auf dem Jakobsweg wollte ich ein Buch über meinen Lebens- und Glaubensweg schreiben. Jedoch war die Zeit noch nicht reif dazu, denn Jesus musste zuerst mein Herz bereiten. Zunächst verbrachte ich ein Jahr im spanischen Ávila und belegte dort bis Mitte 2012 einen interessanten Kurs über Mystik und spirituelle Theologie. Erneut entbrannte in mir der Wunsch nach einem klösterlichen Leben und so wagte ich in Zentralspanien zwei weitere, diesmal nur kurze Klosterversuche, die aber ebenfalls erfolglos endeten. Danach war ich schon leicht verzagt ob meiner ungewissen Zukunft …

Erfreulicherweise gewährte mir jedoch in der Folgezeit Jakob – in seiner edelmütigen und aufopfernden Art – Asyl in seiner Zweizimmerwohnung, sodass ich wieder nach Wien zurückkehrte. Ohne Jakob wäre ich, sowohl in dieser als auch in vielen anderen Phasen seit meiner Umkehr, ziemlich verloren gewesen. Mit ihm teilte ich nicht nur meinen Glaubensweg, sondern auch die zahlreichen Kämpfe und Krämpfe des alltäglichen sowie des beruflichen Lebens. Vor allem aber durchforsteten wir gemeinsam unsere Seelenlandschaften und ließen dabei keinen Millimeter unbeachtet geschweige denn »unbeackert«: Alles untersuchten wir in Hinblick auf unsere Freundschaft mit Jesus und mit dem Ziel, endlich unsere Berufungen zu erkennen und ihnen nachzugehen. Ohne Jakob hätte ich nie mit dem Schreiben begonnen. Stets ermutigte er mich und ließ nicht locker, obwohl er einen äußerst stressigen Job im Organisations- und Eventmanagement hatte und nur selten vor acht Uhr abends nach Hause kam.

Schließlich gab ich der Idee Raum, tagsüber einer einfachen Erwerbstätigkeit nachzugehen und am Abend das Buch zu schreiben. Schon bald fand ich einen Sachbearbeiter-Posten in der Versicherungsbranche. Nach eineinhalb Jahren musste ich mir jedoch eingestehen, dass mein Plan nicht aufging, weil ich mich nach einem langen Arbeitstag im Büro nicht mehr gut genug konzentrieren geschweige denn etwas Kreatives zu Papier bringen konnte. Deshalb kündigte ich diesen Job, um mich ganz dem Schreiben widmen zu können.

Im Winter 2014 mietete ich mir eine eigene Wohnung, da Jakob eine berufliche Veränderung ins Auge gefasst hatte und aus diesem Grund Wien verlassen musste. Doch noch immer konnte ich nicht mit dem Buchprojekt beginnen: Zum einen war der für mich sehr wichtige Kontakt zu Jakob, durch die räumliche Distanz bedingt, geringer geworden und fehlte mir sehr, und zum anderen stellte sich heraus, dass mich die vielen Verletzungen aus meiner Vergangenheit immer wieder einholten und regelrecht blockierten.

Mir war das Ganze nicht nur lästig, sondern zudem einengend und Freiheit raubend. Einfach ungut. »Hört das denn niemals auf? Jetzt habe ich mich doch schon vor Jahren von all den lesbischen Beziehungen losgesagt, diesen Lebensstil verworfen, und dennoch hänge ich so in den Seilen? Was habe ich mir da bloß angetan?«, sinnierte ich vor mich hin.

Ich haderte mit Gott und bat ihn, mir endlich Klarheit zu verschaffen. »Ich mag diese Leere nicht mehr in mir. Ich will nicht von anderen Menschen emotional abhängig sein und seien sie mir noch so lieb. Ich will frei sein! Doch was ist Freiheit eigentlich? Bedeutet Freiheit das Gleiche wie ›frei sein von‹? Ich weiß es nicht, aber so müsste es doch sein!« Ich dachte darüber nach und entlarvte einen Trugschluss: Freiheit bedeutet nicht unbedingt und ausschließlich, frei zu sein von jedem Schmerz und jedem Kreuz. Freiheit liegt auch in der Fähigkeit, von Gott Stärke und Gelassenheit zu erbitten, um dadurch Leid, Kummer, Sorgen und Schmerzen in Liebe und mit Geduld annehmen und ertragen zu können.

»Bin ich eigentlich bereit, wachsam zu sein und mich der liebenden Führung durch meinen Schöpfer anzuvertrauen anstatt selbst gegen die Strömung kämpfen zu wollen und notgedrungen irgendwann mangels Kräften Schiffbruch zu erleiden?«, fragte ich mich. »Bin ich wirklich bereit, mir das verstockte und verbitterte ›Herz aus Stein‹ aus meiner Brust herausreißen zu lassen? Bin ich damit einverstanden, mir stattdessen von Gott ein liebendes ›Herz aus Fleisch‹ geben zu lassen, das bereitwillig die Liebe Gottes annehmen kann? Oder doktere ich lieber selbst an mir herum, oder bitte ich gar andere Doktoren, meinen Herzschmerz zu heilen?« Ich sann nach und prüfte meinen Glauben. »Jesus ist der Arzt und kam auf unsere Erde, um zu heilen, was verwundet ist. Also bitte, Teresa, keep cool. Er wird auch dich heilen, wenn du ihn nur machen lässt … «

Seelenwerkstatt

Durch einen himmlischen Zufall entdeckte ich während einer Marienwallfahrt eine genau auf meine Situation ausgerichtete »Therapeutische Begleitung zur Heilung der Seele«. Es dauerte aber zunächst noch mehrere Monate, bis ich mich auf diese Begleitmaßnahme einlassen konnte.

Jesus hatte in der Zwischenzeit alles bestens vorbereitet: Meine Therapeutische Begleiterin hatte bereits mehr als zwei Jahrzehnte Erfahrung in diesem Bereich. Sie heißt Lydia, hat viele Jahre Selbsterfahrung im Rahmen von psychotherapeutischen Ausbildungen gemacht und ist eine pädagogisch und theologisch geschulte sowie fachlich ausgebildete »Therapeutische Begleiterin zur Heilung der Seele«. Sie spürt den Ruf, von den wunderbaren Erfahrungen der Heilung durch Gottes heilsame Vergebung und versöhnende Befreiung Zeugnis abzulegen, die sie sowohl in ihrer persönlichen Lebensgeschichte als auch bei den vielen von ihr begleiteten Menschen erleben durfte. Im Rahmen ihrer Begleit-Arbeit konnte sie immer wieder »staunend feststellen, wie Menschen – trotz starker Verletzungen und schlimmer Schicksalsschläge – an seelischen Wunden Heilung erfuhren, Hoffnung und Kraft schöpften und für ihr Leben Sinn und Ziel neu entdeckten.«

Schon bei einem ersten Kennenlerngespräch konnte ich ein anfängliches Vertrauen in Lydia fassen. Zunächst beschrieb sie mir die Art und Weise sowie den Umfang der Unterstützungsleistung, die sie mir im Rahmen der Begleitung würde angedeihen lassen können. Dazu erläuterte sie mir die theoretischen Grundlagen für die Begleit-Arbeit: Jeder Mensch hat eine Seele. Diese umfasst und durchdringt gleichzeitig die beiden anderen »Dimensionen« des Menschen: den Körper und die Psyche. Bei der Therapeutischen Begleitung zur Heilung der Seele geht es um die seelische und nicht um die körperliche oder psychische Dimension des Menschen, und sie ist demnach keine Psychotherapie.

Die Seele ist besonders wichtig, weil in ihr all die Fähigkeiten und Eigenschaften enthalten sind, die der Mensch zu einer erfüllten, ausgeglichenen und geglückten Daseinsweise braucht. Daher ist es für das Gelingen des menschlichen Lebens eine grundlegende Voraussetzung, dass die Seele heil und gesund ist. Sie bildet die direkte Verbindung zwischen dem Schöpfer, das ist Gott, und dem Geschöpf, das ist der Mensch.

Die Seele umfasst verschiedene Eigenschaften, wie beispielsweise Liebe anzunehmen und zu schenken sowie die Fähigkeit, uns für das Gute oder Böse zu entscheiden. Darüber hinaus sind wir mittels der Seele in der Lage nachzudenken bzw. zu forschen, woher wir kommen, wer alles Bestehende geschaffen hat und was nach dem Tod sein könnte. Sie befähigt uns zu einem freien Willen, auch dazu, den Sinn des

Lebens zu suchen und zu finden sowie grundsätzlich ohne Abhängigkeiten von Menschen, Dingen oder Gewohnheiten leben zu können.

Anschließend erläuterte mir Lydia, dass unsere Seele Verletzungen bzw. Mängel haben kann: an Liebe, an Vertrauen, an Vergebungsbereitschaft, an Freiheit, gleichsam an den tiefsten Wurzeln im Menschen. Diese Verletzungen können dann auf verschiedenste Weise im seelischen Bereich und in folgerichtiger Auswirkung auch in den körperlich-psychischen Dimensionen Reaktionen hervorrufen. Diese lassen den Menschen leiden, bereiten ihm Schwierigkeiten und stören seine Beziehungen.

Bei der Therapeutischen Begleitung geht es gezielt darum, vorhandene Mängel aufzufüllen, auf die existenziellen Fragen Antworten zu suchen und zu finden sowie Freiheit von Gebundenheiten zu erlangen. Ein wesentlicher Aspekt ist dabei das Entdecken und die Erkenntnis dessen, was uns Menschen trägt und worauf bzw. auf wen wir uns wirklich verlassen können. Das ist die Voraussetzung dafür, sich dann für diese Lebensgrundlage zu entscheiden, damit unser Leben neu und gut gelingen kann.

Nach dieser theoretischen Erläuterung entschied ich mich noch während des Vorgesprächs, die Therapeutische Begleitung in Angriff zu nehmen. Denn nach knapp fünfundzwanzig Jahren gelebter homosexueller Orientierung war mir schlussendlich nicht nur im Verstand, sondern vielmehr in meinem ganzen Wesen bewusst, dass es nicht möglich ist, meine Mangelerfahrungen rückwirkend mit rein menschlicher Hilfe bzw. selbst wiedergutzumachen.

Anschließend legte ich Lydia den Grund meines Kommens und meine Erwartungen in die Begleitung dar. Zudem nannte ich ihr meine Therapie-Ziele: die Erkenntnis meiner tiefsten Sehnsüchte und die Klärung meiner Berufung; das Loswerden einer oft traurigen und schwermütigen Stimmung an Wochenenden oder Feiertagen; das Freiwerden und Ablegen meiner homosexuellen Neigung sowie die Genesung von bestimmten körperlichen Unannehmlichkeiten wie Blasenproblemen, Kopfschmerzen, kalten Händen und Füßen. Dann skizzierte ich die wesentlichen Punkte und Vorkommnisse aus meiner Biografie und beantwortete noch einige diesbezügliche Fragen.

Von Anfang an hat mich Lydias sanftmütige, diskrete und vertrauenswürdige Haltung überzeugt. Ich fühlte mich sehr gut bei ihr aufgehoben und trotz der mir oft peinlichen und intimen Themen gut angenommen. So konnte ich nach und nach immer mehr Vertrauen fassen, um mich schrittweise vorsichtig öffnen zu können.

Ursachenforschung

Lydia half mir, genauer auf die Ursachen meiner Entwicklung zu schauen: Ein Grund für meinen starken Hang dazu, mich immer wieder von anderen Menschen emotional abhängig zu machen, bestand gewiss darin, dass ich als Baby die ursprüngliche, vollkommene Abhängigkeit von meiner Mutter nicht in adäquater Weise hatte überwinden können. Denn normalerweise hat ein Baby diese starke Bindung bereits im Mutterleib als selbstverständlich und lebenserhaltend erfahren, muss dann aber bei der Geburt den ersten Schock der körperlichen Trennung von der Mutter erleben, der – bei einer gesunden Mutter-Kind-Beziehung – durch eine sanfte, schrittweise Ablösung gemildert wird.

So ist dem Säugling viele Monate nichts wichtiger als das Trinken und Ruhen an der Brust der Mutter und das Spüren ihrer körperlichen Nähe. Nur ganz langsam wächst das kleine Kind aus dieser starken Bindung heraus. Wenn das jedoch nicht gelingt, d. h. wenn die Trennung zu schnell geschieht bzw. das Bedürfnis des Babys in den ersten Lebensmonaten nicht oder nicht ausreichend beantwortet wird, dann bleiben emotionale lebensgrundlegende Bedürfnisse unerfüllt. Infolgedessen fehlt ihm etwas ganz Wesentliches, und es kann sich nicht ungestört weiterentwickeln.

Auch ich konnte mich in Momenten der empfundenen emotionalen Abhängigkeit meiner existenziellen Sehnsucht nicht erwehren, die aber nur in der frühesten Kindheit auf die richtige Art und Weise hätte beantwortet werden können. Als Säugling, Baby und Kleinkind hatte ich mich vor allem nach der lebensnotwendigen Liebe, Wärme und Zärtlichkeit meiner Mutter gesehnt und nach Umsorgt-Sein und Aufmerksamkeit durch meine Familie. Diese Sehnsucht war großteils unerfüllt geblieben.

Das hatte offensichtlich daran gelegen, dass meine Mutter durch eine vor meiner Geburt erlittene Fehlgeburt und den Tod ihrer Mutter emotional schon sehr geschwächt gewesen war. Dadurch bedeutete die Schwangerschaft mit mir, neben ihrer Überlastung durch die alltäglichen Lebensumstände, sicherlich eine zu starke Beanspruchung für sie. Zudem erlebte ich wohl auch das frühe Abstillen als Enttäuschung, die mein

Grundvertrauen erschütterte. Einerseits machte ich deshalb fortan Herz und Seele zu, um mich selbst vor weiteren Verletzungen zu schützen, d. h., ich zog mich in mich zurück, auch wenn das äußerlich nicht erkennbar war. Andererseits konnte ich infolgedessen in späterer Kindheit Liebe nur noch sehr bedingt annehmen.

Die durch diese Traumata der frühkindlichen Bindungsverletzungen nur unzureichend erfüllten Sehnsüchte und Bedürfnisse habe ich dann in der Pubertät auf Personen des gleichen Geschlechts übertragen und sexualisiert. Darüber hinaus trugen Negativerfahrungen mit männlichen Personen dazu bei, dass in mir der Wunsch nach Beziehungen zu Frauen entstand. In der Folge wählte ich – sehr wohl mittels einer Entscheidung – eine lesbische Identität. Dabei ahnte ich damals nicht einmal im entferntesten, dass meine homosexuelle Neigung etwas mit Mangelerfahrungen in der frühen Kindheit zu tun haben könnte. Es gab leider auch niemanden, der mir das gesagt hätte. Folglich steht heute durch die Erkenntnis dieser Zusammenhänge für mich fest, dass meine homosexuelle Neigung nicht genetisch bedingt, d. h. nicht »veranlagt«, sein konnte, wie oft geglaubt wird.

Die Sehnsucht nach Zuwendung zog sich dann wie ein roter Faden durch meine Beziehungen, sodass ich ausschließlich darin unermüdlich nach Glück und Erfüllung suchte. Naturgegeben erzielten diese Bemühungen nie den gewünschten Erfolg: Es war mir damals nicht bewusst, dass kein Mensch jemals in der Lage ist, einem anderen die volle versäumte, aber dringend ersehnte Liebe und Zuneigung zu geben. Nicht einmal die beste Mutter ist dazu fähig, da sie selbst in ihrem Leben schon viele Mängel und Verletzungen erlebt hat.

Als ich im Rahmen der Therapiearbeit die Ursachen und Zusammenhänge meiner Entwicklung genau erkannt hatte, war ich zutiefst befriedigt. Jetzt hatte ich nämlich die Wahl, ob ich dieses Lebensmuster weiterleben wollte oder nicht. Sollte ich mich weiterhin an einen oder mehrere andere Menschen klammern und mich von ihrer Zuwendung oder Ablehnung abhängig machen? Ich entschied mich, mich nicht mehr emotional und auch nicht anders, auf Gedeih und Verderb an andere Menschen zu binden, sondern mein existenzielles Getragensein in Anspruch zu nehmen, d. h. die Liebe Gottes, meines Schöpfers, auch für meine Vergangenheit anzunehmen und dadurch Heilung zu erfahren.

Am wesentlichsten war aber die für mich überraschende Erkenntnis, dass ich mich zu Beginn meiner Pubertät auf eine lesbische Identität festgelegt hatte. Erst aufgrund dieser Einsicht war es möglich, mich nun gegen diese damalige Entscheidung zu stellen und sie zu widerrufen!

Im Verlauf der Begleitung gab es noch weitere für mich markante Erkenntnisse, die sich als Schlüssel für den gesamten Heilungsprozess herausstellten. Gerne möchte ich dazu als Beispiel eine zentrale Begebenheit anführen, die erst gegen Ende der Therapie völlig überraschend auftauchte und die ich offensichtlich sehr tief verdrängt hatte. Durch einen Traum kam nämlich ein zum Verständnis meiner Vergangenheit wesentlicher Vorfall zum Vorschein, der mich noch besser eine Hauptursache meiner Geschlechtsidentitätsstörung erkennen ließ. Es handelte sich dabei um einen als kleines Mädchen erlebten sexuellen Missbrauch, der zwar in meinem Elternhaus stattgefunden hatte, bei dem aber meine Familienangehörigen weder beteiligt gewesen waren noch jemals etwas davon erfahren haben.

Beim Aufarbeiten in der Begleit-Sitzung musste ich die verdrängte Erinnerung und den damit verbundenen, nun auftauchenden, alten Schmerz zuerst einmal zulassen, akzeptieren und aushalten. Das war gar nicht so leicht, waren es doch Angst, Schamgefühle und vor allem falsche Schuldgefühle, die diese Verdrängung in Schach gehalten hatten. Körperlich spürte ich während der Konfrontation mit der damaligen Situation nur einen relativ kurzen Schmerz in der Herzgegend, der sich schnell auflöste. Hätte ich im Alter von vier oder fünf Jahren das Missbrauchserlebnis nicht verdrängt, hätte dieses Trauma für mich zerstörend gewesen sein können. So aber war für mich als Erwachsene dieser Schmerz bei weitem nicht so intensiv spürbar, wie er damals gewesen wäre. Überraschenderweise spürte ich während der Begleit-Sitzung die Angst vor dem ursprünglichen Schmerz wesentlich stärker als den Schmerz selbst. Beides verschwand bei der Aufarbeitung und kam nie wieder.

In diesem Zusammenhang tauchte noch eine weitere, völlig verdrängt gewesene Erinnerung auf: jenes plötzliche, unvorbereitete Verlassenwerden von meinem Kinderfreund Franzl – waren wir doch als Kinder eine unzertrennliche Einheit gewesen – sowie dessen ablehnende Haltung zu Beginn der Pubertät. All das hatte mich traumatisiert. Der damit

verbundene Schock und der tiefe Schmerz über die Zurückweisung wurde mir in der Begleit-Sitzung deutlich bewusst.
Durch das Wahrnehmen all dieser alten schmerzhaften Gefühle und durch meine Bereitschaft, sie als zu mir gehörend
anzunehmen und nicht mehr wegzuschieben, durften diese
nun endlich heraus aus dem inneren Gefängnis der Verdrän-
gungen und lösten sich dadurch auf.

All das konnte in mehreren Therapieschritten zur Heilung gebracht werden: In einer bewussten Entscheidung und
mit Gottes Hilfe vergab ich nacheinander jedem Beteiligten
die erlittenen Verletzungen. Anschließend wünschte ich ihnen Frieden und ließ sie an den Platz in ihrem Leben gehen,
den Gott für sie bereitet hat. Die Vergebung und der Loslass-
prozess erfolgten im Geist, das heißt, die Beteiligten waren
dabei nicht anwesend. Diesen Schritt erlebte ich als äußerst
befreiend und heilend, die akut gewordenen Schmerzen lösten sich sofort auf und waren damit endgültig überwunden.
Und nachdem ich in diesem Bereich Heilung empfangen hatte, konnte ich nachts wieder ganz ruhig im Dunkel meines
Schlafzimmers liegen, ohne wie früher oft Angst oder Panik-
attacken zu bekommen.

Die Erkenntnis, dass diese beiden Begebenheiten traumatische Schlüsselerlebnisse in meiner Entwicklung zur Frau
gewesen waren, traf mich zunächst massiv. Jedoch konnte
ich dadurch endlich die Gründe mancher meiner Lebensentscheidungen besser verstehen und nach der vollzogenen Vergebung versöhnt damit umgehen.

Licht am Ende des Tunnels

Im Verlauf der Therapeutischen Begleitung merkte ich immer deutlicher, wie sich meine homosexuelle Neigung wandelte, bis hin zu der Tatsache, dass ich heute keine homosexuellen Empfindungen mehr innehabe. Durch die Aufarbeitung erlebte ich eine große Hilfe und Erleichterung, letztlich auch deshalb, weil mir dadurch die Sinnhaftigkeit der Unterschiede und der Ergänzungsbedürftigkeit zwischen Mann und Frau klar wurden. Im Zuge dessen entdeckte ich meine Weiblichkeit neu, nahm sie an und erlebe seitdem tiefe Freude, denn jetzt kann ich mich endlich akzeptieren und es mir erlauben, eine Frau zu sein.

Durch die Begleit-Arbeit ergaben sich noch weitere, positive Veränderungen: Insgesamt bin ich ruhiger geworden, weniger impulsiv, zuversichtlicher, fröhlicher und sanftmütiger. Dadurch verschärfte sich auch mein Blick auf innere und zwischenmenschliche Zusammenhänge. Als vorrangige Ursache für meine Blasenprobleme und für meine kalten Hände und Füße konnte ich diverse Angstzustände orten und diese zur Heilung bringen. Auch die oft depressive Wochenendstimmung bin ich losgeworden.

Als sehr befreiend erlebte ich das Ablegen einer unbewussten Erwartungshaltung meiner Mutter gegenüber, dass sie mir doch noch im Nachhinein das an Zuneigung geben sollte, was ich von ihr in meiner frühen Kindheit gebraucht hätte. Stattdessen erfüllte mich nach und nach große Dankbarkeit für alle Opfer, die sie für mich und die Familie gebracht hatte, indem sie sich trotz schwieriger Verhältnisse selbst zurückstellte, sowie treu und unermüdlich für uns gesorgt hatte. Dadurch entstand zwischen meiner Mutter und mir eine neue, freie und versöhnte Beziehung.

Ich durfte »Heilung« in meiner Seele erleben. Dabei lernte ich erst einmal, wie erleichternd und befreiend es ist, ehrlich zu mir selbst sein zu können, weil es jemanden gibt, der mich annimmt und liebt, so wie ich bin. Dies war zunächst meine Begleiterin und – durch sie für mich erfahrbar – Gott. Dadurch wurden mein Glaube und meine Fähigkeit, Gottes Liebe anzunehmen, gestärkt. Darüber hinaus wuchs in mir das Vertrauen in andere Menschen und in mich selbst.

Meine Liebesfähigkeit wurde geläutert, gereinigt und geheilt – bildlich gesprochen in drei Richtungen: nach innen zu mir selbst, nach außen zum Nächsten und nach oben zu Gott. Viele meiner Zweifel schwanden und ich erkannte, dass Gott mir gute Gaben und Talente geschenkt hat, die ich einsetzen darf, will und soll und die mir hilfreich sind.

Trotz aller Erkenntnisse und erlebter Heilung sind jedoch auch heute noch stete Wachsamkeit und regelmäßiges Gebet nötig. Es ist immer wieder notwendig, in der Beziehung zu mir lieb gewordenen Menschen bewusst auf den Mangel-Ausgleich zu verzichten. Ich darf also nicht von anderen erwarten, dass sie mir die ersehnte Liebe geben, von der ich damals zu wenig bekommen habe, sondern ich muss mich direkt an die Quelle der Liebe wenden.

Meine Therapeutische Begleitung erstreckte sich auf den Zeitraum von Anfang 2015 bis Herbst 2017. Mit Gottes Kraft und Hilfe arbeiteten Lydia und ich knapp fünfzig Jahre meines Lebens auf. Wöchentlich trafen wir uns zu einer Begleit-Sitzung.

Der gesamte Heilungsprozess war kein Schmusekurs, sondern ein langer, anstrengender und durchaus auch steiniger Weg, aber es hat sich gelohnt, ihn zu gehen! Es hat also insgesamt Jahrzehnte gedauert, bis ich erkennen, erfassen und verinnerlichen konnte, dass nur Gott allein erlittene Mängel an Liebe und Zärtlichkeit vollständig zu füllen vermag. Während ich das niederschreibe, wird mir ganz warm ums Herz. Denn ich erinnere mich daran, welche Freude ich dabei empfunden habe, als ich es endlich geschafft hatte, mich mit meinem ganzen Sein und all meinen Sorgen diesem liebenden und für mich sorgenden Gott anzuvertrauen, der uns zugesagt hat: *»So spricht der Herr, dein Schöpfer, der dich im Mutterleib geformt hat, der dir hilft: ›Fürchte dich nicht … ‹«* (*Jes 44,2*)

X. Ende gut – alles gut

Erst im Verlauf der Therapie war ich in der Lage, mit dem Buchprojekt zu beginnen. Zur gleichen Zeit, im Herbst 2016, entwickelte sich eine wunderschöne und tiefe Freundschaft zwischen einer dreizehn Jahre älteren Frau, Marie-Christine, und mir. Wir lernten uns auf einer Pilgerreise kennen. Danach verbrachten wir hin und wieder miteinander ein paar schöne Stunden beim Wandern oder sonstigen Freizeitaktivitäten, und nach und nach entdeckten wir immer mehr gemeinsame Interessen. Das und nicht zuletzt auch die Liebe zu unserem Glauben führte zu einer beständig stärker werdenden, freundschaftlichen Verbundenheit. Marie-Christine ist mir seitdem mütterliche Freundin, unterstützt mich mit Rat und Tat und hat unermüdlich an diesem Buch mitgearbeitet. Sie hat ein großes Maß an reflektierter Lebenserfahrung, vor allem als Mutter, Ehefrau und Haushaltsmanagerin. Ich genieße es, wenn sie für mich kocht oder mich am Schatz ihrer Erfahrungen teilhaben lässt. Und es ist auch sehr schön für mich und macht mir Freude, ihr ein paar von meinen Gaben und Fähigkeiten zukommen zu lassen, die ihr laut eigenen Angaben guttun.

Unsere innige und selbstlose Freundschaft ist für mich ein Wunder, eine außergewöhnliche Gnade, d. h. sie ist nicht selbst gemacht, sondern von Gott geschenkt, und in ihrer Art etwas völlig Neues für mich. Sie ist geprägt von Vertrauen, Zuverlässigkeit, Unterstützung, Hilfsbereitschaft, Offenheit füreinander, Zusammenstehen, Treue, Zuneigung, gemeinsamen Interessen und Zielen. Marie-Christine hat meine emotionalen Bedürfnisse auf gesunde und adäquate Weise beantwortet, sodass ich lernen konnte, dass meine Sehnsucht nach Liebe nicht mehr länger in sexuelles Verlangen münden müssen. Infolgedessen konnten, in Begleitung entsprechender seelsorgerlicher und therapeutischer Maßnahmen, meine Bindungsverletzungen und seelischen Verwundungen im Rahmen eines mehrjährigen Entwicklungsprozesses nach und nach heilen.

Diese neu für mich entdeckte Art der Beziehung ist das sicherste Zeichen für mich, dass Gott meine frühere Ungeordnetheit als lesbische Frau verwandelt und all meine Wunden geheilt hat. Ich habe keine homosexuellen Empfindungen mehr, kann jetzt in wahrer Freiheit lieben und mich lieben lassen, selbstverständlich in einer freundschaftlichen und nicht-sexuellen Ordnung.

Aufgrund meiner eigenen, positiven Erfahrung halte ich es für einen homosexuell empfindenden Menschen für äußerst ratsam und erstrebenswert, sich um eine tiefe, nicht-sexuelle Freundschaft zu einer reifen, selbstsicheren und einfühlsamen Person des gleichen Geschlechts zu bemühen, bzw. eine solche von Gott zu erbitten.

Durch die gelungene Neuausrichtung meiner Beziehungsfähigkeit gestärkt, erkannte ich nach einem jahrelangen, mühevollen Klärungsprozess schlussendlich als meine Berufung, den Menschen mit Rat und Tat zur Seite zu stehen, die ihre homosexuelle Neigung als konflikthaft erleben und sich eine Veränderung oder Abnahme ihrer homosexuellen

Empfindungen wünschen. Denn um entschieden diesen Weg in Angriff nehmen zu können, braucht der Betroffene neben festem Willen, Ausdauer und Mut vor allem geeignete Begleitpersonen. Diese müssen die Notwendigkeit einer intensiven Begleitarbeit erkennen können und die dazu erforderlichen Erfahrungen mitbringen. Darüber hinaus müssen sie bereit sein, mit ihrem Schützling auch über längere Zeiträume durch schwierige, leidvolle Täler zu gehen und nicht aufzugeben.

Da ich in den Anfangsphasen meines Veränderungs- und Entscheidungsfindungsprozesses leider ziemlich auf mich allein gestellt war, beschäftigt mich seit längerem der Gedanke an ein »Zentrum für Beratung und Begleitung«, in dem Interessierte Antworten auf die Fragen rund um das Thema Homosexualität erhalten können, und Suchende eine Anlaufstelle finden, um angemessen und kompetent, seelsorgerlich sowie therapeutisch begleitet zu werden. Erste ehrenamtliche Begleitpersonen und Seelsorger gäbe es schon, ebenso interessierte Betroffene. Die für ein Haus und ein solches Projekt benötigten finanziellen Mittel müssten jedoch erst aufgebracht werden. Um das alles auf die Beine stellen zu können, braucht es neben dafür begeisterten Personen vor allem die Bereitschaft, fest auf Gott zu vertrauen, der für jeden einzelnen Menschen schon von jeher einen guten Plan hat.

So war es auch sein Plan, mich zu heilen, d. h. meine Liebesfähigkeit zu läutern und mich wieder seiner Schöpfungsordnung zu unterstellen. Von diesem Wunder meiner Umkehr, einem unverdienten Geschenk, gebe ich gerne Zeugnis, damit auch andere es hören und Mut schöpfen. Ich weiß, dass um die Gnade meiner Heilung viele Menschen gebetet haben. Ihnen bin ich unendlich dankbar! Vermutlich hatte mein Herz dadurch immer zumindest einen Funken der Sehnsucht nach Liebe, nach Gott, behalten und seine Liebe nicht vollends abgelehnt.

Deshalb ermutige ich aus ganzem Herzen alle direkt und indirekt Betroffenen, sich an Jesus zu wenden, ihn anzuhören, an ihn zu glauben, bei Bedarf Hilfe anzunehmen und nicht zu verzweifeln. Ich durfte erleben, wie kostbar wir Jesus sind. Er kämpft um jeden Einzelnen von uns und verteidigt uns wie seine Ehre. Niemand kann uns von ihm trennen, auch der Böse nicht, wenn wir es nicht wollen. Jesus liebt alle Menschen, vor allem die Armen und Bedrückten, die Hoffnungslosen und Verzweifelten sowie die gebrochenen Herzen. Er ist unser Retter, unser Heiland und unsere einzige Hoffnung. Jesus sagte selbst, dass *»er gekommen ist, um zu suchen und zu retten, was verloren ist.«* (Lk 19,10) Wir sind Gottes geliebte Kinder und kommen von ihm. Er will, dass niemand verloren geht, wie er auch nicht wollte, dass ich verloren gehe.

So, das war´s, genug gepredigt. Meine Suche nach Gott, diesem großen Geheimnis von Wahrheit und Liebe, ist jedoch noch nicht zu Ende, obwohl ich seine – zugegebenermaßen nicht immer für mich leicht begreifbare, so dennoch stets heilvolle – Führung und Fügung bislang schon sehr oft erfahren durfte. Ihm verdanke ich mein Leben!